李 兴 等/著

中国和欧亚经济联盟

合作发展、互利共赢

CHINA AND EAEU

COOPERATIVE DEVELOPMENT,
RECIPROCITY AND MUTUAL BENEFIT

社会科学文献出版社
SOCIAL SCIENCES ACADEMIC PRESS (CHINA)

序　言

　　中国是正在崛起的新兴经济体和金砖国家成员，也是一个海陆复合型大国。周边外交是中国外交的重中之重，是中国外交的优先方向之一。俄罗斯主导成立的以俄罗斯、哈萨克斯坦、白俄罗斯、亚美尼亚、吉尔吉斯斯坦为正式成员国的欧亚经济联盟，是中国外交的重要对象。其中，俄罗斯是关键国家，中亚是节点地区。中国与欧亚经济联盟的关系集中体现了中国的周边外交政策。

　　2013年9月，中国国家主席习近平在中亚国家哈萨克斯坦提出建设丝绸之路经济带倡议，产生了巨大的国际影响。2014年笔者申报国家社科基金项目"丝绸之路经济带与欧亚联盟关系研究"，成功立项，并已经顺利地通过了全国哲学社会科学工作办公室组织的结项评审。出于研究视角、内容选择等原因，本书最后定名为《中国和欧亚经济联盟：合作发展、互利共赢》。

　　本项目研究的意义体现在：其一，从政策层面上，为制定中国对俄罗斯和中亚外交、亚欧外交、周边外交提供参考和咨询；其二，从实践层面上，有利于促进国内问题与国际问题的综合研究，国内经济与国际政治联动研究，以及中国东西平衡、海陆并重、南北兼顾的整体研究；其三，从学术层面上，有利于分析中国与新型地区性国际组织的关系，揭示中俄美大国在亚欧地区层面的互动与博弈，以及大小国家之间新型关系的构建，有助于促进亚欧命运共同体、周边命运共同体和新型国际关系的建设。

本书内容分两个部分。

第一部分："欧亚经济联盟：发展状况与中西认知"。

欧亚经济联盟（简称联盟，本书个别地方简称欧亚联盟，以保持与年度项目名称一致）是普京在竞选第三任俄罗斯总统时提出来的，其提出并不是心血来潮，空穴来风，而是有其历史和现实基础。第一部分有两章对 2015 年 1 月 1 日欧亚经济联盟正式启动以来的发展状况进行了详细梳理和总体评估。经过六年多的发展，欧亚经济联盟成员国之间的合作力量明显上升，区域一体化的有效性得到彰显。即便在俄罗斯遭到西方经济制裁、新冠疫情肆虐和石油价格下跌的情况下，欧亚经济联盟的发展也依然是稳中有进。与此同时，联盟成员国间的合作边界也逐渐清晰，联盟框架下区域一体化的有限性进一步凸显。具体表现在以下几个方面。一是联盟属于政府间合作类型，而非超国家机制类型。二是联盟内部利益聚合与利益差异并存，且相对泾渭分明。成员国间利益聚合效果相对较好的领域是贸易，但在能源、投资等领域短期内利益差异仍较大；而在涉及国家主权的领域里，联盟内部无利益交叉，是合作的"禁区"。三是主导国俄罗斯多边合作的供应能力有限。在制度建设、政治安全合作中，俄罗斯的合作供应能力优势明显；但在经济合作领域，俄罗斯的合作供应能力往往捉襟见肘。四是联盟对成员国的战略价值有限。对俄罗斯而言，其获得的主要战略收益是：基本可以杜绝其他成员国现政权倒向西方的可能，但这与借助联盟确立自身对欧亚地区绝对支配地位的战略理想仍有较大距离。对其他成员国而言，在欧亚经济联盟框架下，与俄罗斯开展紧密合作是其对外合作的一个重要方向，但它们不会为此放弃与其他域外力量保持关系并发展良好互动。

欧亚经济共同体与欧亚经济联盟在覆盖地域、组成国家、组织功能和运作机制等方面有很大关联，本部分还从概念、一体化路径、组织机制、决策机制、扩员机制和法律机制等六个方面厘清了这两者之间的异同。

自从欧亚经济联盟成立以来，国内外学术界对欧亚经济联盟的发展非常关注。第一部分有三章分别论述了美国、欧盟、中国学者对欧亚经济联盟的研究和思考。美国与欧盟的观点有一致之处，也有不同之点。总体来说，美国学界持负面、否定态度的较多，认为普京此举意在恢复苏联，搞地缘政治霸权。欧盟学界比较矛盾：一方面认为欧亚经济联盟或许会带来一定的地缘政治威胁；另一方面从经济上考虑又认为欧盟可以与欧亚经济联盟进行合作。尽管俄欧关系发展阻碍重重，欧盟仍然认为俄欧是共同周边治理的两个支撑力量。欧洲联盟与欧亚经济联盟建立合作机制的前景可期。中国与西方学界的观点很不一样，中国学界对欧亚经济联盟也有疑虑，但大多还是持比较肯定、正面的态度，认为欧亚经济联盟的建立有其历史、现实、思想和社会的基础，是有刚性需求和发展前景的，是适应亚欧地区形势发展需要的。作为俄罗斯和中亚的邻国，中国与欧亚经济联盟之间具有地缘优势和互信的政治关系，可以而且应该进行充分的合作。

第二部分："中国和欧亚经济联盟：良性互动，互利共赢"。

这一部分是本书的主体部分。分宏观、宏中观、中观、中微观、微观五个层面进行论述。亚欧区域是国际政治的重心。中国与欧亚经济联盟国家都处于亚欧地区。从宏观层面，当今中俄美均有自己的亚欧战略。这一部分首先对中俄两国亚欧一体化发展体制机制进行比较分析，并对丝绸之路经济带建设与欧亚经济联盟建设对接合作进行了比较分析。丝绸之路经济带倡议是习近平主席 2013 年 9 月在哈萨克斯坦提出来的。丝绸之路经济带建设的主要目的、涵盖的核心区域、本质内容（即"五通"）、行动路径，以及中国丝绸之路经济带倡议与欧亚经济联盟机制都关系到亚欧中心区域一体化，都是亚欧跨地区发展的方式，都以发展经济、提高民生、内外联通、互联互通为主要内容，都包括亚欧中心地带——中亚和俄罗斯，都有历史和现实基础以及陆权思维。同时，由于两者性质、目标、推动者、参与者不同，其手段、范围、影响、受益者也有所不同，并存在资源、吸引力、影响力等方面的竞争。但两者可以并行不悖，优势互补，形成建设性的伙伴关系，从而可以对接合作、共同发展。中国与欧亚经济联盟之间是合作大于竞争，机遇大于挑战。作为唯一的超级大国，美国地理上不是亚欧国家，但美国是亚欧发展一体化进程中一个重要的影响因素。美国"新丝绸之路计划"尽管名称与丝绸之路经济带相似，但两者历史背景、包涵区域、具体内容、地缘目标、战略设想等都很不相同。丝绸之路经济带的空间范围、包容性和吸引力都大于美国"新丝绸之路计划"。原则上美国"新丝绸之路计划"与丝绸之路经济带、欧亚经济联盟存在合作的空间，但由于"新丝绸之路计划"的政治性、排他性、针对性和投机性，加之美国与中俄互信不足，该计划与中俄竞争的一面倒是比较明显。民主党人拜登任总统后，"新丝绸之路计划"要不要以及如何重启、推进，要不要以及如何协调该计划与"美日印澳"四边机制的关系，都还是未知数，有待观察。

本部分还从宏中观层面进行了实证的案例分析。将中国和欧亚经济联盟合作与金砖合作机制联系起来，认为两者可以相互促进。中亚是丝绸之路经济带建设和欧亚经济联盟建设交集的地带，所以本书专门从中观层面探讨了中国与欧亚经济联盟合作的中亚因素，从一个全新的视角分析中国与欧亚经济联盟的重要成员国——哈萨克斯坦、吉尔吉斯斯坦的关系。中微观层面，作为个案研究，"冰上丝绸之路"是中国与欧亚经济联盟合作的一个具有代表性的案例，也是中俄关系新的契合点、增长点和出彩点。亚马尔能源合作项目在中俄共建"冰上丝绸之路"过程中起到了巨大的带头作用和示范效应。尽管还存在不少困难和障碍，但"冰上丝绸之路"是基于中俄两国共同发展、互利合作的大战略、大格局、大趋势决定的，具有充足的必要性、充分的可行性和可操作性，前期成果明显。微观层面，即从地区合作层面，本书认为跨界河流日益成为影响流域国家之间关系的重要因素。黑龙江（阿穆尔河）是中俄东段边界的主要组成部分，在中俄关系的历史长河中发挥着风向标和晴雨表的作用，见证了中俄关系的曲折变化。历史上，黑龙江（阿穆尔河）曾是中俄两国争议、冲突之边，但如今其已演变为双方互利共赢的合作之界（龙江经济带）。两国也从历史上的"恶邻"转而成为现实中的"睦邻"。在当前中国实施"一带一路"和俄罗斯"向东看"的战略背景下，开展边境地区合作将为中俄关系进一步深化发展提供推动力。以中俄界河——黑龙江（阿穆尔河）为切入点加以分析，为研究中俄关系提供了一个独特的新视角。

本书的结语为"中国和欧亚经济联盟关系前景：共同发展，任重道远"。

中国与欧亚经济联盟的关系非常重要，也非常关键，虽有竞争，但以互利合作居多。尽管双方合作时间不长，但已经取得了很大的成绩，包括高层达成了战略共识，而且这种共识在学界也越来越普遍、广泛。在实践中，机制建设方面取得了相当的进展；两者的建设合作也取得了不少成果，包括交通基础设施互联互通、石油天然气等能源合作、军工合作、经贸合作、地方合作、人文交流、共建"冰上丝绸之路"、战略大项目合作、高科技合作等。

在元首外交的引领下，中俄关系将会持续、稳定地向前发展，新时代中俄全面战略协作伙伴关系将继续高位运行，而中国与欧亚经济联盟关系的发展前景也会向好：相互补充、互相成全、良性互动、善意竞合、互利共赢、共同发展。

当然，中国与欧亚经济联盟的关系还处于不断实践、迅速发展的过程当中。对于亚欧命运共同体建设这个宏伟的目标来说，目前只是取得了阶段性的成果。本书从经济、贸易倡议和机制角度分析中国与欧亚经济联盟的关系，力图见微知著，窥一斑而知全豹，但挂一漏万，疏于全面、整体，漏于系统、综合，只是反映了某些侧面，只是一种角度、一种视域、一家之言、一孔之见。因水平所限，本书系统性、全面性、逻辑性和层次性都存有缺陷。论述分析未必到位，罔言深刻，更不敢妄言精准、正确。虽然也根据国家社科基金通讯评审专家们的意见做了较大修改、增补，但仍然有不完善之处，问题还会有很多。欢迎学界同仁批评指正。

感谢全国哲学社会科学工作办公室的立项，感谢社会科学文献出版社张苏琴编辑、葛军编审和北京师范大学博士生吴赛等为出版本书付出的努力，感谢北京师范大学和北京师范大学俄罗斯中心的出版资助。王晨星是本人指导的博士研究生，毕业后在中国社会科学院俄罗斯东欧中亚研究所工作。他在北京师范大学攻读博士期间几乎完整地参加了本项目的申报和完成过程。无论是前期收集资料、撰写学术论文，还是后期校改文稿，联系、沟通出版工作，他都出力颇多，在此特别致谢。

是为序。

李 兴

2021 年 4 月

京师园

目 录

第一部分　欧亚经济联盟：发展状况
与中西认知

第二部分 中国和欧亚经济联盟：
良性互动，互利共赢

第一部分

欧亚经济联盟：
发展状况与中西
认知

第一章
从欧亚经济共同体到欧亚
经济联盟：比较分析

一 问题的提出

欧亚经济联盟自成立以来平稳运行，组织机制建设和各项工作逐步推进。2018 年 12 月 6 日，欧亚经济联盟成员国元首共同发表了《关于在欧亚经济联盟框架内进一步发展区域一体化进程的宣言》，该宣言指出，《欧亚经济联盟条约》签署五周年之际，可以看到欧亚经济联盟在短期内夯实了自己在世界经济中的主体地位，这说明其发展是成功的。建立欧亚经济联盟为各成员国之间的经济合作注入新的活力，尤其是最大限度地降低了国际金融危机带来的消极影响，并改善了成员国进入国际市场的条件。总体来看，欧亚经济联盟始终保持稳中有进的发展态势，这主要体现在以下几个方面。

第一，各层级工作机制运转正常。以 2018 年为例，欧亚经济委员会最高理事会分别在索契和圣彼得堡举行例会 2 次，通过决议 23 项；欧亚政府间委员会分别在阿拉木图、明斯克和圣彼得堡举行例会 3 次，通过决议 23 项、指令 10 项；欧亚经济委员会理事会举行例会 11 次，通过决议 96 项、指令 34 项及建议 1 项；欧亚经济委员会执委会举行例会 39 次，通过决议 221 项、指令 198 项及建议 28 项。

第二，联盟内部贸易及其对外商品贸易继续保持恢复性增长，但增幅缩小。从联盟内部贸易总额来看，2018 年成员国间贸易总额为 597 亿美元，比 2017 年增长 9.2%。[①] 与 2017 年 27.3% 的增长率相比，增幅明显下降。就具体国别而言，俄罗斯和白俄罗斯对联盟内部贸易额贡献最大，分别为 386.8 亿美元和 138.9 亿美元，占总额的 64.8% 和 23.3%。从联盟内部双边贸易来看，俄白和俄哈贸易依旧是联盟内部贸易的"主心骨"。2018 年俄白贸易总额为 357.2 亿美元，占联盟内部贸易总额的 59.83%，比 2017 年增长 10%；俄哈贸易总额为 180.8 亿美元，占联盟内部贸易总额的 30.28%，比 2017 年增长 5.7%。值得注意的是，2018 年哈萨克斯坦在联盟内部贸易中表现不俗，与亚美尼亚和白俄罗斯的贸易额大幅度增长，分别增长 64% 和 25.7%，但在联盟内部贸易总额中占比依旧很小，仅为 1.49%。

欧亚经济共同体与欧亚经济联盟都是俄罗斯在后苏联空间主导的区域一体化组织，所覆盖地区和成员国构成高度相似。与欧亚经济共同体相比，欧亚经济联盟的运行模式有哪些新特点，两者之间有何异同，相互之间是何种关系，这些是本章关注的核心问题。这些问题的提出主要基于以下两点。

第一，学界对欧亚经济共同体与欧亚经济联盟之间的关系认识模糊。其中主要存在两种观点。一是完全承继说，即欧亚经济共同体与欧亚经济联盟之间的关系如同欧洲共同体与欧洲联盟那样，属于完全

---

① Об итогах взаимной тороговли товарами Евразийского экономического союза, Январь-декабрь 2018 года. Аналитический обзор, 26 февраля 2019 года. http://www.eurasiancommission.org/ru/act/integr _ i _ makroec/dep _ stat/tradestat/analytics/Documents/2018/Analytics_I_201812.pdf.

承继关系。① 二是互为独立说，即欧亚经济联盟起源于 2010 年启动的俄白哈关税同盟，与欧亚经济共同体互为独立，不存在承继关系②。俄白哈三国领导人对两者关系的认识也是模糊的，既支持"互为独立说"③，也间接认可"完全承继说"④。笔者认为，以上两种观点都有一定的道理，但都有偏颇。从关税同盟法律基础及部分组织机制来看，欧亚经济共同体与欧亚经济联盟确实存在某种承继关系，但从国际法主体地位来看，两者却又互为独立。

第二，学界对欧亚经济联盟的基础性微观研究尚显不足。目前，学界对欧亚经济联盟的研究多从宏观视角出发，大致可分为：以"战略"为视角，着重分析欧亚经济联盟的形成背景、地区影响及未来前

---

① Глазьев С. Ю., Чушкин В. И., Ткачук С. П., Европейский союз и Евразийское экономическоесообщество：сходство и различие процессов интеграционного строительства, М., 2013；Rilka Dragneva, Kataryna Wolczuk, *Eurasian Economic Integration*：Law, Policy and Politics, Cheltemham, Edward Elgar, 2013.

② Кортунов А., Создание Евразийского экономического союза было решено начать с чистоголиста. http：//russiancouncil. ru/inner/? id _ 4 = 3743 # top-content；Чуфрин Г. Очерки евразийскойинтеграции, М., 2013.

③ 俄白哈三国领导人曾表示，"（关税同盟）是我们国家一体化进程中新的、具有突破性的阶段"，是"这么多年来我们首次谈妥把部分国家主权让渡到超国家机构"的成果，是"独联体空间内第一个自愿组成的、平等的一体化平台"。参见：Совместное заявление президентов Республики Беларусь, Республики Казахстан и Российской Федерации, г. Алма-Ата, 19 декабря 2009 года. http：//www. kremlin. ru/ref _ notes/434；Заявление для прессы по итогам заседания Межгоссовета на уровне глав государств （27 ноября 2009 года）. http：//www. eurasiancommission. org/docs/Download. aspx? IsDlg = 0&ID = 2676&print = 1；Назарбаев Н. А., Евразийский Союз：от идеи к истории будущего//Известия, 25 октября 2011 г.。

④ 2013 年普京在回应纳扎尔巴耶夫提出解散欧亚经济共同体建议时提出，欧亚经济共同体是关税同盟的法律基础，不宜随便解散。参见 Путин призвал не спешить с ликвидацией ЕврАзЭС, http：//ria. ru/economy/20131024/972411384. html。

景；以"关系"为切入点，试图厘清欧亚经济联盟与域外国家、地区多边组织的关系；以"经济"为线索，重点研究关税同盟、欧亚经济共同体及欧亚经济联盟的经济效应。本章将以条约（договор）、协议（соглашение）、决议（решение）等一系列法律文件为基础，从概念、一体化路径、组织机制、决策机制、扩员机制和法律机制等六个维度来比较分析欧亚经济共同体与欧亚经济联盟之间的关系。

二 组织名称：概念比较

在俄语中，"共同体"（сообщество）和"联盟"（союз）是近义词，区别在于"共同体"指的是拥有共同目标的人组成的团体[1]；"联盟"指的是国家或组织为了某种共同行动而达成的友好协议或集团[2]。在英语中，"共同体"（community）是指共同生活在一片区域的人们，或拥有共同的宗教、民族、工作等的人民团体[3]；"联盟"（union）指的是拥有共同中央政府或采取一致行动的国家集团[4]。显然，"共同体"强调目标的一致，多带有社会性，而"联盟"强调超国家机构的权威，更偏向政治性。

在区域一体化实践中，"共同体"往往是"联盟"的前身；"联盟"则是"共同体"的升级版，如欧洲共同体与欧洲联盟的关系。《欧洲共同体条约》开篇就指出："（欧洲共同体）决心建立欧洲人民之间不断日益紧密的联盟基础"[5]；《欧洲联盟条约》则开宗明义：

---

① Толковый словарь Ушакова. http://dic.academic.ru/dic.nsf/ushakov/1035302.

② Там же. http://dic.academic.ru/dic.nsf/ushakov/1037566.

③ 《牛津高阶英汉双解词典》，商务印书馆、牛津大学出版社，2013，第404页。

④ 同上，第2280页。

⑤ 《欧洲共同体条约》，参见欧共体官方出版局编《欧洲联盟法典（第一卷）》，苏明忠译，国际文化出版公司，2005，第119页。

"（欧洲联盟）决心把以建立欧洲共同体为起点的欧洲统一进程推向一个崭新的阶段。"[①]

照此逻辑，欧亚经济联盟的目标应该远高于欧亚经济共同体，但其实不然。欧亚经济联盟与欧亚经济共同体的目标比较相似。《欧亚经济共同体成立条约》第 2 条指出，欧亚经济共同体的目标是推动建立关税同盟与统一经济空间，落实《关税同盟条约》《关于深化经济与人文领域一体化条约》《关税同盟与统一经济空间条约》及其他法律文件所规定的条款。[②] 欧亚经济联盟的目标是："旨在提高成员国人民生活水平，为经济发展创造稳定的环境；在联盟框架内建立商品、服务、资本及劳动力统一市场；在经济全球化的背景下推动全面现代化，提高国民经济竞争力。"[③] 可见，通过建立关税同盟，实现商品自由流通，最终建成商品、服务、资本与劳动力统一的市场，推动本国经济转型与发展是欧亚经济共同体与欧亚经济联盟的共同目标。也就是说，欧亚经济共同体和欧亚经济联盟都是成员国推动经济发展的工具，绝不是为了一体化而一体化。[④] 因此，欧亚经济联盟是欧亚经济共同体的制度升级版，而非目标升级版。

三　一体化路径比较

从一体化路径来看，欧亚经济共同体与欧亚经济联盟都从关税同盟开始。关税同盟作为欧亚经济共同体及欧亚经济联盟的起点自然有

[①] 《欧洲联盟条约》，参见欧共体官方出版局编《欧洲联盟法典（第二卷）》，苏明忠译，国际文化出版公司，2005，第 7 页。

[②] Договор об учреждении Евразийского экономического сообщества.

[③] Договор о Евразийском экономическом союзе.

[④] Винокуров Е. Ю., Прагматическое евразийство//Россия в глобальной политике，2013，№2.

它的道理。我们认为，关税同盟具有以下三方面要素：一是经济要素，关税同盟通过对内实行自由贸易，对外实行贸易保护，可产生贸易创造、贸易转移、贸易扩张、收入转移等经济效应，[①] 进而对所在地区及成员国的经济发展产生重要影响；二是多边机制要素，关税同盟是政府间国际组织，属于多边机制范畴；三是国际政治要素，经济一致往往会促进政治统一[②]。如 19 世纪上半叶普鲁士主导德意志关税同盟（Zollverein）和 1850 年成立的奥地利—匈牙利关税同盟都采取对内取消贸易壁垒、发挥地区间产业互补优势、建立内部统一市场的政策，分别为德国统一及奥匈帝国的成立奠定了重要的经济基础。[③]

在建立关税同盟基础上，欧亚经济共同体与欧亚经济联盟采取两种不同的发展路径。前者走"平行式"一体化路径，试图同时推进关税同盟和共同市场建设；后者走"渐进式"一体化路径，先建成关税同盟，实现商品自由流通，再逐步向服务、资本及劳动力共同市场过渡。虽然《关税同盟与统一经济空间条约》《欧亚经济共同体成立条约》明确指出，欧亚经济共同体的任务是先建立关税同盟，然后在此基础上建立共同市场，但在实际操作中，欧亚经济共同体试图同时推进关税同盟与共同市场的建设。2004 年，欧亚经济共同体发

---

① Viner J., *The Customs Union Issue*, Oxford：Oxford University Press，2014；Meade J., *The Theory of Customs Unions*, Amsterdam：North-Holland Publishing Company，1955；Bhagwati J., Krishna P., Panagariya A., *Trading Blocs*, Massachusetts：The MIT Press，1999.

② Jacob Viner, *The Customs Union Issue*, Oxford：Oxford University Press，2014，p. 115.

③ 徐建：《关税同盟与德国的民族统一》，《世界历史》1998 年第 2 期；Komlos，J., *The Habsburg Monarch as a Customs Union：Economic Development in Austria-Hungary in the Nineteenth Century*, Princeton：Princeton University Press，1983，pp. 214-219。

布规划性文件——《欧亚经济共同体发展优先方向：2003～2006 年及以后》，明确了 10 个优先方向：建立关税同盟、协调经济政策、加强经济部门间合作、建立与发展能源共同市场、建立交通运输联盟、协调农业政策、建立服务共同市场、建立金融共同市场、加强社会领域合作及扩大欧亚经济共同体权力。[①] 显然，该文件并没有按轻重缓急区分关税同盟与共同市场，而是把两者均列为优先，而且"建立关税同盟"部分的相关内容仍然只是一些框架性原则，与 1999 年《关税同盟与统一经济空间条约》相比并无明显差别，未涉及核心问题，如税率制定、海关税收、针对第三国贸易政策等。此外，在没有建成关税同盟、制定统一关税之前，欧亚经济共同体成员国还通过了《欧亚经济共同体成员国能源政策基础》《欧亚经济共同体成员国农业政策构想》《欧亚经济共同体成员国货币领域合作构想》等一系列涉及共同市场范畴的文件。

欧亚经济共同体采用的"平行式"一体化方式收效甚微。成员国间经贸合作仍以双边为基础，没有形成真正意义上的多边经济合作。[②] 商品共同市场尚未建立，其余领域的共同市场更是无从谈起。2001～2005 年，绝大部分成员国本地区贸易占本国对外贸易的比重或呈下降趋势，如哈萨克斯坦、白俄罗斯、塔吉克斯坦，或一直处于低迷状态，如俄罗斯（见图 1-1、图 1-2）。

吸取欧亚经济共同体"平行式"一体化方式失败的教训后，俄、白、哈决定走"渐进式"一体化路径，先实现商品自由流通，然后向服务、资本和劳动力自由流通过渡，最终建成共同市场。可以将从2006 年筹备关税同盟到 2025 年实现共同市场的近二十年分为两个阶

---

① Приоритетные направления развития ЕврАзЭС на 2003 - 2006 и последующие годы, от 9 февраля 2004 г..

② Чуфрин Г., Очерки евразийской интеграции, 2013, С. 15.

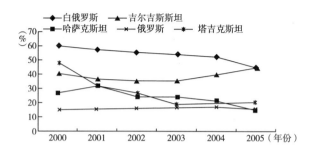

图 1-1　欧亚经济共同体成员国向独联体地区出口占本国对外出口比重
资料来源：根据世界贸易组织（WTO）《国际贸易统计》（2001~2006）数据整理。

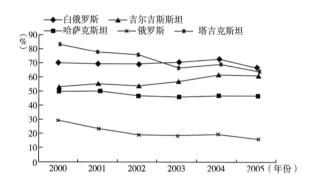

图 1-2　欧亚经济共同体成员国从独联体地区进口占本国进口比重
资料来源：根据世界贸易组织（WTO）《国际贸易统计》（2001~2006）数据整理。

段，即 2006~2011 年的商品共同市场建设时期，目标是通过建立关税
同盟，实现商品自由流通；2012~2025 年的全面共同市场建设时期。
2012~2015 年的统一经济空间是关税同盟向欧亚经济联盟的过渡阶段，
欧亚经济联盟实际上是为最终建成共同市场提供更为强大的制度保障。

（一）　商品共同市场建设时期（2006~2011 年）

2006 年 8 月，俄、白、哈领导人共同决定在欧亚经济共同体框
架内组建新的关税同盟。2007 年 10 月，三国通过《建立统一关税区
和关税同盟条约》《欧亚经济共同体框架内成立关税同盟行动计划》

《构成关税同盟法律基础的国际条约大纲》等基础性文件。之后，三国相继签订《关于建立统一关税区和关税同盟条约》（2007年）、《统一关税协调条约》（2008年）、《关于针对第三国采取统一非关税协调协议》（2008年）等12个法律文件，为关税同盟奠定了法律基础。2010年1月1日，关税同盟启动。7月1日，《关税同盟海关法典》正式生效，同日，俄、白取消海关边界，俄、哈取消海关边界及大部分商品的关税壁垒，俄白哈统一关税区形成。

关税同盟建设初具规模后，俄、白、哈着手构建统一经济空间的法律基础。2009年12月11日，俄、白、哈三国领导人通过了《建立俄白哈三国统一经济空间行动计划》。除关税同盟框架内涉及商品自由流通的法律文件外，统一经济空间的法律基础由经济政策协调、服务自由流动、劳动力自由流动、资本自由流动、能源与交通共同市场、技术协调等六个部分共17个基础协议组成（见表1-1）。2010年，三国完成了17个基础协议的签署，完成了统一经济空间的法律基础建设工作。

表1-1　统一经济空间法律基础

类别	法律文件	签署日期
经济政策协调	1.《协调宏观经济政策协议》	2010年12月9日
	2.《协调自然垄断主体行为统一原则与规定协议》	2010年12月9日
	3.《统一竞争原则与规定协议》	2010年12月9日
	4.《工业补贴规定协议》	2010年12月9日
	5.《国家支持农业规定协议》	2010年12月9日
	6.《国家采购协议》	2010年12月9日
	7.《知识产权保护规定协议》	2010年12月9日
服务自由流动	8.《统一经济空间成员国服务贸易与投资协议》	2010年12月9日
劳动力自由流动	9.《抵制第三国非法劳动移民合作协议》	2010年11月19日
	10.《劳动移民及其家庭法律地位协议》	2010年11月19日
资本自由流动	11.《保障资本自由流动创造建立金融市场条件协议》	2010年12月9日
	12.《货币政策协调原则协议》	2010年12月9日

类别	法律文件	签署日期
能源与交通共同市场	13.《白俄罗斯、哈萨克斯坦及俄罗斯组建、管理、运行与发展共同石油市场与石油产品协议》	2010 年 12 月 9 日
	14.《保障在电力领域获得自然垄断服务协议》	2010 年 11 月 19 日
	15.《在天然气运输领域获得自然垄断服务规定协议》	2010 年 12 月 9 日
	16.《获得铁路运输服务协调协议》	2010 年 12 月 9 日
技术协调	17.《白俄罗斯、哈萨克斯坦及俄罗斯统一技术协调原则与规定协议》	2010 年 11 月 18 日
商品自由流动	关税同盟框架内所有法律文件	

资料来源：作者自制。

2010 年 12 月 9 日，俄、白、哈三国领导人正式提出将建立欧亚经济联盟。但是，当时俄、白、哈三国领导人对"欧亚经济联盟"的认识是模糊的。[①] 2011 年 10 月 3 日，普京在《消息报》上发表署名文章《欧亚新一体化方案：未来诞生于今天》，系统地阐述成立欧亚经济联盟的原因、方向及目标，白俄罗斯总统卢卡申科和哈萨克斯坦总统纳扎尔巴耶夫也相继发文，力挺普京的欧亚经济联盟构想，欧亚经济联盟的战略构想最终出炉。

（二）全面共同市场建设时期（2012~2025 年）

2012 年 1 月，统一经济空间启动。2014 年 5 月 29 日，俄、白、哈三国领导人在阿斯塔纳（2019 年 3 月 20 日更名为努尔苏丹）签署《欧

---

① 时任俄罗斯总统梅德韦杰夫表示，欧亚经济联盟是"经济一体化水平非常高的机制……为了清楚了解我们所追求的欧亚经济联盟，自然要借鉴其他已经存在的经济联盟的经验"。参见 Пресс-конференцияпо итогам заседания Совета глав государств-участников СНГ，10 декабря 2010 года，http：//www.kremlin.ru/transcripts/9783。

亚经济联盟条约》。2014 年 10 月 10 日，欧亚经济共同体停止运行。①
2015 年 1 月 1 日，欧亚经济联盟如期启动，亚美尼亚和吉尔吉斯斯
坦分别于当年 1 月、8 月加入欧亚经济联盟。

到 2019 年底，欧亚经济联盟框架内已经基本形成商品和服务共
同市场，取得了阶段性成果，但仍须进一步完善。如成员国准备建
立"统一窗口"机制来协调成员国对外经济活动；逐步对敏感商
品、部分矿产品和鱼类商品的税率问题达成一致；建立服务共同市场
运行工作组；亚美尼亚和吉尔吉斯斯坦入盟过渡等。② 此外，在商品
和服务共同市场中仍然存在非关税壁垒。所谓"非关税壁垒"主要
可以分为两类，一类是自然形成的，另一类是人为造成的。③ 降低甚
至取消非关税壁垒尤其是人为造成的非关税壁垒是欧亚经济联盟的工
作重点。除了商品和服务共同市场，其余共同市场均在组建之中。
2016 年，启动药品共同市场，2017 年，形成统一工业补贴政策，
2020 年前，建成电力能源共同市场，2025 年前，建成金融、天然气、
石油共同市场。

四 组织机制比较

欧亚经济共同体的组织机构设置是参照欧盟的。共同体国家间

---

① Решение № 652 Межгосударственного совета ЕАЭС "О прекращении деятельности Евразийскогоэкономического сообщества", от 10 октября 2014 г., г. Минск.

② Решение №3 Евразийского экономического совета "О проекте решения Высшего Евразийскогоэкономического совета" "О плане мероприятий по реализации Основных направлений развитиямеханизма единого окна в системе регулирования внешнеэкономической деятельности", 4 февраля 2015г., г. Москва.

③ Оценка экономических эффектов отмены нетарифных барьеров в ЕАЭС// Доклад ЕАБР № 29, 2015 г..

委员会相当于欧盟的欧洲理事会，是最高决策机构，负责制定一体化进程的大政方针；一体化委员会相当于欧盟委员会，是常设超国家机构；欧亚经济共同体跨国议会大会相当于欧洲议会，是监督与咨询机构；欧亚经济共同体法院相当于欧洲联盟法院，是争议仲裁机构。欧亚经济联盟的组织机构包括最高决策机构——欧亚经济委员会最高理事会，由成员国总统组成；政府层面机构——欧亚政府间委员会，由成员国总理组成；常设超国家机构——欧亚经济委员会理事会，由成员国副总理组成，其中一名担任主席，负责联盟日常运作；争议仲裁机构——欧亚经济联盟法院。通过比较可以发现，欧亚经济联盟与欧亚经济共同体的组织机制关系具有以下特点。

（一）继承改进：最高决策机构

从欧亚经济共同体到欧亚经济联盟，最高决策机构经历了关税同盟的"同署办公"和统一经济空间的"分署办公"，是一个继承并不断改进的过程（见图1-3）。

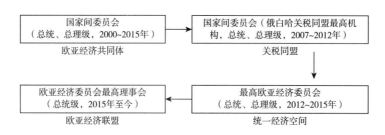

图1-3 欧亚经济联盟最高决策机构演进

2007年10月6日，在欧亚经济共同体成员国元首峰会上，成员国总统对《欧亚经济共同体成立条约》进行了修订，明确了国家间委员会是关税同盟的最高决策机构[①]，由成员国总统与总理组成，欧亚经济共同体与关税同盟的最高决策机构开始"同署办公"。"同署办公"并不意味着两个机构的文件具有同等法律效力。换言之，欧亚经济共同体的条约、协议、决议仍然对俄、白、哈有效，但俄、白、哈关税同盟内的法律文件对欧亚经济共同体其他成员国不构成法律效力。

2012年1月1日，统一经济空间启动，俄白哈把关税同盟最高机构更名为"最高欧亚经济委员会"，由总统与总理组成，开始"分署办公"。最高欧亚经济委员会与欧亚经济共同体国家间委员会通常会同时举行峰会，峰会成了俄、白、哈向其他国家推销一体化项目和成果的平台。最高欧亚经济委员会的成立标志着俄、白、哈三国推动的区域经济一体化开始脱离欧亚经济共同体，向欧亚经济联盟进发。

欧亚经济联盟成立后，成员国再次改革最高领导机构，把从成员国总统与总理"二层合一"的布局改为仅由总统参加的最高决策机构——欧亚经济委员会最高理事会，并赋予其战略决策、人事任命、财务预算、议案接收和争议仲裁等23项权力。[②] 在总理层面上新成立欧亚政府间委员会，成为行政机构，负责上传下达，这意味着成员国总理在欧亚经济联盟决策中的分量下降了。

（二）另起炉灶：常设超国家机构

欧亚经济共同体的常设超国家机构是一体化委员会，由成员国副总理组成，下设秘书处。一体化委员会的主要职能是为国家间委员会

---

① Протокол о внесении изменений в Договор об учреждении Евразийского экономическогосообщества от 10 октября 2010 года, Договор об учреждении Евразийского экономического сообщества (сизменениями и дополнениями от 25 января 2006 года и от 6 октября 2007 года).

② Договор о Евразийском экономическом союзе, статья 12.

准备文件草案、制定财政预算并监督财政支出、监督国家间委员会决议的实施等。然而，在《欧亚经济共同体成立条约》中只对一体化委员会的任务、目标和人员构成做了大体安排，而对决策、职能和权限等关键问题没有进行解释和明确。可以说，一体化委员会只是"半成品"。

关税同盟的常设超国家机构并未沿用一体化委员会，而是另起炉灶，成立关税同盟委员会（简称关委会）①，同样由成员国副总理组成，下设秘书处。② 关委会的核心任务是保障关税同盟能顺利运行，促进同盟内商品自由流通，保障成员国互惠互利，在整个关税同盟运作中发挥关键性作用。关委会最能体现关税同盟的运行状态。尽管关税同盟是在欧亚经济共同体框架内建立起来的，并不是一个独立的国际组织，但它拥有国际法主体的所有要素，如法律基础、运行准则、国际合作和国际公务员队伍等。③

然而，关委会也存在诸多不足，其中最大的缺陷就是关委会出台的文件存在"决议"与"建议"不分的情况。关委会的"决议"对成员国具有强制性，而"建议"则不具备强制性。但在实际运行中，关委会文件都以"决议"形式颁布，内容中却包含着"建议"，造成文件指向不明，影响机制运行效率。如关委会第 35 号决议中的第一款和第三款："第一款，关税同盟委员会决定通过在 2009 年 6 月 9 日

---

① Договор о Комиссии Таможенного Союза（в ред. Протокола от 9 декабря 2010 года）；Правилапроцедуры Комиссии Таможенного Союза от 27 ноября 2009 года.

② Соглашение о Секретариате Комиссии Таможенного Союза от 12 декабря 2008 года，Решение № 20 Межгоссовета ЕврАзЭС（Высшего органа Таможенного Союза）на уровне глав правительств от 27 ноября 2009 года "О вопросах деятельности Секретариата Комиссии Таможенного Союза".

③ Слюсарь Н. Б.，Институциональные основы Таможенного Союза в рамках ЕврАзЭС//Таможенноедело，2011，№1.

在欧亚经济共同体国家间委员会（关税同盟最高机构）政府总理会晤上需要批准的文件草案；……第三款，关税同盟委员会决定请求俄罗斯加快协调《统一关税区中针对第三国对外商品贸易所采取标准协议》和《对外商品贸易许可证颁发规定协议》草案的国内程序。"① 关委会第 35 号决议中的第一款明显带有强制性，作为"决议"无可厚非；而在第三款中出现"请求"字样，这样的表述未能充分体现"决议"的强制性，而且在内容上也更接近于"建议"。

2012 年 1 月 1 日，统一经济空间启动，7 月 1 日，欧亚经济委员会取代关委会成为俄白哈关税同盟和统一经济空间的常设超国家机构（见图 1-4）。同关委会相比，其具有以下特点：欧亚经济委员会分有理事会和工作会议，理事会成员由成员国副总理担任，工作会议由三国各派三名代表组成，为正部级，设主席一职，负责欧亚经济委员会的具体业务，协调成员国相关政策，向理事会提供政策建议；与关委会只涉及商品自由流通相比，欧亚经济委员会的业务更广，涉及共同市场的方方面面；欧亚经济委员会一改关委会"决议"与"建议"不分的缺陷，分开颁布具有强制性的"决议"和非强制性的"建议"；以法律形式赋予欧亚经济委员会国际合作权。② 2012 年 7 月 1 日，欧亚经济共同体一体化委员会的主要职能转移至欧亚经济委员会，同年底撤销了前者驻阿拉木图办事处③，这说明欧亚经济委员会

---

① Решение №35 Комиссии Таможенного Союза Евразийского экономического сообщества "Опроектах документов, вносимых на заседание Межгоссовета ЕврАзЭС（высшего органа Таможенного Союза）на уровне глав государств 9 июня 2009 года"，22 апреля 2009 г.，г. Москва.

② Договор о Евразийской экономической комиссии, статья 9.

③ Глазьев С. Ю.，Чушкин В. И.，Ткачук С. П.，Европейский союз и Евразийское экономическоесообщество：сходство и различие процессов интеграционного строительства，М.，2013，С. 148-149.

承担起了过渡任务。

在欧亚经济联盟框架内，欧亚经济委员会理事会基本沿用了俄白哈统一经济空间时期的运行模式，只在以下方面做了调整：亚美尼亚和吉尔吉斯斯坦相继入盟后，欧亚经济委员会理事会和执委会都增设了两国代表席位；官方文件除了"决议"和"建议"，增加了主要针对组织及人事安排工作的"指令"。由此可见，从关委会到欧亚经济委员会，一改一体化委员会只有"模子"没有"里子"的尴尬境地，不得不说这是欧亚经济联盟机制进步的一面。

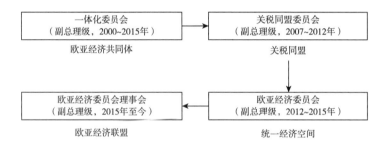

图1-4　欧亚经济联盟常设超国家机构演进

（三）激活：欧亚经济共同体（欧亚经济联盟）法院

欧亚经济共同体法院（简称共同体法院）虽然是欧亚经济共同体的组成部分，但一直未能真正建立起来，其职能由独联体经济法院代行。① 可以说，关税同盟的建立激活了共同体法院。2007年10月6日，欧亚经济共同体国家间委员会杜尚别峰会赋予共同体法院对关税

---

① Соглашение между Евразийским экономическим сообществом и Содружеством Независимых Государств о выполнении Экономическим Судом Содружества Независимых Государств функций Суда Евразийского экономического сообщества от 3 марта 2004 года.

同盟内部纠纷实施仲裁的职能，共同体法院的组建工作正式开始。2010 年 7 月和 12 月，欧亚经济共同体国家间委员会分别通过了《欧亚经济共同体法院章程》① 和《关于市场主体就关税同盟内争议以及诉讼程序争议向欧亚经济共同体法院提请仲裁条约》②，奠定了共同体法院的法律基础。2011 年底，共同体法院正式完成组建工作。③ 2012 年 1 月 1 日，欧亚经济共同体法院开始运行。在欧亚经济联盟框架内，欧亚经济共同体法院更名为"欧亚经济联盟法院"，法官由各成员国各派两名代表组成，任期为 9 年。

（四）取消："欧亚议会"

在欧亚经济共同体内，跨国议会大会具有立法、咨询职能，是成员国议会合作的平台。事实上，欧亚经济共同体跨国议会大会和独联体跨国议会大会同地办公，前者只是后者的缩小版，实际作用十分有限，但欧亚经济共同体跨国议会大会至少为成员国之间的政治合作尤其是议会合作提供了稳定的多边机制。

2012 年，俄白哈就欧亚经济联盟前途问题展开争论。俄主张，欧亚经济联盟应该是集政治、经济、社会、人文于一体的综合性国家集团，未来要过渡到"欧亚经济联盟"。在此背景下，俄杜马主席纳雷什金倡议在欧亚经济联盟内成立超国家议会机构——"欧亚议会"，其主要职能包括：欧亚经济联盟内立法与监督，扩大欧亚经济

---

① Статут Суда Евразийского экономического сообщества от 5 июля 2010 года.

② Договор об обращении в Суд ЕврАзЭС хозяйствующих объектов по спорам в рамках Таможенного Союза и особенностях судопроизводства по ним от 9 декабря 2010 года.

③ Решение №75 Межгоссовета ЕврАзЭС （Высшего органа Таможенного Союза） на уровне главправительств от 15 марта 2011 года "О формировании и организации деятельности Суда ЕврАзЭС".

联盟的社会基础，研究一体化进程中的重要问题，提供政策咨询与建议。他指出，"欧亚议会"可分两步建立：第一步，建立"欧亚跨国议会大会"，由成员国议会议员组成；第二步，待条件成熟时，将"欧亚跨国议会大会"升格为"欧亚议会"，由各国政党及跨国政党直接参与。他还提出，建立"欧亚议会"并不意味着复辟苏联，这是各个成员国在自愿、主权、独立等原则基础上建立的超国家机构；"欧亚议会"是开放的机构，欧亚经济联盟成员国以及有意入盟的国家都可参与。① 纳雷什金的倡议在俄得到了广泛支持，其主要原因是，俄试图建立一套与经济一体化机制相平行的政治一体化机制。此外，通过组建跨国议会与党派，俄能有效地影响白、哈两国国内政治及社会进程，实现经济与政治"双保险"，确保最终建成"欧亚经济联盟"，有效维护俄在后苏联空间的利益。

可是，俄罗斯的"欧亚议会"构想遭到了白、哈的抵制。白俄罗斯国民会议国际事务委员会主席萨莫谢伊科认为："在《欧亚经济联盟条约》中不涉及议会组织是正确的选择，欧亚议会在解决欧亚经济联盟重大问题中起不到明显作用。"② 与白俄罗斯相比，哈萨克斯坦的反对更为坚决。哈方指出，欧亚经济联盟应该是纯经济组织，绝不涉及任何形式的政治一体化，尤其反对建立超国家政治机构③，

---

① Нарышкин С., Парламентский вектор евразийской интеграции//Евразийская интеграция: экономика, право, политика, 2012, №11; Нарышкин С., Евразийская интеграция: парламентскийвектор//Известия, 4 октября 2012 г.

② Сказки народов ЕАЭС: Евразийский парламент Казахстану не выгоден, заявляют местныеэксперты, 1 декабря 2014 г. http: //www. centrasia. ru/newsA. php? st = 1417416960.

③ 2012 年 11 月，笔者受邀赴哈萨克斯坦阿拉木图参加由哈萨克斯坦战略研究所主办的"欧亚一体化与当代世界"国际学术会议。哈萨克斯坦政府官员与学者都明确表示，哈萨克斯坦拒绝参与任何形式的政治一体化，尤其反对在未来欧亚经济联盟内建立超国家政治机构。

"欧亚议会"就是个"多余机构"①。哈执政党"祖国之光"党秘书长卡林更直截了当地说："建立'欧亚议会'的构想是难以实现的，因为'欧亚议会'将损害哈国家主权，所以它在近期、中期甚至远期内都是不可能建成的。"② 由于白、哈的反对，"欧亚议会"构想最终不了了之。

（五）兼容：欧亚开发银行、欧亚稳定与发展基金

与欧亚经济共同体合并中亚合作组织不同③，兼容其他地区组织是欧亚经济联盟的又一特点。欧亚经济联盟与欧亚开发银行建立了兼容关系④。欧亚经济联盟的投资、金融共同市场将主要依靠欧亚开发银行及其管理下的欧亚稳定与发展基金来完成。

2006 年成立的欧亚开发银行在共同市场建设过程中所起的作用不可小觑。首先，欧亚开发银行以俄哈为主导，主要投资交通、能源、通信等领域。目前，欧亚开发银行拥有 31.57 亿美元投资储备金，有 88 个投资在建项目，这与欧亚经济联盟的发展战略不谋而合。其次，欧亚开发银行承担了大量涉及欧亚经济联盟问题的先期研究工作。欧亚稳定与发展基金的前身是 2009 年欧亚经济共同体为应对全球金融危机而成立的反危机基金会。基金拥有 85.13 亿美元，由欧亚开发银行管理，主要任务是：为支持财政、支付平衡以及汇率稳定提

---

① Сказки народов ЕАЭС: Евразийский парламент Казахстану не выгоден, заявляют местныеэксперты，1 декабря 2014 г.，http：//www. centrasia. ru/newsA. php? st = 1417416960.

② В Казахстане скептически оценивают создание Евразийского парламента. http：//www. rbc. ru/rbcfreenews/20120920095944. Shtml.

③ 2005 年中亚合作组织决定并入欧亚经济共同体。

④ Меморандум о сотрудничестве между Евразийской экономической комиссией и Евразийским банком развития，12 ноября 2013 г..

供贷款；投资国家间大型项目。① 2015 年 7 月，欧亚稳定与发展基金决定向亚美尼亚"灌溉系统现代化"项目投资 4000 万美元，向吉尔吉斯斯坦"托克托古尔水电站升级"项目投资 1 亿美元。② 可以说，欧亚开发银行和欧亚稳定与发展基金已经成为欧亚经济联盟建设投资和金融共同市场的驱动力量。

五　决策机制比较

决策机制分为动议、决议、监督三个要素。在《欧亚经济共同体成立条约》中并没有对"动议"做出明确表述。在实际操作中，动议权归国家间委员会所有，一体化委员会在决策体系中属于执行机构。换言之，只有成员国总统和总理拥有动议权。在"决议"方面，分国家间委员会和一体化委员会两个决策层面。在国家间委员会层面采取"一致通过"原则，在一体化委员会层面则采取"多数通过"原则，最低通过票数为 2/3，并按照向共同体投入的资金比例来划分成员国票数，其中俄罗斯的份额最大，为 40%；哈、白、乌（2008 年退出）为第二梯队，各占 15%；吉和塔为第三梯队，各占 7.5%。当一体化委员会层面不能形成决议时，提案将提交至国家间委员会由国家总统或总理依照"一致通过"的原则进行决议。"监督"主要由共同体跨国议会大会来承担。需要指出的是，与欧共体/欧盟中相对独立的议会不同，共同体跨国议会大会的运

---

① Управление средствами Евразийского фонда стабилизации и развития. http: www. eabr. org/r/akf/.

② Совет Евразийского фонда стабилизации и развития принял решение о предоставлении инвестиционных кредитов Армении и Кыргызстану. http: acf. eabr. org/r/.

行仍受国家间委员会领导。此外，一体化委员会也承担部分监督职能。[①]

与欧亚经济共同体相似的是，欧亚经济联盟中的动议权也由成员国总统掌握，但不同的是，欧亚经济联盟从欧亚经济委员会单列出欧亚政府间委员会，作为政府总理级别的对话机制，主要负责上传下达。可见，政府总理在决策体系中的地位有所下降。

此外，在决议和监督环节，欧亚经济联盟与欧亚经济共同体也有明显不同。在决策过程中，欧亚经济联盟采取以"一致通过"原则为主、"多数通过"原则为辅的决策模式。欧亚经济委员会最高理事会、欧亚政府间委员会、欧亚经济委员会理事会中的所有问题都采取"一致通过"原则；在欧亚经济委员会工作会议中采取"多数通过"原则，每位委员均持有一票，最低通过票数为 2/3；在涉及敏感问题时，欧亚经济委员会工作会议可采取"一致通过"原则。这样的决策安排不以国家大小、人口数量和经济发展水平及其他因素为衡量标准，而以国家为单位，以主权平等为基线，拉平所有成员国在决策中的地位。可以说，这种决策模式在一定程度上有利于其他成员国消除在与俄推进地区一体化进程中对主权丧失的担心，把与俄的一体化紧紧限定在经济领域，不涉及政治主权让渡，进而提高其他成员国对地区一体化进程的参与度。但从另一个角度来看，这种决策安排也束缚了俄推进地区政治与经济全面一体化的战略抱负。

在没有"欧亚议会"的情况下，欧亚经济联盟的监督职能主要由欧亚经济委员会最高理事会承担。欧亚经济委员会最高理事会对欧亚政府间委员会、欧亚经济委员会事理会递交上来的未决提案有最终

[①] 《欧亚经济共同体成立条约》第 6 条中规定"（一体化委员会）须监督国家间委员会决议的实施"，Договор об учреждении Евразийского экономического сообщества, статья 6。

决定权。更确切地说，欧亚经济联盟内任何涉及一体化的问题都可以递交到欧亚经济委员会最高理事会，由成员国总统协商决定。这充分说明，欧亚经济联盟是以"三委"① 为主干的纵向决策机制，是俄白哈三国"超级总统制"的国际延伸。

六　扩员机制比较

与欧亚经济共同体缺乏扩员机制相比，欧亚经济联盟创立了一整套扩员机制。《欧亚经济联盟条约》第 108 条对扩员步骤做了具体安排：递交入盟申请；经欧亚经济委员会最高理事会决定，确定候选国；成员国与候选国成立工作组，研究入盟条件，制定行动纲领，起草入盟条约；依据工作组结论和欧亚经济委员会最高理事会裁定，签订入盟条约，正式成为成员国。② 尽管"联盟对任何国家开放"，但是欧亚经济联盟事实上只对独联体国家开放，尤其鼓励与俄罗斯保持紧密政治、军事关系的国家入盟。

吉尔吉斯斯坦是最早提出加入关税同盟的国家。2012 年 10 月 12 日，欧亚经济委员会理事会成立工作组，研究吉加入关税同盟事宜。③ 2014 年 5 月 29 日，最高欧亚经济委员会通过吉加入关税同盟的"路线图"。"路线图"涉及海关合作、技术协调、卫生检疫标准、交通与基础设施、关税与非关税协调、贸易政策、金融政策和信息统

---

① "三委"指欧亚经济委员会最高理事会、欧亚政府间委员会、欧亚经济委员会理事会。

② Договор о Евразийском экономическом союзе，статья 108.

③ Решение №40 Совета Евразийской экономической комиссии "О рабочей группе по вопросу участия Кыргызской Республики в Таможенном союзе Республики Беларусь，Республики Казахстан и Российской Федерации"，15 июня 2012 г.，г. Санкт-Петербург.

计等。为了协助吉与关税同盟对接，俄出资 10 亿美元，与吉组建"俄吉发展基金"①，同时再向吉提供 2 亿美元的援助，用于吉履行"路线图"②。2014 年 12 月 23 日，吉正式签署《吉尔吉斯共和国加入欧亚经济联盟条约》，次年 8 月 12 日正式入盟。

除了吉尔吉斯斯坦，位于外高加索地区的亚美尼亚也是入盟"积极分子"。2013 年 4 月 10 日，欧亚经济委员会大会主席赫里斯坚科与亚美尼亚总统萨尔基相签署《开展欧亚经济委员会与亚美尼亚政府合作备忘录》。10 月 24 日，欧亚经济委员会建立工作小组，专门处理亚入盟事宜③，标志着亚入盟正式起步。11 月 6 日，双方签订第二个备忘录——《欧亚经济委员会与亚美尼亚共和国深化合作备忘录》。根据备忘录中的相关条款，亚美尼亚有权列席欧亚经济委员会最高理事会、欧亚经济委员会理事会等组织的公开会议；向欧亚经济委员会工作会议派驻代表；向欧亚经济委员会提交议案等。④ 12 月 24 日，欧亚经济委员会最高理事会与亚美尼亚发表《关于亚美尼亚共和国参与欧亚经济一体化的联合声明》，再次明确了亚美尼亚的入盟意愿。此外，俄白哈还与亚美尼亚共同制定了入盟"路线图"。2014 年 10 月 10 日，亚美尼亚签署入盟条约。到 2014 年底，亚美尼

---

① Киргизия начала реализацию "дорожной карты" вступления в ТС. http：//ria. ru/economy/20140603/1010504108. Html.

② Москва и Бишкек создадут фонд для интеграции Киргизии в ТС. http：//ria. ru/economy/20140529/1009835917. html.

③ Решение № 49 Высшего Евразийского экономического совета "О присоединении Республики Армения к Таможенному союзу и Единому экономическому пространству Республики Беларусь, Республика Казахстан и Российской Федерации", 24 октября 2013 г., г. Минск.

④ ЕЭК и Армения подписали меморандум об углублении взаимодействии. http：//ria. ru/world/20131106/975071901. Html.

亚已经履行了"路线图"267 项要求中的 126 项。① 与吉相比，亚美尼亚入盟虽然起步晚，但是进度快，收效大。2015 年 1 月 2 日，亚美尼亚正式入盟，成为欧亚经济联盟第四个成员国。

亚美尼亚与吉尔吉斯斯坦入盟后，欧亚经济联盟对成员国关税收入比例做了重新分配。俄降幅最大，从原先的 88% 降至 85.32%，白从 4.7% 降至 4.56%，哈从 7.3% 降至 7.11%，亚获得 1.11%，吉获得 1.9%。② 需要指出的是，虽然亚、吉两国从机制上已经正式成为欧亚经济联盟的成员国，参与联盟各项事务的决定与实施，但是在具体领域尤其在贸易领域，两国仍处在过渡期，还不是完全意义上的成员国。亚美尼亚有七年过渡期，吉尔吉斯斯坦有五年过渡期。

另一个有可能加入欧亚经济联盟的是塔吉克斯坦。然而，从目前状况来看，塔在近期并不急于谋求加入欧亚经济联盟，究其原因，一是 2013 年 3 月塔加入世贸组织，与世贸组织对接是最近几年塔政府工作的重点；二是 2014 年俄与塔签订了新版劳动移民协议，抵消了欧亚经济联盟劳动共同市场对塔可能造成的影响；三是欧亚经济联盟本身经过两次扩员，需要一个消化过程。

七　法律机制比较

欧亚经济联盟吸纳了部分欧亚经济共同体框架内的法律文件，整合了关税同盟、统一经济空间的法律基础，形成欧亚经济联盟的各种

---

① Армения присоединилась к Евразийскому экономическому союзу. http://www.eurasiancommission.org/ru/nae/news/Pages/02-01-2015-1.Aspx.

② Договор о присоединении Кыргызской Республики к Договору о Евразийском экономическомсоюзе от 29 мая 2014 г..

法律。在 2013 年 10 月，俄白哈三国领导人在研究建立欧亚经济联盟时就明确提出："关税同盟、统一经济空间、欧亚经济共同体框架内有益的、无法律冲突的文件可纳入欧亚经济联盟法律体系。"[①] 因此，欧亚经济共同体框架下的 2 个条约、7 个协议及 4 个议定书共计 13 个法律文件被纳入欧亚经济联盟法律体系。这 13 个法律文件主要涉及关税同盟与欧亚经济共同体机制建设及商品自由流通方面的内容，为俄白哈关税同盟建设奠定了法律基础。也正因为如此，2013 年，普京反对纳扎尔巴耶夫提出要取消欧亚经济共同体的意见，认为欧亚经济共同体为关税同盟提供法律保障，要让欧亚经济共同体与欧亚经济联盟完成交接后才可取消。从这个角度看，有学者认为，欧亚经济共同体是关税同盟及统一经济空间的"母体"组织。[②] 与欧亚经济共同体的法律机制相比，欧亚经济联盟的最大功绩在于建立起了统一的法律机制，涵盖共同市场建设的各个方面，是在独联体地区推行一体化以来最为成功的法律体系。欧亚经济联盟的法律体系由条约与超国家机构的决议、指令构成。

然而，我们注意到，欧亚经济联盟与欧亚经济共同体相似，即超国家机构的"决议"具有相同的法律效力。条约是国家间意见达成一致的结果，主要协调成员国间关系，对成员国具有强制性作用，属于国际法范畴。如果说条约是多边机制框架内较为静态的法律框架，那么超国家机构的"决议"最能体现多边机制的动态发展。与欧盟的超国家机构决议凌驾于成员国国内法之上不同，欧亚经济共同体和

---

① Решение №47 Высшего Евразийского экономического совета "Об основных направлениях развития интеграции и ходе работы над проектом Договора о Евразийском экономическом союзе", 24 октября 2013 г..

② Глазьев С. Ю., Чушкин В. И., Ткачук С. П., Европейский союз и Евразийское экономическое сообщество: сходство и различие процессов интеграционного строительства, М., 2013, С. 148.

欧亚经济联盟内超国家机构"决议"的法律效力要低于成员国国内法。《欧亚经济共同体成立条约》第14条规定："欧亚经济共同体相关部门决议由成员国依据本国法律来实施。"[①]《欧亚经济联盟条约》第6条明确指出："欧亚经济委员会最高理事会和欧亚政府间委员会的决议依照成员国国内法来实施。"[②] "决议"的法律效力决定了它的运用范畴。就目前而言，欧亚经济联盟"三委"的相关决议主要是针对条约的起草、修订和生效等。换言之，在欧亚经济联盟内，"三委"决议发挥着完善条约的作用，联盟内各项事务仍旧依靠具有国际法性质的条约来规范，"三委"的决议并不能直接对成员国国内司法构成强制力。

最后，欧亚经济联盟法吸纳了世贸组织相关规则。这是欧亚经济共同体法律体系所不具备的。如今欧亚经济联盟成员国除白俄罗斯外，其他都是世贸组织成员。[③] 欧亚经济联盟将依照《1994年关税与贸易总协定》（GATT1994）与第三国建立最惠国及自贸机制。[④] 由此可见，欧亚经济联盟并不是故步自封、闭门造车、与世界经济体系绝缘的组织，而是顺应时代潮流，以合作、开放的姿态融入国际分工，与越南建立自贸区、与蒙古国建立伙伴关系、与中国丝绸之路经济带建设对接合作、与欧盟商议建立自贸区等就是明证。

八　总结与思考

通过以上分析，我们可以看出，欧亚经济共同体与欧亚经济联盟

---

① Договор об учреждении Евразийского экономического сообщества, статья 14.

② Договор о Евразийском экономическом союзе, статья 6.

③ 1998年吉尔吉斯斯坦加入世贸组织，2003年亚美尼亚加入，2012年俄罗斯加入，2015年哈萨克斯坦加入。

④ Договор о Евразийском экономическом союзе, статьи 34-35.

在职能、机构、成员国、工作人员方面存在交叉和过渡，但两者不是一码事，不能相互混淆。把欧亚经济共同体与欧亚经济联盟之间的关系简单定性为"完全承继"或"相互独立"是与事实不相符的。欧亚经济联盟与欧亚经济共同体之间存在渊源关系，然而两者又不完全一致，欧亚经济联盟是欧亚经济共同体在机制上的升级与改进，为的是使区域一体化机制更能符合本地区特点，实现因地制宜。两者目标相似，成员国通过建立共同市场，在经济全球化背景下抱团取暖，恢复因苏联解体而断裂的传统经济联系，以完成再工业化和后工业化两大发展任务。两者发展的历史路径不同，可以看出，欧亚经济联盟框架下的"渐进式"一体化进程走得更稳健。两者组织机制、决策机制不尽相同，意味着欧亚经济联盟刻意去政治化，把一体化更多地限定在经济领域，同时突出了成员国总统在欧亚经济联盟决策中的核心地位，是成员国国内超级总统制的国际延伸，反过来这样的决策机制又能进一步巩固成员国国内的超级总统制，这客观地反映了该地区的政治生态。欧亚经济联盟比欧亚经济共同体更胜一筹的是创立了扩员机制，扩员不再是随意之举，而是双向选择和深思熟虑的结果，优先邀请与俄政治、军事关系紧密的独联体国家入盟。在法律机制方面，两者"决议"的法律效力相似，说明新独立国家不愿为一体化让渡过多国家主权，对区域一体化进程仍然存有戒备心理，然而欧亚经济联盟又与时俱进地把世贸组织相关规则纳入法律体系，这是开放姿态的体现。

欧亚经济联盟何去何从是目前国内外学界关注的焦点。学界主要从内外两方面因素来看待这个问题。内部因素有俄本身经济状况、成员国间政治经济利益博弈、区域内地缘政治及安全等问题；外部因素有世界经济格局、能源市场变化、欧美对俄的战略挤压、欧美对欧亚经济联盟内部的分化政策、丝绸之路经济带建设与欧亚经济联盟建设对接等问题。笔者认为，除了以上真知灼见外，还应该从欧亚经济联盟机制本身来思考这个问题。

第一，沙俄帝国、苏联遗留下来的落后、低效的行政传统会不会影响欧亚经济联盟的运行效率？

欧亚经济联盟成员国都曾是沙俄帝国、苏联的组成部分，长期受莫斯科中央政府统辖，曾存在因莫斯科中央政府高度集权而导致的管理效率低下、在决策中领导人个人因素起决定性作用而缺乏制度规范等弊病。[①] 欧亚经济联盟也存在类似决策权高度集中、部门及人员冗杂[②]等问题，建立精简、高效的运作机制对欧亚经济联盟未来的前途至关重要。

第二，如何建立一支代表联盟集体利益的国际公务员队伍？

欧亚经济联盟的相关法律规定，联盟各个部门的工作人员为国际公务员，须竞争上岗，代表联盟集体利益。但迄今为止，欧亚经济委员会工作会议并未建立起真正意义上的国际公务员制度（类似于联合国、欧盟、世界银行等），所谓工作人员都是由成员国政府选派的公务员组成，只享有国际公务员的权利和豁免，而在实际工作中首先是代表母国利益，其次才代表欧亚经济联盟集体利益，导致许多决议或是争论不休，无果而终，或是递交至上级机构进行仲裁，影响欧亚经济联盟的运行效率。

第三，如何平衡"绝对平等"与"俄罗斯主导力"之间的关系？

根据上文分析可知，欧亚经济联盟的决策机制中充分实现了成员国间的绝对平等。通过这样的决策模式，一方面可以打消成员国对俄

---

① Karl W. Ryavec, *Russian Bureaucracy: Power and Pathology*, New York: Rowan & Littlefild Publishers. Inc., 2005, pp. 63-65.

② Новая бюрократия, http://www.vedomosti.ru/newspaper/articles/2012/02/06/novaya_byurokratiya.

在实力上一家独大以及其与生俱来的"帝国意识"而产生的畏惧心理;另一方面也限制了俄在一体化进程中的主导力。缺乏俄的主导力,欧亚经济联盟将难以为继。因此,在"绝对平等"地位与"俄主导力"的现实之间能否找到黄金分割线也是欧亚经济联盟成败的关键之一。

总之,欧亚经济联盟作为新型的区域经济一体化组织已经客观存在,将对我国"近中亚国家"① 的地区外交定位,以及西北周边外交、丝绸之路经济带倡议的实施产生深远影响,因此欧亚经济联盟的成败得失、经验教训都值得我们深入研究。

---

① "近中亚国家"意为不是中亚国家,但与中亚地区有着紧密的地理、历史、文化、政治及经济联系的国家,是与中亚地区同呼吸、共命运的发展共同体和利益共同体。

第二章

欧亚经济联盟的发展状况

经过多年的发展，欧亚经济联盟（简称联盟）框架下成员国之间的合作力量明显上升，区域一体化的有效性得到彰显，然而成员国间的合作边界也逐渐清晰，联盟框架下区域一体化的有限性进一步凸显。具体体现在以下方面。一是联盟属于政府间合作类型，而非超国家机制类型。二是联盟内部利益聚合与利益差异并存，且相对泾渭分明。成员国间利益聚合效果相对较好的是贸易领域，但在能源、投资等领域短期内利益差异较大。而在涉及国家主权的领域里，联盟内部无利益交叉，是合作的"禁区"。三是主导国俄罗斯的多边合作供应能力有限。在制度建设、政治安全合作中，俄罗斯的合作供应能力优势明显，但在经济合作领域，俄罗斯的合作供应能力捉襟见肘。四是联盟对成员国的战略价值有限。对俄罗斯而言，实际上其获得的战略收益是避免了其他成员国现政权倒向西方的可能，但离借助联盟确立自身对欧亚地区绝对支配地位的战略理想仍有较大距离。对其他成员国而言，在联盟框架下，与俄罗斯开展紧密合作是其对外合作的一个重要方向，但其仍继续积极与其他域外力量保持和发展良好互动关系。

鉴此，对中国而言，深入认识联盟运行效能，对下一阶段推动丝绸之路经济带建设与欧亚经济联盟建设的对接合作，优化周边环境具有十分重要的现实意义。国际关系实践充分证明，任何一个区域一体化进程都是综合性的，没有单纯的经济一体化，也没有单纯的政治一体化。区域一体化进程中的经济合作和政治合作往往相辅相成。政治利益可通过经济途径实现，经济利益也可通过政治途径实现，最后呈现在世界面前的是规范和制度的安排，也就是合作主体间政治、经济利益分配的结果。所以，本章将遵循综合分析法，从制度建设、经济合作、① 政治安全合作角度，分析联盟运行的效能，并提出中国与联盟合作发展的进取方向。

一 制度建设：具有"欧亚"特色的区域一体化机制初步形成

制度是规范和习惯。制度建设的核心是构建这种规范和习惯背后的集体行为的正当性及合法性。进一步说，制度通过对成员的激励与约束，实现对成员目标和行为的影响。② 国家间合作的产生并不是因为有完全一致的价值观，而是合作各方都看到了通过合作获益的可能性。③ 在无政府状态下，国际关系本身是一个自助体系（a self-help system），规则就是在这种缺乏最高权威机构的情况下得以萌生和发展。从这个意义上讲，规则安排、制度建设往往在区域一体化进程中起到利益聚合和利益协调的作用，目标是推动合作中共同利益的

---

① 由于联盟贸易规模在国际贸易总规模中占比小，对国际贸易影响十分有限，所以在联盟经济合作效能的探讨中，本文将聚焦联盟对本地区经济合作的推动效果。

② 张宇燕：《经济发展与制度选择：对制度的经济分析》，中国人民大学出版社，2017，第 11 页。

③ 〔英〕安德鲁·赫里尔：《全球秩序与全球治理》，中国人民大学出版社，2018，第 33 页。

扩大。

联盟在筹建和运行过程中尤其重视制度建设。联盟制度安排的目的在于，通过一系列机构设置、表决制度设计及法律机制构建，规范成员国间的战略关系及权力分配，进而提升利益共同性和复杂性。联盟的制度安排参照了欧共体/欧盟，但又进行了一系列本土化的改造。正如钱穆先生所言，制度是一种随时地而适应的，不能推之四海而皆准。[①] 欧共体是一个"特殊"政体，一种远远超出国际组织，但又不符合联邦国家思想的政治体制。[②] 与欧共体/欧盟相比，欧亚经济联盟制度设计中最大的特点是，联盟制度设计不具有超国家属性，而是政府间属性。[③] 具体而言，联盟是成员国协调政策的平台机制，其制度安排对成员国国内制度安排不具有强制力。考虑到联盟内部成员国间经济发展道路和水平以及参与世贸组织条件的差异性，联盟制度设计的要点在于：在推动区域一体化客观需要与区域一体化各种限制性条件间保持平衡。[④]因此可以判断的是，联盟制度规范的约束力是有限的。正是规范约束力的有限性给联盟制度运行提供了更大的灵活空间，联盟各成员国的利益自主性能得到较为充分的体现。具体体现在以下方面。

---

① 钱穆：《中国历代政治得失》，生活·读书·新知三联书店，2012，第 4 页。

② Beate Kohler-Koch, *The Transformation of Governance in European Union*, Routledge, 1999, p. 2.

③ Risse T., The Diffusion of Regionalism, Regional Institutions, Regional Governance. Paper presented at the EUSA 2015 Conference, Boston. https://www.eustudies.org/conference/papers/11?_token = pDqnRLkX0Eaw8gqXHDDYJiHY5AQR2IJYDJQ1WD2G&criteria = author&keywords = risse&submit = ；Пименова О. И., Правовая интеграция в Европейской союзе и Евразийском экономическом союзе: сравнительный анализ, Вестник международных организаций, 2019, N. 1, C. 76–93.

④ Вардомский Л. Б., Евразийская интеграция и Большое евразийское партнёрство. *Россия и новые государства Евразии*, 2019, № 3, Ст. 10.

（一）机构设置

联盟机构设置吸收欧盟经验，并实现了本土化改造。在欧亚经济共同体时期，其组织机构设置完全参照欧盟。具体而言，欧亚经济共同体国家间委员会相当于欧盟的欧洲理事会，是最高决策机构，负责决定一体化进程的大政方针；一体化委员会相当于欧共体委员会，属于常设机构；欧亚经济共同体议会相当于欧共体议会，是监督与咨询机构；欧亚经济共同体法院相当于欧共体法院，是争议仲裁机构。[①]然而，欧亚经济共同体的组织机构并未真正运作起来，导致组织机制几乎"空转"。鉴此，欧亚经济联盟在继续以欧共体为主要参照对象的同时，积极进行了本土化改造。从继承方面看，联盟在组织机构设置上，继续参照欧洲理事会，设立了欧亚经济委员会最高理事；参照欧盟委员会，设立了欧亚经济委员会理事会；参照欧盟法院，设立了联盟法院。从本土化方面看，联盟设立了欧亚政府间委员会，该机构成员由成员国总理组成；由于哈萨克斯坦坚决反对联盟框架下一体化进程出现"政治化"倾向，进而可能损害其主权独立，故不继续设立跨国议会机构。[②] 联盟现行的机构设置具有以下特点。

一是针对性。这点主要体现在欧亚经济委员会执委会上。执委会由 9 个部、21 个专业咨询委员会组成，几乎涉及成员国开展多边经济合作的方方面面。

二是对等性。在欧亚经济委员会执委会下设 1 个主席职位和 9 个

[①] 王晨星、李兴：《欧亚经济共同体与欧亚经济联盟比较分析》，《俄罗斯东欧中亚研究》2016 年第 4 期，第 93～112 页。

[②] 笔者认为，还存在另一个原因，就是在集体安全条约组织框架下已经设立了议会大会。鉴于集体安全条约组织与欧亚经济联盟成员国基本重合，因此没有必要另建一个跨国议会机制，成员国间立法机构合作互动可以在集体安全条约组织议会大会完成。

部长职位，共计 10 个领导岗位，一般由各成员国分别派员担任其中 2 个职位，由轮值主席国的代表担任主席。

三是灵活性。随着联盟框架下一体化进程不断深入，根据具体事务需要，在欧亚经济委员会执委会内可增设职能部门或建立相关磋商机制。比如，2019 年 12 月，欧亚经济委员会执委会经济与金融政策部内增设"劳动移民与社会保障司"，专门负责落实联盟内人员自由流动及国际务工人员的社会保障，重点落实 2019 年 12 月 20 日签署的《欧亚经济联盟退休保障协定》，同时在内部市场、信息化、信息与技术交流部内增设"内部市场运行司"，主要承担优化联盟内部市场环境的职责。为推进数字经济建设，2018 年 2 月，在联盟内部专门设立了"数字经济办公室"，由执委会主席担任办公室主任，专门协调联盟框架下数字经济基础设施建设，维护成员国数字主权，建立"欧亚数字平台"。目前，该办公室已经收到 50 个数字经济发展倡议，其中若干倡议正在实施。仅 2018 年至 2019 年的两年间，联盟还先后增设了若干决策辅助机构，即成员国认证部门主管官员理事会、标准化部门主管官员理事会、交通部门主管官员理事会、农业政策理事会及工业政策理事会等。2020 年 7 月，还成立了解决商品转运纠纷委员会。[①]

（二）决策制度

联盟决策制度破除实力歧视，实现成员国间绝对平等。联盟的决策机制主要有以下特点。

[①] ЕЭК создает комитет для устранения споров при перемещении товаров в ЕАЭС. Интерфакс. 10 июля 2020 года. https：//interfax. by/news/policy/ekonomi-cheskaya_politika/1278895/.

一是表决方式以协商一致为主。① 联盟内欧亚经济委员会最高理事会、欧亚政府间委员会、欧亚经济委员会理事会的表决方式均采取协商一致的方式进行决策,即成员国对决议案进行协调并达成一致,决议即可通过。值得注意的是,欧亚经济委员会执委会的表决方式是多数同意和协商一致并行。②

二是决策履行采取非歧视性规则。非歧视性规则对主导国和参与国、强国和弱国的行为具有同等约束力。就相对收益而言,参与国、弱国的相对收益要大于主导国、强国,因此前者更愿意接受规则,借助国际规则可以起到进一步扩大收益和有效保护自身利益不被主导国及强国损害的作用。③ 这也是俄罗斯在联盟中实施"去盟主化",破除实力歧视,借助国际规则拉拢周边国家的做法。但这样的制度安排拉长了决策流程,降低了决策效率。目前,欧亚经济委员会每项决策的平均流程为一年,如专家委员会提出意见,那么此项决议要再多花两个月时间重新审定,这大大影响了一体化推进的速度。④

(三) 法律制度

在法律制度建设方面,联盟框架下国际法律体系初具规模。一般情况下,国际组织内的法律体系多为树状结构,就是指以一个或若干

---

① 国际组织的表决方式一般分为全体一致、多数同意、加权表决和协商一致四种类型。

② Договор о Евразийском экономическом союзе. Статья 18.

③ 一般而言,国际组织促使其成员国履行决策的机制有三种:一是从绝对收益的角度讲,国际组织制定对成员国有益无损的决议;二是制定非歧视性的规则,促使弱国主动遵守国际规则;三是制定歧视性决议和规则,促使强国遵守国际规则。参见阎学通、何颖《国际关系分析》,北京大学出版社,2017,第 286~287 页。

④ 王晨星、姜磊:《欧亚经济联盟的理论与实践——兼议中国的战略选择》,《当代亚太》2019 年第 6 期。

个准则性条约为主干，并以此为基础向各领域拓展，形成一系列枝干类条约或协定，形成树状法律体系结构。联盟法律体系由基础性条约、政府间功能性协定和联盟内各项工作决议构成。联盟框架下基础性条约有两个，即《欧亚经济联盟条约》（2015 年）和《欧亚经济联盟海关法典条约》（2018 年）。联盟成立以来，成员国政府间协定有二十二个（见表 2-1）。从表 2-1 中可见，成员国政府间大部分协定或协议主要是要解决联盟内部贸易的非关税壁垒问题，优化联盟商品共同市场的制度环境，进而使成员国间贸易福利及相关事权安排更为合理。联盟内另一类具有约束力的文件为欧亚经济委员会最高理事会、欧亚政府间委员会及欧亚经济委员会理事会的决议。此类文件具有以下特点：一是从属关系鲜明。欧亚经济委员会理事会的决议从属于欧亚政府间委员会和欧亚经济委员会最高理事会的决议，欧亚政府间委员会的决议则从属于欧亚经济委员会最高理事会的决议。[1] 二是具有一定约束力。联盟各级机构决议中，必须要履行的是欧亚经济委员会最高理事会和欧亚政府间委员会的决议，其方式是根据成员国国内法律相关规定进行履行。[2] 三是决议数量较大。联盟各级机构决议的数量庞大，且涉及联盟运行的方方面面（见表 2-2）。

表 2-1 欧亚经济联盟框架下政府间协定汇总（截至 2020 年 6 月）

序	协议名称	签署时间
1	医疗器械流通规则协定	2014 年 12 月
2	药品流通规则协定	2014 年 12 月
3	金融领域信息交换（包括涉密信息）协定	2014 年 12 月
4	臭氧消耗物质及含有臭氧消耗物质的产品转移和成员国间贸易中臭氧消耗物质评估的协定	2015 年 2 月

---

① Договор о Евразийском экономическом союзе. Статья 6.

② Договор о Евразийском экономическом союзе. Статья 6.

续表

序	协议名称	签署时间
5	天然气、原油及成品油指导性（预测）计划协定	2016 年 4 月
6	欧亚经济联盟法院入驻白俄罗斯条件协定	2016 年 4 月
7	成员国间军用和民用武器运输协定	2016 年 5 月
8	成员国与欧亚经济委员会就工业产品自愿协商特别补助和欧亚经济委员会审查成员国提供特别补助流程协定	2017 年 5 月
9	农作物种子流通协定	2017 年 11 月
10	集体版权管理协定	2017 年 12 月
11	商品标签协定	2018 年 2 月
12	与第三国、国际组织和国际一体化机制之间的国际条约协议	2018 年 5 月
13	协调金融市场法律协定	2018 年 11 月
14	航行协定	2019 年 2 月
15	建立进口商品追溯机制协定	2019 年 5 月
16	危险废弃物越境转移协定	2019 年 8 月
17	统一与牲畜进行繁殖和繁育工作的措施的协定	2019 年 10 月
18	开展贵金属和宝石交易协定	2019 年 12 月
19	烟草制品消费税协定	2019 年 12 月
20	退休保障协定	2019 年 12 月
21	未设定技术标准的产品流通办法及其安全保障规则协定	2020 年 2 月
22	商标、服务商标以及原产地名称协定	2020 年 2 月

资料来源：笔者根据欧亚经济委员会官方网站信息汇总。

表 2-2　2016～2019 年欧亚经济联盟各级机构工作情况量化统计

机构	会议（次）	决议（项）	指令（项）	建议（项）
欧亚经济委员会最高理事会	9	79		
欧亚政府间委员会	14	44	63	
欧亚经济委员会理事会	46	449	131	5
欧亚经济委员会执委会	150	784	814	134

资料来源：笔者根据欧亚经济委员会官方网站信息整理。

　　讨论联盟法律制度时，还有一个无法回避的问题，那就是联盟条约、协定及决议与成员国国内法之间的关系。这里可以与欧盟做一个比较。欧盟的法律体系由欧共体法（共同市场）、共同外交与安全政策、司法与内务合作三大支柱组成。从联盟一体化发展水平来看，联盟框架下的法律体系应该对标的是欧盟法律体系的第一支柱，即欧共体法（共同市场法），而非第二和第三支柱。欧共体法中的条例具有"超国家"性质，直接适用（direct applicability）于成员国国内法，而第二、第三支柱只停留在政府间层面。根据《欧共体条约》第249条（《欧盟运行条约》第345条），欧共体协定及条例在所有成员国内直接适用。这意味着，欧共体的协定及条例自动成为成员国国内法的组成部分。[①] 而欧盟框架下的基本条约和决议不能直接适用，需要成员国立法机关批准和生效之后，方可成为成员国国内法的一部分。相比之下，联盟框架下的基本条约、协定及决议对成员国国内法均不具备直接适用性。此外，还需要指出的是，联盟成员国依据各自宪法执行联盟的基本条约、协定、条例及决议的方式不同。比如，俄罗斯和白俄罗斯宪法明确规定，国内法高于国际法。而哈萨克斯坦的情况却比较特殊，其宪法第4条指出，被哈立法机关批准的国际条约，其法律效力优先于国内法。[②]

二　经济合作：区域经济一体化效应喜忧参半

推动地区经济合作是联盟框架下区域一体化的重点。联盟运行的目标就是为成员国经济稳定发展创造条件；建立商品、服务、资本和劳动力资源统一市场；实现全面现代化，提升成员国在全球经济中的

---

① 曾令良：《欧洲联盟法总论——以〈欧洲宪法条约〉为新视角》，武汉大学出版社，2007，第168~170页。

② Конституция Республики Казахстан. https：//www. akorda. kz/ru/official _documents/constitution.

竞争力。① 为落实上述目标，2018 年 12 月联盟成员国元首共同发表了《关于在欧亚经济联盟框架下进一步推动一体化进程的声明》，其中明确了成员国经济合作的四大方向，即确保联盟统一市场高效运转，为企业和消费者提供更多机会；构建"创新区"，推动科技进步；挖掘一体化潜力，提高民众福祉；将联盟打造成当今世界发展的中心之一，对与外部伙伴开展互惠平等合作保持开放，并构建新型互动模式。② 经过 6 年的发展，联盟框架下商品共同市场基本建成，下一阶段联盟将以服务、投资、能源共同市场建设为重点。因此，商品共同市场的运行效果是现阶段评估联盟经济一体化效应的关键。

具体而言，联盟框架下成员国间开展经济合作有以下侧重点：一是对内举措，就是消除各项壁垒，协调成员国经济发展利益，构建统一、全面且高效的内部市场；二是对外举措，就是在充分利用欧洲（欧盟）和东亚（中、日、韩）两大区域经济发展中心带来的资金、市场及技术资源的同时，还要在欧洲和东亚两大经济势力向欧亚中心地带挺进的背景下，努力开拓海外市场，在夹缝中寻求发展机遇。鉴此，评估联盟框架下经济一体化效应可以从域内和对外经济合作两个层面展开。

（一）域内经济合作

第一，联盟内部贸易规模偏小，但呈现弱增长态势。联盟内部贸易规模有限，离千亿美元大关仍有一段距离（见表 2-3）。随着联盟框架下商品共同市场基础不断夯实，联盟内部贸易弱增长的特点日益

---

① Договор о Евразийском экономическом союзе. Статья 4.

② Декларация о дальнейшем развитии интеграционных процессов в рамках Евразийского экономического союза. 6 декабря 2018 года. http://static. kremlin. ru/media/events/files/ru/fr7wTgpTRVZlweOVbjn6GaPih8G1rA1f. pdf.

鲜明。一是内部贸易额总体呈弱增长趋势。自 2010 年俄白哈关税同盟、2012 年统一经济空间以来，区域内部贸易发展经历三个阶段：第一阶段从 2010 年至 2012 年，为快速增长期。俄白哈三国间贸易从 2010 年的 501 亿美元，增长至 2012 年的 685.82 亿美元；第二阶段从 2013 年至 2016 年，内部贸易规模持续萎缩，下降到 2016 年的 430 亿美元；第三阶段从 2017 年至今，为弱增长期。联盟内部贸易止跌回升的拐点出现在 2016 年第三季度，10~11 月，内部贸易额出现止跌迹象，10 月比 2015 年同期上涨了 0.3%，11 月上涨了 4.4%。[①] 2017 年联盟内部贸易出现明显反弹，增长了 27.3%，达到 547 亿美元，随后联盟内部贸易进入缓慢增长阶段。二是内部贸易对联盟 GDP 总额的贡献率呈弱增长趋势。从 2011 年关税同盟阶段，到 2012 年启动统一经济空间，再到 2015 年联盟正式运行以来，成员国内部贸易对联盟 GDP 的贡献率从 2011 年的 2.7%，缓慢增长到 2019 年的 3.1%。

表 2-3　2011~2019 年欧亚经济联盟（含关税同盟、统一经济空间时期）
内部商品贸易额及其增长率

单位：亿美元，%

年份	内部贸易总额	增长率	联盟 GDP 总额	占联盟 GDP 总额比重
2011	622.73	—	23003.8	2.71
2012	685.82	8.7	24816.8	2.76
2013	641.00	−5.5	26041.63	2.46
2014	574.00	−11	25651.2	2.24
2015	454.00	−25.8	16210.68	2.80
2016	430.00	−5.8	14793.6	2.91

① Объёмы, темпы и пропорции развития взаимной торговли государств-членов ЕАЭС（2016）. http：//www.eurasiancommission.org/ru/act/integr_i_makroec/dep_stat/tradestat/tables/intra/Documents/2016/11/I201611_1.pdf#view＝fitV.

年份	内部贸易总额	增长率	联盟 GDP 总额	占联盟 GDP 总额比重
2017	547.00	27.3	18147.4	3.01
2018	597.00	9.2	19300.99	3.09
2019	610.34	1.3	19653.65	3.11

资料来源：笔者根据世界银行和欧亚经济委员会理事会统计数据汇总测算。[1]

　　第二，联盟内部贸易流向保持"单向化锁定"，但中小成员国间贸易实现突破。鉴于俄罗斯在联盟中经济体量大，内部消费市场相对广袤，以及地理上与其他成员国市场相邻，因此俄罗斯自然是联盟内部贸易流向的主要目的地。应该说，联盟内部贸易流向呈现"单向化锁定"具有一定的合理性。除了吉尔吉斯斯坦对俄和对哈贸易额几乎相同外，其余成员国对俄贸易占其对联盟内部贸易总额的88%~97%。[2] 尽管对俄贸易占其他成员国在联盟内部贸易中的主要份额，然而随着商品共同市场的确立，其余成员国间贸易增长率也实现快速增长。其中涨幅最大的是亚美尼亚，自2016年到2019年，亚美尼亚

① Взаимная торговля товарами. Статистический бюллетень. 2011 – 2016. http：//www. eurasiancommission. org/ru/act/integr_i_makroec/dep_stat/tradestat/publications/Pages/default. aspx；Об итогах внешней торговли товарами Евразийского экономического союза. Январь–ноябрь 2017 года. http：//www. eurasiancommission. org/ru/act/integr_i_makroec/dep_stat/tradestat/analytics/Documents/2017/Analytics _ E _ 201711. pdf. Об итогах внешней и взаимной торговли товарамиго сударств-членов Евразийского экономического союза. Январь – декабрь 2019. http：//www. eurasiancommission. org/ru/act/integr_i_makroec/dep_stat/tradestat/analytics/Documents/2019/Analytics _ I _ 201912. pdf；The World Bank Data. https：//data. worldbank. org/indicator/NY. GDP. MKTP. CD？locations = RU – BY – KZ–AM.
② Об итогах взаимной торговли товарами Евразийского экономического союза 2016 – 2019. http：//www. eurasiancommission. org/ru/act/integr _ i _ makroec/dep _ stat/tradestat/analytics/Pages/default. aspx.

参与联盟内部贸易的增长率分别是 53.7%，41.5%，20.6%，10.5%。除了对俄贸易外，亚美尼亚对白俄罗斯贸易增长势头迅猛，2018 年和 2019 年分别增长了 69.4% 和 49.2%。2019 年哈萨克斯坦对亚美尼亚贸易也实现大幅增长，为 85.4%。①

第三，联盟内部贸易结构以矿物燃料为主，同时朝多元化发展。2015 年矿物燃料占联盟内部贸易的 33.4%，2019 年下降至 25.8%。此消彼长，非能源领域贸易在联盟内部贸易中的比重小幅提高，如机电产品从 2015 年的 16.4%，提高至 2019 年的 19.8%；农产品从 15.2% 提高至 15.6%；化工产品从 10.5% 提高至 12.1%。②

第四，联盟商品共同市场的制度环境不断优化的同时，内部贸易非关税壁垒却居高不下。从表 2-1 可知，自运行以来联盟为完善商品共同市场，通过一系列法律文件，规范合作路径，切实优化了联盟内部的制度环境。仅以 2019 年为例。该年联盟框架下共同药品市场正式启动；共同水泥市场建设迈出重要一步，俄罗斯取消水泥产品的相关技术壁垒，这为联盟框架下构建共同建材市场奠定基础；构建共同金融市场的构想正式通过，金融共同市场建设正式提上联盟工作日程。根据 2019 年 10 月世界银行发布的《全球营商环境报告 2020》，俄罗斯和哈萨克斯坦的营商环境排名连续三年稳步上升，俄罗斯从 2017 年的

---

① Об итогах взаимной торговли товарами Евразийского экономического союза 2016－2019. http：//www.eurasiancommission.org/ru/act/integr_i_makroec/dep_stat/tradestat/analytics/Pages/default.aspx.

② Об итогах взаимной торговли товарами Евразийского экономического союза Январь-декабрь 2015 года. http：//www.eurasiancommission.org/ru/act/integr_i_makroec/dep_stat/tradestat/analytics/archive/Documents/Analytics_I_201512.pdf；Об итогах взаимной торговли товарами Евразийского экономического союза. Январь－декабрь 2019 года. http：//www.eurasiancommission.org/ru/act/integr_i_makroec/dep_stat/tradestat/analytics/Documents/2019/Analytics_I_201912.pdf.

全球第 35 位，上升至 2019 年的第 28 位；哈萨克斯坦从 2017 年的第 36 位上升至 2019 年的第 25 位（见表 2-4）。然而需要指出的是，联盟框架下商品共同市场中非关税壁垒问题依旧突出。时任欧亚经济委员会执委会主席季格兰·萨尔基相（Тигран Саркисян）指出，消除非关税壁垒是今后欧亚经济联盟框架下商品共同市场建设领域的工作重心，然而在消除旧的非关税壁垒同时，又有新的非关税壁垒的出现。① 现任执委会主席米哈伊尔·米亚斯尼科维奇（Михаил Мясникович）高度重视这个问题并指出，联盟到 2025 年一体化发展战略中的重要目标之一就是取消联盟内部各种限制和壁垒。②

表 2-4　欧亚经济联盟成员国营商环境全球排名

国家	2017 年	2018 年	2019 年
俄罗斯	35	31	28
哈萨克斯坦	36	28	25
白俄罗斯	38	37	49
亚美尼亚	47	41	47
吉尔吉斯斯坦	77	70	80

资料来源：*Doing Business* - 2018: *Reforming to Creating jobs*, World Bank Group, p. 4; *Doing Business* - 2019: *Training for reform*, World Bank Group, p. 5; *Doing Business* - 2020: *Comparing Business Regulation in* 190 *Economies*, World Bank Group, p. 4.

第五，联盟对独联体地区投资能力显著提升，但仍面临域外国际金融机构的竞争。联盟框架下的多边投资合作主要依托欧亚开发银行

① 2019 年 6 月 7 日，时任欧亚经济委员会执委会主席季格兰·萨尔基相在第 23 届圣彼得堡国际经济论坛上的发言；"Ликвидация барьеров, ограничений и изъятий во взаимной торговле в ЕАЭС", Министерство экономики Республики Беларусь, 2019 год. http://www.economy.gov.by/ru/likv_izjatij-ru/。

② Мясникович: стратегия развития ЕАЭС до 2025 года предполагает снятие всех барьеров и ограничений. Белта. 27. 02. 2020. https://www.belta.by/politics/view/mjasnikovich-strategija-razvitija-eaes-do-2025-goda-predpolagaet-snjatie-vseh-barjerov-i-ogranichenij-381238-2020/.

来推进。① 自 2013 年起，俄白哈统一经济空间就与欧亚开发银行建立了兼容合作关系。② 从表 2-5 可知，从 2015~2019 年，欧亚开发银行对独联体地区的投资能力显著提升。2015 年欧亚开发银行对独联体地区的投资额仅为 0.89 亿美元，2019 年增长到 13.81 亿美元，2018 年还一度超越欧洲复兴开发银行，成为对独联体地区投资力度最大的国际金融机构。截至 2020 年 7 月 1 日，欧亚开发银行在独联体六个成员国内的投资组合为 41.76 亿美元，包括 87 个投资项目。值得注意的是，欧亚开放银行主要集中在要素投资，其投资优先方向是能源、交通基础设施，分别占其总投资额的 19.7% 和 20.5%。③ 然而，欧亚开发银行依旧面临来自欧洲复兴开发银行的竞争，后者仍是独联体地区投资额最大的国际金融机构。2015~2019 年，欧洲复兴开发银行对独联体地区投资额共计 75.25 亿美元，比欧亚开发银行高 67.3%。

表 2-5　2015~2019 年欧亚开发银行与其他主要国际金融机构对独联体地区投资额

单位：亿美元

机构 ＼ 年份	2015	2016	2017	2018	2019
欧亚开发银行	0.89	7.01	6.13	17.15	13.81
欧洲复兴开发银行	20.11	12.28	15.93	6.46	20.47

---

①　欧亚开发银行成立于 2006 年，成员国有俄罗斯、哈萨克斯坦、白俄罗斯、吉尔吉斯斯坦、塔吉克斯坦及亚美尼亚。欧亚开发银行在欧亚经济一体化中的作用不可小觑。首先，欧亚开发银行以俄哈为主导，主要投资交通、能源、通信、能源、高附加值产业等领域。其次，欧亚开发银行承担了大量涉及欧亚经济联盟问题的先期研究工作。欧亚稳定与发展基金的前身是 2009 年欧亚经济共同体为应对全球金融危机成立的反危机基金。

②　Меморандум о сотрудничестве между Евразийской экономической комиссией и Евразийским банком развития, 12 ноября 2013 года.

③　Проекты ЕАБР. https：//eabr. org/projects/eabr/.

续表

年份 机构	2015	2016	2017	2018	2019
欧洲投资银行	5.20	1.27	1.43	0.05	2.63
亚洲开发银行	3.5	5.06	–	0.01	5.69
黑海贸易与开发银行	1.87	1.18	1.72	1.22	3.51
亚洲基础设施建设投资银行	–	6.0	–	–	0.47
国际金融公司	–	–	1.20	1.49	1.74
国际经济合作银行	–	–	0.17	0.7	0.59

资料来源：笔者根据欧亚开发银行官网数据整理而成，https：//eabr.org/cooperation/reviews-idb-investment/#。

　　第六，联盟成员国间政策协调明显加强，但利益分歧依然严重。自成立以来，联盟框架下成员国先后通过了《建立天然气共同市场构想》（2016 年）、《建立石油和成品油共同市场构想》（2016 年）、《2017~2018 年成员国宏观经济政策重点方向》（2017 年）、《2018~2020 年成员国交通政策协调主要方向与实施阶段规划》（2017 年）、《建立石油和成品油共同市场规划》（2018 年）等文件，成员国围绕区域一体化关键领域的政策协调逐步加强。然而，从《2025 年前欧亚经济一体化发展战略》文件迟迟难以通过可知，成员国在核心利益领域依然存在较大分歧。一是天然气运输税率问题。俄罗斯、哈萨克斯坦、吉尔吉斯斯坦主张确立统一的天然气运输税率，而白俄罗斯、亚美尼亚表示反对。二是欧亚经济委员会权限扩大问题。欧亚经济委员会执委会主席米亚斯尼科维奇主张扩大委员会权限，而哈萨克斯坦明确表示反对。[①] 也就是说，合作并不意味着和谐：一些国家会

---

① ЕАЭС сошелся на противоречиях. Коммерсантъ. № 87. 20 мая 2020 года. https：//www.kommersant.ru/doc/4349312.

担心被利用，在某些条件下还有可能担心相对收益减少。①

（二）对外经济合作

第一，联盟对外贸易呈恢复性增长态势，但增长乏力。从表2-6可知，2012年俄白哈统一经济空间时期，三国对外贸易总额达到峰值，为9393亿美元。2013年起开始下跌，2016年跌至谷底，为5094亿美元。2017年联盟对外贸易开始反弹，并进入缓慢回升阶段。但2019年联盟对外贸易又出现小幅下降。主要原因是俄罗斯的对外贸易额出现下滑，2019年比2018年下降了3.3%，为6128.5亿美元，其中出口贸易降幅较大，下降了6.4%，进口贸易增长率仅为2.4%。在联盟对外贸易总额中，俄罗斯占比最大，为83.6%。因此，俄罗斯对外贸易额的下降势必会拉低联盟总体对外贸易的增速。对外贸易结构的单一化是联盟贸易增长缓慢的主要羁绊。2015~2019年，与联盟内部贸易相比，联盟对外贸易结构并未出现明显的多元化趋势。在出口结构中，矿物燃料的比重几乎未变，其2015年的比重为65.6%，到2019年为65.8%；在进口结构中，机电产品依旧是联盟最主要的进口商品，其比重从2015年42.9%，小幅提升到2019年的44.4%。② 因此，在国际市场对矿物燃料需求大幅缩小的情况下，联

---

① 〔德〕赫尔戈·哈夫腾多恩、〔美〕罗伯特·基欧汉、〔美〕西莱斯特·沃兰德主编《不完美的联盟：时空维度的安全制度》，尉洪池等译，世界知识出版社，2015，第4页。

② Об итогах внешней торговли товарами Евразийского экономического союза. Январь–декабрь 2015 года. http://www.eurasiancommission.org/ru/act/integr_i_makroec/dep_stat/tradestat/analytics/archive/Documents/Analytics_E_201512.pdf; Об итогах внешней торговли товарами Евразийского экономического союза. Январь – декабрь 2019 года. http://www.eurasiancommission.org/ru/act/integr_i_makroec/dep_stat/tradestat/analytics/Documents/2019/Analytics_E_201912.pdf.

盟对外贸易额势必会出现下降。在新冠肺炎疫情的冲击下，全球油气资源需求下降，2020 年 1~4 月联盟对外出口额出现明显下降，比 2019 年同期下降了 17.7%；联盟进口受疫情影响有限，仅下降了 5.9%；联盟对外贸易总额最终下降了 13.6%。[①]

表 2-6　2011~2019 年欧亚经济联盟（含关税同盟、统一经济空间时期）对外商品贸易总额及增长率一览

单位：亿美元，%

年份	对外贸易总额	对外贸易总额增长率	联盟 GDP 总额	占联盟 GDP 总额比重
2011	9130	33.0	23003.8	39.69
2012	9393	3.2	24816.8	37.85
2013	9310	-0.4	26041.63	35.75
2014	8685	-6.9	25651.2	33.86
2015	5795	-33.6	16210.68	35.75
2016	5094	-12.1	14793.6	34.43
2017	6343	24.5	18147.4	34.95
2018	7534	18.8	19300.99	39.03
2019	7331	-2.7	19653.65	37.30

资料来源：笔者根据世界银行和欧亚经济委员会统计数据汇总测算。

第二，联盟对外经济合作空间不断扩大，然而与欧盟发展合作关系并未有实质性突破。截至 2020 年 5 月底，联盟已经与四个国家签订自贸协定，与十四个国家政府、三十八个国际组织签署了合作备忘录，[②]并建立有一个境外工业园区。[③] 总体看，运行五年多来联盟对外经济

① О внешней торговле товарами Евразийского экономического союза. Январь-апрель 2020 года. http：//www.eurasiancommission.org/ru/act/integr_i_makroec/dep_stat/tradestat/analytics/Documents/2020/Analytics_E_202004.pdf.

② Шесть лет Договору о ЕАЭС. http：//www.eurasiancommission.org/ru/nae/news/Pages/29-05-2020-1.aspx.

③ 2019 年 10 月，"埃及—俄罗斯工业园"正式获批。该工业园也将对联盟其他成员国开放。这是联盟在海外地区建立的第一个工业园。

合作呈现以下特点。

一是联盟对外经济合作对象多为"亲俄""友俄"国家，与联盟的合作关系往往是其与俄关系的延续和发展。比如，2015 年联盟与越南（俄越全面战略伙伴关系）签署自贸协定；2018 年联盟与中国（新时代中俄全面战略协作伙伴关系）签署经贸合作协定；2019 年联盟与塞尔维亚（俄塞战略伙伴关系）签署自贸协定。此外，2019 年联盟与俄罗斯在中东地区的战略支点——伊朗签订自贸临时协定，还与俄罗斯在东盟地区的重要合作伙伴——新加坡签订自贸协定。

二是联盟对外经贸协定呈现多样化。目前，联盟对外经贸协定类型主要有两种。一种是框架性经贸协定，如 2018 年 10 月联盟与中国签订的经贸合作协定。欧亚经济委员会执行委员会一体化与宏观经济部部长格拉济耶夫指出，该协定是联盟与中国开展经贸合作的框架性协定，其意义在于为双方开展合作对话、协调立场及解决具体纠纷提供平台和机制。① 另一种是自贸协定。如上文所述，迄今为止联盟已与四个国家签署自贸协定，但各个自贸协定的广度和深度均不同（见表 2-7）。

表 2-7　欧亚经济联盟对外自贸协定内容特点与评价

签订时间	协定名称	内容特点与评价
2015 年 5 月 29 日	与越南 自贸协定	该协定是联盟成立以来第一个自贸协定，战略意义重大。根据协定要求，在 10 年内联盟与越南贸易将取消接近 90% 的商品关税。需要指出的是，越南大幅降低从联盟进口关税的意义不大。联盟希望向越南扩大出口的商品并不多，仅占双方自贸协定规定商品名单的 12%，其中包括机械产品、成品油、乳制品等。对联盟来说，汽车是向越南市场主推的优势产品之一。此外，协定内关于服务贸易、投资合作及人员流动的条款暂时仅在俄越双边层面执行。②

① 2019 年 12 月 3 日，格拉济耶夫在中国社会科学院俄罗斯东欧中亚研究所调研团与欧亚经济委员会执行委员会座谈会上的发言。

② Зона свободной торговли ЕАЭС и Вьетнама：возможности，риски и планы. https：//ria.ru/20150529/1067199933.html.

续表

签订时间	协定名称	内容特点与评价
2018年5月17日	与伊朗自贸区临时协定	协定将执行3年，执行1年后双方启动正式的自贸区谈判。现阶段，该协定具有一定局限性，其原因是双方贸易自由度较低，双方贸易中只有50%的商品享受不同程度的降税。① 随着美伊关系日趋复杂化，在美国对伊朗单方面制裁层层加码的背景下，联盟与伊朗进一步推动自贸协定存在一定变数。
2019年10月1日	与新加坡自贸协定	协定内容相对综合，不仅涉及商品贸易，还涉及服务贸易、投资。联盟与新加坡的自贸协定由7份文件组成，涉及商品贸易的自贸协定由联盟与新加坡签署，涉及其他领域的自贸协定由联盟成员国与新加坡分别在双边层面签署。时任执委会主席萨尔基相认为，联盟与新加坡的自贸协定可以形成"新加坡经验"，用于与以色列的自贸谈判中，与以色列签署类似较为综合的自贸协定。②
2019年10月25日	与塞尔维亚自贸协定	这是联盟与欧洲国家签署的首个自贸协定。实际上，俄罗斯与塞尔维亚在双边层面已有自贸协定。早在2000年，俄罗斯就与南联盟签署自贸协定，2003年南联盟解体后，塞尔维亚继承了该自贸协定。当前联盟与塞尔维亚的自贸协定就是在俄塞自贸协定基础上继承而来。2015年，终止与俄罗斯的自贸协定，是欧盟给塞尔维亚提出的入盟条件之一。为避免塞尔维亚倒向欧盟，俄罗斯主导联盟与其签署自贸协定势在必行。

资料来源：笔者根据有关资料汇总。

三是联盟高度重视与欧盟关系。双方虽有接触，但尚未实现全面突破。③ 不管从地理、历史及文化等"宿命论"角度来看，还是从与欧盟的空间经济联系等现实角度来看，联盟把欧盟视作对外合作的优先伙伴都是合理的。④ 正如欧亚经济委员会执委会贸易部部长斯列普涅夫所言，尽管与欧盟尚未开启自贸谈判，但是与欧盟建立自贸区始

---

① Зоны свободной торговли с ЕАЭС. https：//russiancouncil. ru/analytics – and – comments/analytics/zony-svobodnoy-torgovli-s-eaes/.

② ЕАЭС и Сингапур подписали соглашение о создании зоны свободной торговли. https：//ria. ru/20191001/1559323223. html.

③ 关于欧亚经济联盟与欧盟关系可参见王晨星《矛盾与彷徨：欧盟对欧亚经济联盟的认知与对策分析》，《俄罗斯学刊》2017年第2期。

④ 2020年5月26日，笔者对欧亚开发银行欧亚稳定与发展基金首席经济学家维诺库罗夫（Е. Ю. Винокуров）的访谈。

终在联盟的对外合作议程内，始终具有现实意义。而谈及与中国建立自贸区时，斯列普涅夫却指出，在中短期内不考虑与中国建立自贸区。① 乌克兰危机爆发以来，俄欧原有对话机制失效。为重启对欧关系，俄罗斯主张建立"欧亚经济联盟—欧盟"对话机制，以替代原有的"俄罗斯—欧盟"对话机制。而欧盟对此回应冷淡。在政策偏好上，欧盟更倾向选择与联盟成员国进行双边合作，② 回避与联盟整体进行对话，开启两大区域一体化机制间的全面合作尚遥遥无期。目前，联盟与欧盟只在双方无法回避的技术调节领域进行工作交流。2019 年 11 月，欧盟委员会代表访问联盟，并围绕双方在技术调节领域开展合作进行了商议。双方决定将建立相关会晤机制，专门协调双方贸易中的技术调节及产品标准问题。

三　政治安全合作：有限一体化下实现了 区域政治安全的有效合作

自成立以来，联盟框架下区域一体化的经济效应发挥有限，然而成员国间政治、安全合作却稳步推进。尽管政治、安全合作并非联盟框架下区域一体化合作的范畴，但联盟的运行客观上促进了成员国间，尤其是俄罗斯与其他成员国政治、安全合作的提质升级。换言之，在经济收益不佳的情况下，区域内政治、安全合作也能实

---

① Зона свободной торговли ЕАЭС и Вьетнама: возможности, риски и планы. https://ria.ru/20150529/1067199933.html.

② 在乌克兰危机爆发和欧亚一体化快速推进的背景下，欧盟先于 2015 年与哈萨克斯坦签订扩大伙伴关系与合作协议，2017 年与亚美尼亚签署扩大全面伙伴关系协定，同年启动与吉尔吉斯斯坦就更新全面伙伴关系协议进行谈判，2020年与白俄罗斯签订签证简化协定。

现。① 需要指出的是，联盟推动下的成员国间政治、安全合作与欧盟的政治、安全一体化的目标不同。② 前者是有限的政治、安全合作，即以不让渡国家政治主权为前提，也因为如此，哈萨克斯坦坚决反对在联盟框架下建立超国家议会机制；③ 后者的目标是实现区域一体化的最高水平，即实施共同的外交、防务政策。④ 总体看，联盟运行以来，实现了有限一体化框架下政治、安全的有效合作。与经济合作供应能力有限相比，主导国俄罗斯的政治、安全合作供应能力相对较强。⑤

---

① 郎平：《发展中国家区域经济一体化框架下的政治合作》，《世界经济与政治》2012 年第 8 期。

② 安德鲁·赫里尔（Andrew Hurrell）提出"欧洲模式代表了一个可以适用于其他地区的可行模式"，这种说法值得怀疑，更勿论将其应用到全世界。约瑟夫·奈（Joseph Nye）也指出，欠发达国家的地区一体化进程看上去与欧洲很相似，但在因果机制上很可能是完全不同的类型。〔英〕安德鲁·赫里尔：《全球秩序与全球治理》，中国人民大学出版社，2018，第 2 页。

③ 关于哈萨克斯坦对欧亚经济联盟立场的表现和原因可参见周明《哈萨克斯坦对欧亚经济联盟的参与及限度——结构制约与精英偏好的影响》，《俄罗斯研究》2020 年第 3 期；王晨星《欧亚经济联盟：成因、现状及前景》，社会科学文献出版社，2018，第 40~45 页。

④ The Treaty on European Union, 7 February 1992. https://europa.eu/european-union/sites/europaeu/files/docs/body/treaty_on_european_union_en.pdf.

⑤ 对俄罗斯而言，国家安全和地缘政治影响力在对外政策中长期占据优先位置，经济利益和地缘经济影响力则屈居次要地位。辽阔的地域、帝国使命、间歇性动荡、追求大国地位等因素，始终是俄罗斯与外部世界打交道的基石。因此俄罗斯并不是一个善于发展经济的国家，在当前欧亚一体化中难以向其他成员国提供先进的管理理念、工业技术及雄厚的金融资本。因此，在经济牵引力不占优势的情况下，俄罗斯的主导力和优势力主要集中在政治和安全领域。相关观点参见 Шмелев Н., В поисках здравого смысла: двадцать лет российских экономических реформ, Москва: Весь Мир, 2006, ст. 409；〔美〕罗伯特·帕斯特编《世纪之旅：七大国百年外交风云》，胡利平等译，上海人民出版社，2001，第 172 页；李中海：《俄罗斯经济的非优性：地理角度的阐释和分析》，《俄罗斯研究》2018 年第 4 期；王晨星、姜磊：《欧亚经济联盟的理论与实践——兼议中国的战略选择》，《当代亚太》2019 年第 6 期。

（一）主导国俄罗斯与其他成员国外交关系实现提质升级

俄罗斯借助联盟建设，与其他成员国的双边同盟关系得到进一步强化（见表 2-8）。尽管 2019 年以来，俄白两国就石油质量和天然气价格问题产生纠纷，但这并未动摇两国关系的基础。2020 年 6 月两国签订签证互认协定，意味着双边一体化依旧在逐步深化。俄哈关系保持高水平运转，俄哈两国都把对方定为本国元首和政府首脑履新后的首访国。2018 年亚美尼亚反对派领袖帕什尼扬（Никол Пашинян）上台以来，并未改变亚对俄政策方针及对联盟的立场。2020 年 4 月俄罗斯总统普京签署了关于简化对亚出口成品油的议定书，俄对亚能源扶持力度加强。2019 年 3 月，俄总统普京赴吉尔吉斯斯坦进行国事访问，并签订了 16 个双边合作协定，双边关系基础得到进一步巩固。

表 2-8　俄罗斯与欧亚经济联盟其他成员国双边政治同盟文件一览

对象国	文件名称	签署年份
白俄罗斯	联盟国家成立条约	1999
哈萨克斯坦	友好合作互助条约	1992
	21 世纪睦邻与同盟条约	2013
吉尔吉斯斯坦	友好合作互助条约	1992
	永久友好同盟与伙伴关系宣言	2000
	巩固同盟与战略伙伴关系宣言	2017
亚美尼亚	友好合作互助条约	1997

资料来源：笔者根据资料汇总。

（二）主导国俄罗斯是维护联盟其他成员国现政权安全的有益力量[①]

重点体现在两个方面。一是与其他成员国联防西方势力颠覆现政权。近年来，联盟成员国先后进入国内政治调整期，如 2017 年吉尔吉斯斯坦总统选举，2018 年亚美尼亚总统选举，2019 年哈萨克斯坦最高权力交接，2020 年分别是俄罗斯修宪、吉尔吉斯斯坦议会选举及白俄罗斯总统选举。在每个联盟成员国国内政治调整期，都能看到美西方支持反对派、干涉成员国内政、幕后组织"街头政治"的动作，试图制造混乱，进而乘乱打劫，建立亲西方政权。[②] 二是俄罗斯基本具备影响其他成员国国内政治进程的能力。对其他成员国政治精英而言，"能处理好与莫斯科的关系"或"被莫斯科认可"是其在国内的重要政治资本，以及晋升考量因素之一。

（三）欧亚地区综合安全体系基本形成

联盟与集体安全条约组织构成俄罗斯主导的欧亚地区综合安全体系的基本支架（见表2-9）。历史地看，2007 年，集安组织就开始与欧亚经济共同体在交通、能源等经济合作领域进行对接。2010年，俄、白、哈关税同盟成立，2015 年，联盟成立，取代欧亚经济共同体。集安组织与联盟的对接实际上是与欧亚经济共同体对接的

[①]　王晨星、姜磊：《欧亚经济联盟的理论与实践——兼议中国的战略选择》，《当代亚太》2019 年第 6 期。

[②]　В Белоруссии запахло майданом. *Коммерсантъ FM*. 02 июня 2020 года. https：//www. kommersant. ru/doc/4365006；Государственные СМИ США раскачивают оппозиционные настроения в Казахстане. *ИА REGNUM*. 28 февраля 2019 года. https：//regnum. ru/news/polit/2582642. html.

延续与发展。① 联盟为集安组织夯实成员国间的经济联系，消除经贸壁垒，带动地区经济发展，靠地区经济发展来优化区域安全环境。也就是说，联盟填补了集安组织的经济缺失。与此同时，集安组织又能为联盟提供安全保障。除了应对传统及非传统安全威胁，为提供良好的外部环境，集安组织还通过深化成员国多边政治-军事同盟关系，为联盟夯实"高级政治"基础。进一步说，联盟和集安组织两者并不是互为独立、各行其是，而是一种相辅相成、相互借重的关系，②从而构成俄罗斯周边外交战略的两大战略支撑。

表 2-9　俄罗斯在欧亚经济联盟、集体安全条约组织成员国
境内军事基地或军事设施一览

国别	基地/设施名称
白俄罗斯	俄航天部队"伏尔加"型雷达站，俄海军第 43 号雷达站
亚美尼亚	俄军第 102 基地
哈萨克斯坦	拜科努尔发射场（俄国防部第 5 试验场），卡布斯金—雅尔发射场（俄国防部第 4 试验场），第 20 训练站，ИП-8 监测站，ИП-16 监测站，萨雷沙甘试验场（俄国防部第 10 试验场），第 5580 试验保障基地（原俄国防部第 11 试验场——恩巴试验场），巴尔喀什-9 雷达站（俄航天部队第 3 军雷达站），科斯塔奈运输机基地

---

① Бордюжа Н. Н. ОДКБ – эффективный инструмент противодействия современным вызовам и угрозам. Международная жизнь, 2007, № 1-2. Ст. 43-49.

② 其中一个典型例子就是，2017 年 4 月摩尔多瓦正式成为欧亚经济联盟观察员国，这意味着欧亚经济联盟观察员国制度正式确立。其中对观察员国最关键的要求是：观察员国必须避免一切可能损害联盟及其成员国利益的行为。观察员国作为联盟"准成员国"的地位得以确立。在俄罗斯的直接推动下，2018 年 5 月摩尔多瓦以观察员国身份第一次参加欧亚经济委员会最高理事会元首会晤。自 2020 年 5 月起，摩尔多瓦正式派出特别代表常驻联盟。2020 年 12 月，乌兹别克斯坦正式获得欧亚经济联盟观察员国地位。集安组织几乎与联盟同步，并于 2018 年 11 月通过了《集体安全条约组织伙伴关系和观察员国条例》，标志着集安组织观察员国机制也正式确立。从这点也可看出，联盟与集安组织发展联动性较强。

续表

国别	基地/设施名称
吉尔吉斯斯坦	俄联邦联合军事基地，包括坎特空军基地、卡拉科尔训练基地、俄海军第338远程通信站、迈利苏地震监测站（监测核武器试验）
塔吉克斯坦	俄军第201基地（俄在境外最大的军事基地）

资料来源：笔者根据公开信息汇总。

（四）成员国应对共同挑战的协作能力进一步加强，俄罗斯对地区公共安全供给能力得到彰显

与2014年以来美西方对俄采取经济制裁、2020年3月国际油价暴跌等外部挑战对联盟部分成员国造成一定冲击，进而外溢到对联盟整体产生消极影响不同，2020年3月以来的新冠肺炎疫情是联盟成员国首次集体面对的共同挑战。总体来看，联盟在推动区域内抗疫合作中起到了积极作用，短期内联盟的抗疫合作凝聚力、抗疫政策联动性明显提高。一是联盟成员国利用关税调节手段，及时降低或取消医疗抗疫物资进口关税，并禁止该类物资出口，以解决成员国抗疫物资短缺问题（表2-10），如3月16日欧亚经济委员会执委会颁布免除抗疫医疗用品进口关税的决议，24日颁布临时禁止医疗防护用品出口的决议；二是建立临时性抗疫合作协调机制，如3月19日建立疫情监控和及时应对临时协调委员会，25日发布要求成员国加强抗疫政策协调的指令；三是俄罗斯与其他成员国围绕抗疫合作保持高频互动；[①] 四是俄罗斯向其他成员国提供抗疫援助。由此可见，除了政治安全、军事安全及地区安全外，俄罗斯还能为其他成员国提供公共安

---

① 笔者根据俄总统官网和俄政府官网公开信息统计得出，2020年2~4月新冠肺炎疫情期间，在国家元首和政府首脑层面，俄白国家领导人会见1次，通话6次；俄哈国家领导人会见1次，通话4次；俄吉国家领导人会见1次，通话2次；俄亚国家领导人通话2次。

全支持。

表 2-10　2020 年 3 月以来欧亚经济联盟应对新冠肺炎疫情挑战的主要举措

日期	举措内容
3 月 16 日	颁布免除抗疫医疗用品进口关税的决议
3 月 19 日	建立疫情监控和及时应对临时协调委员会
3 月 24 日	颁布临时禁止医疗防护用品出口的决议
3 月 25 日	发布要求成员国加强抗疫政策协调的指令
4 月 10 日	召开政府间理事会会议，颁布关于保持经济稳定措施的指令
4 月 14 日	最高欧亚经济委员会召开会议，成员国元首发布联合抗疫声明
5 月 10 日	放宽 3 月 24 日定的出口限制，允许医用织物和消毒剂出口

资料来源：笔者根据欧亚经济委员会官网整理而成。

四　中国的战略选择：与欧亚经济联盟合作的进取方向

　　2020 年是丝绸之路经济带建设与欧亚经济联盟建设对接合作启动五周年。[①] 五年来，在中俄元首战略引领下，对接成功实现由项目引领向制度引领的转变。2018 年 5 月，中国与联盟签署《中华人民共和国与欧亚经济联盟经贸合作协定》。2019 年 10 月 25 日，该协议正式生效。欧亚经济委员会执委会一体化与宏观经济政策部长格拉济耶夫指出，该协议是一个双方加深经贸合作的框架性文件，确定了双方合作互动的若干基本原则，更重要的是为双方开展务实合作提供了相应对话机制。[②] 该协议生效后，中国与联盟积极筹建落实协定的联

---

① 《中国与欧亚经济联盟实质性结束经贸合作协议谈判》，商务部网站，http://www.mofcom.gov.cn/article/ae/ai/201710/20171002654057.shtml。

② 2019 年 12 月 3 日，格拉济耶夫在中国社会科学院俄罗斯东欧中亚研究所调研团与欧亚经济委员会执行委员会座谈会上的发言。

委会。此外，2019 年 6 月双方还签署了另一份重要文件，即《中华人民共和国与欧亚经济联盟国际运输货物和交通工具信息交换协定》。①

在合作对接取得制度成就背后，我们还应该看到，当前联盟成员国贸易事权已经移交至欧亚经济委员会。在能源、投资、服务贸易等领域，成员国间政策协同性也在提高，正在朝共同市场前进。因此，中国与联盟成员国原本"一对一"的双边合作方式，正在逐步被"一对五"多边合作方式取代。需要指出的是，在中国与联盟成员国务实合作过程中，联盟的规范性力量显著增强。与此同时，联盟成员国对中国市场、资金、交通物流的需求依然较大。在处理与联盟关系中，中国必须扬长避短、因势利导，实现合作增长。笔者认为，应该把握以下原则。

（一）从大战略高度看待联盟建设和其与中国的合作发展

联盟的诞生和发展是俄罗斯及其他成员国发展战略选择的结果。对俄罗斯而言，推动欧亚一体化、主导联盟建设，是其短期利益与长期利益相互配比的结果。换言之，推动联盟发展是俄罗斯针对欧亚地区用短期的"有限主导力"换取长期的"有效主导力"的战略举措。通过联盟框架下一系列的制度安排，将俄罗斯对地区的主导力放置于联盟制度安排的"笼子里"，比如联盟框架下的区域一体化仅限定在经济领域；联盟决策机制强调的"协商一致"原则；俄罗斯主动"去盟主化"，推举纳扎尔巴耶夫为"欧亚一体化之父"；俄罗斯单方

---

① 联盟成员国已经完成该协定的国内立法机关审批程序。2019 年 12 月 19 日，中国海关与联盟成员国海关部门在哈尔滨举行会晤，专门讨论第一阶段落实该协定的相关工作。值得注意的是，在协定正式生效前，双方已经开始正式磋商协定落实事宜，充分体现了双方对合作的重视度和积极性。根据该协定，中国与联盟成员国将进一步加快商品过关速度；降低危险商品相互入境的风险；通过交换双方海关信息，将进一步优化海关管理，提高合作效率。

面对亚美尼亚、吉尔吉斯斯坦入盟及入盟后过渡阶段的经费支持等。从长期来看，俄罗斯在欧亚地区的"有效主导力"正在成长，具体表现在以下方面。

一是俄罗斯在欧亚地区极的地位进一步巩固。[①] 近年来，在联盟多边合作的催化下，俄罗斯欧亚战略的手段和资源趋于多元化，外交进取态势明显，且成果颇丰。俄罗斯在欧亚地区基本构筑了以联盟和集安组织为核心的"三环地区体系"，即联盟和集安组织组成其主导的核心区；摩尔多瓦、乌兹别克斯坦、阿塞拜疆等主要战略支点组成其主导的外延区；以乌克兰、格鲁吉亚为代表组成与美西方力量的缓冲区。

二是俄罗斯主导核心区内的各国利益，正在逐步转化为集体性的制度利益。关税同盟建设以来，其他成员国接受了俄罗斯的主导。[②] 为此，俄罗斯主导的正当性随之提高。在联盟框架内，俄罗斯（规则制定者）和其他成员国（规则接受者）间的稳定契约关系正在逐步固化。由此可见，中国与联盟的合作发展取决于中俄两大地区合作规则制定者之间战略协作的速度、节奏和质量。中国与联盟的合作发展首先是中俄两国战略协作层面问题，其次才是务实合作问题。[③]

---

① 关于地区极性和俄罗斯地区极地位的讨论，可参见肖斌《地区极性、现状偏好与中国对中亚的外交哲学》，《俄罗斯东欧中亚研究》2017 年第 2 期。

② 王晨星：《欧亚经济联盟：成因、现状及前景》，社会科学文献出版社，2019，第 49~62 页。

③ 张树华、高媛、德·叶夫列缅科、维·沙罗诺娃：《新时代中俄全面合作与欧亚大陆经济空间再拓展》，《俄罗斯研究》2020 年第 3 期；王晨星、姜磊：《欧亚经济联盟的理论与实践——兼议中国的战略选择》，《当代亚太》2019 年第 6 期。

（二）从中俄治理共同周边的战略需要出发，应妥善处理与联盟关系

中俄共同周边地区是两国实现复兴和发展赖以生存的环境，是国家安全的周边屏障。周边外交是中俄两国大国外交、强国战略的阵地。在共同周边地带，中俄两国必须联手，打造陆上战略纵深，实现稳定周边、发展周边的目标。应在以下具体关键点下功夫：一是利用好上海合作组织平台，进一步完善共同周边地区治理的制度建设；二是推动丝绸之路经济带建设与欧亚经济联盟建设对接合作，打造地区务实合作新引擎；三是推动俄方倡导的"大欧亚伙伴关系"与"一带一路"建设相向而行。

（三）把优化合作的制度环境列为中短期内中国与联盟合作的重点之一

合作作为一种新型跨区域合作的制度安排，其目标作用在于提升制度间相互学习、相互嵌入，形成多制度聚合及制度间和谐共生的局面；避免地区制度出现"意大利面碗"效应，甚至制度间竞争及对抗，造成制度散流化，导致地区治理赤字。换言之，中国与联盟合作发展在中国与俄罗斯及其他欧亚国家开展经济合作过程中起到不可或缺的制度引流、制度规范及制度激发作用。

第四，在经济合作领域中国与联盟合作发展的长期目标之一是从简单的贸易互补结构向构建紧密的欧亚区域价值链递进。长期以来，贸易互补性是支撑中国与俄罗斯及其他欧亚国家务实合作的基础。随着世界经济局势复杂多变，贸易保护主义、经济民族主义抬头，中国与俄罗斯及其他欧亚国家提升自身在全球价值链中地位的战略诉求日益强烈。然而，中俄两国参与全球价值链的路径不同，其他欧亚国家

在全球价值链中的地位相对较低。中国主要依托东亚价值链，俄罗斯依靠参与欧洲价值链。中国意图在全球价值链中从"世界工厂"向"世界创新中心"转变，破除"低端锁定"；俄罗斯则努力在全球价值链中推动贸易结构多元化，从"能源供应国"向"创新型国家"转变，破除"边缘锁定"。以中俄为核心的欧亚区域价值链及跨欧亚区域价值链相对薄弱的现状与中俄两国战略协作发展方向不符。鉴于此，加强双方经贸合作，实现相互嵌入，推进市场与资源一体化、同领域上下游一体化合作，构建区域价值链势在必行。这也是推动中国与联盟合作发展的题中之义。

五　小结

通过从制度建设、经济合作、政治安全合作角度对联盟效能进行评估可知，自 2015 年运行以来，联盟框架下的制度建设和政治安全合作的收益相对较高，而经济合作的收益相对有限。也就是说，联盟框架下的区域经济一体化的潜力并未充分挖掘，但这并不意味着联盟的失败。与欧洲一体化从经济合作向政治安全合作递进的发展路径不同，对联盟而言，在经济合作不充分的情况下也实现了制度建设和政治安全合作。联盟框架下的区域一体化是通过以制度建设和政治安全合作为牵引拉动经济合作的模式。对中国而言，与联盟保持良性互动有利于进一步改善"三北"（东北、北部、西北）周边环境。为此，中国需要合理应对联盟"排他"的一面，充分利用联盟"开放"的一面。

第三章
欧盟对欧亚经济联盟的认知与对策分析

一 引言

欧亚经济联盟运行两年来，国内外学界对其研究已颇为深入。通过梳理可知，研究大多集中在形成原因、发展动力、战略意义、经济效应以及与丝绸之路经济带建设对接合作等问题上，从欧盟角度来探讨的还比较少见。事实上，早在关税同盟时期，俄、白、哈三国就把欧盟定为其对外合作的优先对象，目标是建立连接里斯本到符拉迪沃斯托克（海参崴）的共同经济空间。为此，之前的关税同盟委员会、后来的欧亚经济委员会以及欧亚开发银行等机构做了大量先期研究工作。应该说，在构建欧亚伙伴的过程中，欧亚经济联盟对外关系中的欧盟因素是不可忽视的重要变量。

通过近两年的跟踪观察可知：第一，欧盟官方鲜有就欧亚经济联盟的公开表态；第二，与欧盟保持缄默不同，欧亚经济联盟对欧盟的态度更为积极。2015 年欧亚经济联盟成立之初，欧亚经济委员会就发函至欧盟委员会，寻求建立合作伙伴关系，但欧盟委员会起初不予理睬，半年后才对此做出回应①，2014 年、2015 年在欧亚开发银行年度会议上，与欧盟构建共同经济空间是与会者绕不开的热点话题；第三，就对接合作的条件而言，俄欧双方立场迥异，欧盟倾向把对接合作与乌克兰危机绑定，即解决乌克兰危机是双方对接的大前提，俄罗斯则主张对接合作与乌克兰危机相分离，即乌克兰危机不应构成欧亚经济联盟与欧盟对接合作的障碍。那么，欧盟对欧亚经济联盟是如何认知的？为何保持缄默，不予理睬？其背后有哪些政策考量，原因又是什么？两大区域一体化机制对接合作的前景如何？本章试图围绕以上问题做一些有益的探讨。

二　基本认知

（一）在欧盟学者眼中，欧亚经济联盟是俄罗斯主导的地缘政治经济项目，目的是强化俄在独联体地区的领导地位

进入 21 世纪以来，经济全球化不断加深，中亚、外高加索及东欧地区国家依托自身地缘经济优势逐渐成为世界经济体系中不可分割的一部分。欧亚经济联盟成立前，在大部分后苏联空间国家（白俄罗斯除外）对外经贸伙伴排序中，俄罗斯已失去领先地位②（见表 3-1）。

---

① EC-EAЭC надеждаесть, осталось не упуститьшанс. 28 марта, 2016 года, http://russiancouncil.ru/inner/? id_4 = 7463#top-content.

② Popescu, N., Eurasian Union: the real, the imaginary and the likely//Chaillot Paper, September 2014, No. 132.

表 3-1 2012 年白、哈、亚、吉与俄罗斯贸易及与其他国家贸易比重

单位：%

欧亚经济联盟成员国	与俄罗斯贸易比重	与其他国家或组织贸易比重
白俄罗斯	47	欧盟 29、乌克兰 8.5
哈萨克斯坦	19	欧盟 32、中国 23
亚美尼亚	23	欧盟 29、中国 7.6
吉尔吉斯斯坦	17	中国 51、哈萨克斯坦 7、欧盟 5.5

资料来源：根据欧盟委员会数据统计，参见 Popescu, N., Eurasian Union：The real, the imaginary and the likely//Chaillot Paper, September 2014, No. 132。

因此，欧盟安全研究所（EU-ISS）的波佩斯库（Popescu, N.）指出，欧亚经济联盟的实质是"俄罗斯用政治力量来弥补经济式微态势的手段"[1]。英国皇家国际事务研究所（Chatham House）的德拉格涅娃（Dragneva, R.）赞同波佩斯库的观点并认为，欧亚经济联盟是俄罗斯阻止自身影响力在后苏联空间逐步丧失的工具。[2] 在波兰东方研究中心（Centre of Eastern Studies）的维斯涅维（Wisniewska, I.）看来，欧亚经济联盟将成为未来十年俄罗斯外交的"旗舰"（flagship）[3]。欧盟智库学者还注意到了普京个人因素在欧亚经济联盟发展中的作用。正如波佩斯库所言，普京的对外战略中鲜有经济逻辑，其主线是对外拓展地缘政治利益，对内满足政治需要。[4]

此外，阻击欧盟"东部伙伴关系计划"（Eastern Partnership, EaP）东进是俄罗斯快速组建欧亚经济联盟的又一动机。2009 年，欧

[1] Popescu, N., Eurasian Union：the real, the imaginary and the likely//Chaillot Paper, September 2014, No. 132.

[2] Dragneva, R., Wolczuk, K., Russia, the Eurasian Customs Union and the EU：Cooperation, Stagnation or Rivalry? //Chatham House Briefing Paper, August 2012.

[3] Wisniewska, I., Eurasian Integration：Russia's Attempt at the Economic Unification of the Post-Soviet Area, Warsaw, OSW Studies：Centre of Eastern Studies, 2013.

[4] Popescu, N., Eurasian Union：the real, the imaginary and the likely//Chaillot Paper, September 2014, No. 132.

盟在瑞典和波兰的倡议下推出"东部伙伴关系计划"，将东欧及外高加索的六个国家囊括其中。如果说俄罗斯尚能忍受 21 世纪以来欧盟的三轮东扩①，那么欧盟的"东部伙伴关系计划"直接染指后苏联空间，促使这一空间的国家"脱俄入欧"则是俄罗斯无法接受的。俄罗斯认为，欧盟的做法是对俄罗斯特殊利益的侵犯，威胁俄国家安全。俄罗斯的反应是，加快推进欧亚一体化进程，成立欧亚经济联盟，阻击欧盟"东部伙伴关系计划"。② 与英国外交和联邦事务部有紧密联系的欧洲领导力网络（ELN）研究员道布斯（Dobbs，J.）和英国皇家国际事务研究所的德拉格涅娃都认为，欧亚经济联盟的政治意图多于经济内涵，其目的之一就是要打破欧盟在地区发展模式上的垄断地位，提出针对后苏联空间的区域一体化模式，与欧盟模式相抗衡。③

可以说，在欧盟学界已经形成基本共识，即欧亚经济联盟是俄罗斯主导的集政治、经济、意识形态于一体的区域一体化项目。俄希望通过欧亚经济联盟在周边地区推广"俄式"价值观来应对西方价值观的挑战，彰显俄"全球性独立政治力量"的地位。④

---

① 笔者认为，在北约东扩和欧盟东扩之间，俄罗斯所采取的态度及策略并不相同。基于历史、文化及现实外交战略的考量，俄罗斯原则上支持欧盟东扩，反对北约东扩。李兴：《北约欧盟双东扩：俄罗斯不同对策及其原因分析》，《俄罗斯东欧中亚研究》2005 年第 2 期；李兴：《亚欧中心地带：俄美欧博弈与中国战略研究》，北京师范大学出版社，2013，第 329~349 页。

② Zahorka, H., Sargcyan, O., The Eurasian Customs Union: An Alternative to the EU's Association Agreements? //European View, 2014, No. 13.

③ Dobbs, J., The Eurasian Economic Union: A Bridge to Nowhere? //European Leadership Network Policy Brief, March 2015; Dragneva, R., Wolczuk, K., Russia, the Eurasian Customs Union and the EU: Cooperation, Stagnation or Rivalry? //Chatham House Briefing Paper, August 2012.

④ Zahorka, H., Sargcyan, O., The Eurasian Customs Union: an alternative to the EU's Association Agreements? //European View, 2014, No. 13.

（二）欧盟对欧亚经济联盟信心不足，并认为欧亚经济联盟难以成为类似于欧盟的区域一体化机制

这一认知的提出主要基于以下原因。其一，在一体化实施方式上，欧亚经济联盟与欧盟大相径庭。欧洲政策研究中心（CEPS）研究员德尔库（Delcour，L.）等认为，欧盟的扩大是以自愿为基础吸引周边国家加入的进程。欧亚经济联盟则相反，其扩员是俄罗斯通常采用"强压"（coercion）手段，"诱导"（induce）周边国家加入，目的是阻止它们加入欧盟"东部伙伴关系计划"。① 原欧洲议会议员扎赫卡（Zahorka，H.）指出，欧盟更多用制度、法律为推手，而俄罗斯更多地使用"非正式"手段，如政商关系、文化背景、寡头机制等，其结果是，欧亚经济联盟将是内部等级森严、政商关系复杂、充满寡头势力的一体化组织，这不仅不会推动成员国现代化发展，反而会导致其经济持续衰退。②

其二，在区域一体化标准设立方面，欧亚经济联盟与欧盟也相差甚远。欧盟在"欧洲睦邻政策"框架下推行"东部伙伴关系计划"，在周边地区推广欧盟治理模式，构建"类欧盟"地区，属于高标准、高水平的一体化进程。"联系国协定"和"深入全面的自由贸易区"（DCFTA）是这一战略的载体。相比之下，欧亚经济联盟的一体化标准要低得多，仅限于共同市场领域，尚未上升到地区治理模式构建。

其三，欧亚经济联盟的组织机制存在硬伤。芬兰国际问题研究所

---

① Delcour，L.，Kostanyan，H.，Towards a Fragmented Neighbourhood: Policies of the EU and Russia and Their Conscquences for the Area that Lies in between//CEPS Essay，17 October 2014，No. 17.

② Zahorka，H.，Sargcyan，O.，The Eurasian Customs Union: An Alternative to the EU's Association Agreements? //European View，2014，No. 13.

（FIIA）研究员罗伯茨（Roberts, S.）和马琳（Marin, A.）提出，欧亚经济联盟的组织机制是一种"强个人、弱机制"模式。[1] 具体而言，欧亚经济联盟的决策机制是以欧亚经济委员会最高理事会、欧亚政府间委员会及欧亚经济委员会理事会等"三委"纵向构成。欧亚经济委员会最高理事会是决策机制的顶端，是核心。也就是说，欧亚经济联盟是成员国元首的"一言堂"，其余机构只负责执行，并没有像欧盟那样内部决策机制由多个单元组成，单元与单元之间存在相互制衡关系。在组织成立初期，该机制模式或能有效提高决策效率，但随着一体化进程逐步深入，也会产生消极影响。因为"弱机制"缺乏超国家权威，会导致组织机制松动，给成员国各行其是提供便利。[2]

其四，欧亚经济联盟会不会像以往俄罗斯主导下的区域一体化机制那样半途而废。在国际油价暴跌、西方经济制裁及俄罗斯本身经济结构畸形的情况下，俄罗斯经济陷入困境，短期内难以自拔，已波及其他成员国。俄罗斯经济的脆弱性直接影响欧亚经济联盟的坚固性。对俄罗斯经济形势及欧亚经济联盟的前景认识悲观导致欧盟对欧亚经济联盟信心不足，也不愿草率与之对接合作，而倾向于继续保持观望态度。

（三）乌克兰危机悬而不决是阻碍俄欧对接合作的重要因素之一

大多数欧盟分析家坚持，在乌克兰危机尚未得到合理解决前，

---

① Roberts, S., Marin, A., Moshes, A., Pynnoniemi, K., The Eurasian Economic Union: Breaking the Pattern of Post-Soviet Integration? //FIIA Analysis-3, September 2014.

② Ibid.

欧盟不宜与欧亚经济联盟实现对接合作。[1] 其原因主要有二。其一，在乌克兰危机及俄欧关系波动的背景下，欧盟不宜与欧亚经济联盟对接。如果对接，就意味着欧盟间接认可了俄罗斯在后苏联空间的"扩张"，承认了俄罗斯在乌克兰危机中的"所作所为"，并为"风雨飘摇"的俄罗斯经济及欧亚经济联盟输血，帮助欧亚经济联盟改善国际环境，助长俄罗斯"气焰"，这显然于欧盟不利。

其二，能源安全、地区冲突、制衡美国等现实问题的存在，使欧盟认识到长期排斥欧亚经济联盟并非明智之举，但基于以上顾虑，欧盟又不可能在短时间内与欧亚经济联盟对接。欧盟进退两难，举棋不定，因此，欧盟意图把乌克兰作为与俄罗斯及欧亚经济联盟谈判的筹码。表面上声称要彻底结束共同周边国家在欧洲一体化和欧亚一体化之间抉择的困境，实际上欧盟试图绑架乌克兰，迫使俄罗斯做出更多让步。

三　欧盟对策

在欧亚经济联盟已成既定事实的条件下，欧盟或会采取以下应对之策。

（一）适当调整"东部伙伴关系计划"

目前，欧盟"东部伙伴关系计划"参与国大致可分成三类。第

---

[1] Dobbs, J., The Eurasian Economic Union: A Bridge to Nowhere? //European Leadership Network Policy Brief, March 2015; Krastev, I., Leonard, M., The New European Disorder//European Council of Foreign Relations Essay; Dragneva, R., Wolczuk, K., Trade and Geopolitics: Should the EU Engage with the Eurasian Economic Union//European Policy Centre Policy Brief, 2 April 2015.

一类是乌克兰、摩尔多瓦、格鲁吉亚。这类国家已经与欧盟签署了"联系国协定"，目标是加入欧盟。第二类是白俄罗斯、亚美尼亚。它们已经加入了欧亚经济联盟，不可能与欧盟签署"联系国协定"。第三类是阿塞拜疆。阿塞拜疆拒绝与欧盟签署"联系国协定"，同时也明确表示不谋求加入欧亚经济联盟。有分析指出，"一刀切"（one-size-fits-all）[①] 的欧盟"东部伙伴关系计划"已不符合现实需要。针对不同国家应采取不同的政策，灵活应对，量身定做，采取"3+2+1"模式，或许会是欧盟"东部伙伴关系计划"转变的新取向。[②] 针对乌克兰、摩尔多瓦、格鲁吉亚，在不许诺扩员的前提下，巩固现有成果。解决乌克兰危机是欧盟"东部伙伴关系计划"的首要关切。但是，当下欧盟内忧重重，经济增长乏力，加之英国脱欧冲击，欧盟一时拿不出足够的经济资源去援助乌克兰。对欧盟来说，欧盟统一与欧元区稳定比东部邻国所带来的挑战更为严峻。因此，欧盟对乌克兰采取以国际货币基金组织（IMF）为主、欧盟为辅的援助策略。为了稳定乌克兰经济与金融体系，2014年3月欧盟委员会决定向乌克兰提供110亿欧元的短中期援助。[③] 国际货币基金组织的援助力度则比欧盟要大得多。2014年4月，国际货币基金组织

[①] Delcour, L., Kostanyan, H., Towards a Fragmented Neighbourhood：Policies of the EU and Russia and their Consequences for the Area that Lies in between//CEPS Essay, 17 October 2014, No. 17.

[②] Hug, A., Trouble in the Neighborhood? The Future of the EU's Eastern Partnership, European Commission? The Foreign Policy Centre, London, 2015, pp. 8-20.

[③] European Commission's support to Ukraine, Brussels, 5 March 2014. http：//europa. eu/rapid/press-release_MEMO-14-159_ en. htm? locale＝en.

决定向乌克兰提供为期两年的 170.1 亿美元的特别提款权①；2015 年
2 月，国际货币基金组织加大对乌克兰的支持力度，决定在今后四年向
乌克兰提供 175 亿美元援助资金，帮助其推行经济改革②。在索罗斯
（Soros, G.）看来，欧盟所提供的资金支持对解决乌克兰危机来说实
在是杯水车薪。③ 对摩尔多瓦、格鲁吉亚，欧盟的政策重点是巩固现
有成果，落实"联系国协定"，积极推进"欧盟化"改造，避免摩、
格因国内政治局势变化而影响两国的"欧盟化"成果，同时防止俄罗
斯对两国内政及经济发展事务的干预，改变两国"欧盟化"道路。④

　　针对白俄罗斯和亚美尼亚，欧盟继续保持接触，伺机而动。两国
已是欧亚经济联盟成员国，在对外政策、经济发展上完全脱离"东
部伙伴关系计划"。尽管如此，欧盟并没与两国断绝联系，而是继续
推动高层对话，保持社会层面接触，寻求建立新型伙伴关系。就欧盟
与亚美尼亚关系而言，2014 年 1 月双方签署的《简化签证与遣返协
议》如期生效，最终目标是双方互免签证。欧盟也将继续支持亚美
尼亚在开放市场、民主改革、经济发展、区域一体化、改善投资环
境、可持续发展等领域的发展。⑤ 由此看出，欧盟并没有因为亚美尼

---

① IMF Executive Board Approves 2-year US ＄17.01 Billion Stand-By Arrangement for
Ukraine, US ＄3.19 Billion for Immediate Disbursement, Press Release No. 14/
189. http：//www.imf.org/external/np/sec/pr/2014/pr14189.htm.

② 《国际货币基金组织计划向乌克兰提供 175 亿美元资金援助》，联合国新闻网，
http：//www.un.org/chinese/News/story.asp？NewsID＝23456。

③ Soros, G., A New Policy to Rescue Ukraine//New York Review of Books, February 5
2015ISSUE. http：//www.nybooks.com/articles/archives/2015/feb/05/new-policy-
rescue-ukraine/.

④ Hug, A., Trouble in the Neighborhood? The Future of the EU's Eastern Partnership,
European Commission? The Foreign Policy Centre, London, 2015, pp. 8–20.

⑤ Совместнаяпресс-конференцияПрезидентаРАиПредседателяЕвропейскогоСовета,
20 июля 2015. http：//www.president.am/ru/interviews-and-press-conferences/item/
2015/07/20/President-Serzh-Sargsyan-answers-at-press-conference-with-Donald-Tusk/.

亚加入欧亚经济联盟而放弃之，而是采取盯紧、接触的策略，静候"亚美尼亚内部以寡头为主导的半威权政治体制发生变化以及俄罗斯对亚美尼亚及地区政策的变化"①。与亚美尼亚相比，欧盟发展与白俄罗斯关系的限制因素要多得多。欧盟认为，卢卡申科是欧洲最后的"独裁者"，主张对其加以制裁。然而，欧盟还是希望在有限的条件下与白俄罗斯保持接触，不采取直接介入的方式，而是逐步向社会渗透。

与以上诸国不同，阿塞拜疆是"东部伙伴关系计划"中唯一一个能向欧盟提供油气资源的国家，因此在一定程度上阿塞拜疆在与欧盟关系中有更多的谈判筹码，可保持一定的自主性。2014年9月，"南方天然气走廊"②正式动工，这意味着从阿塞拜疆，经格鲁吉亚和土耳其，到欧洲的天然气管道将最终打通，使欧盟油气进口来源进一步多元化。为了不成为第二个乌克兰，阿塞拜疆并不打算完全按照欧盟的引导来发展双边关系，拒绝签订"联系国协定"。阿塞拜疆只打算通过参与"东部伙伴关系计划"来获取更多的经济发展机会，而不想为此付出政治代价，反对欧盟对阿塞拜疆内政及人权事务的指责。与此同时，阿塞拜疆也不谋求加入欧亚经济联盟，不愿成为第二个白俄罗斯，把自己完全置于俄罗斯影响之下，而是选择与俄罗斯保持一种良性的双边战略伙伴关系。③应该说，以能源作为战略支撑，在俄欧之间寻求平衡，不以政治牺牲为代价，尽可能获得最大经济利益是阿塞拜疆的意图所在。鉴于此，欧盟一方面加强与阿塞拜疆在能源领域的务实合作，进一步摆脱对俄罗斯油气资源的高度依赖；另一

① Hug, A., Trouble in the Neighbourhood? The Future of the EU's Eastern Partnership, European Commission? The Foreign Policy Centre, London, 2015, pp. 8-20.

② "南方天然气走廊"包括：跨亚得里亚海天然气管道（TAP）、跨安纳托利亚天然气管道（TANAP）、土耳其—希腊—意大利管道（ITGI）等。

③ Kempe, I., The South Caucasus Between the EU and the Eurasian Union//Caucasus Analytical Digest, 17 June 2013, No. 51-52.

方面与对亚美尼亚和白俄罗斯的做法一样，对阿塞拜疆也采取不温不火的长期性渗透策略，让政治与能源、经济脱钩，不因政治对抗（如人权、政治改革等）影响双方能源合作。①

（二）进一步加强与中亚国家的双边关系

2007 年 6 月欧盟委员会通过了《欧盟与中亚：新伙伴关系战略》。这是欧盟对中亚地区颁布的第一份系统性战略规划，标志着欧盟彻底摆脱了对中亚的"遗忘"②，结束了没有"一个连贯、明确的政治文件"作为指导的时期。③ 与"东部伙伴关系计划"在东部周边推动"欧盟化"改造不同，安全对话和经济合作是欧盟中亚战略的核心。在安全领域，2013 年在布鲁塞尔举行了首届"欧盟—中亚高层安全对话"，2015 年在塔吉克斯坦首都杜尚别举行第二届"欧盟—中亚高层安全对话"。"欧盟—中亚高层安全对话"成为欧盟与中亚国家讨论地区安全局势、阿富汗问题，以及防止恐怖主义、极端主义、毒品贸易及大规模杀伤性武器扩散等传统与非传统安全问题的平台。④

欧盟是许多中亚国家的重要贸易伙伴。以哈萨克斯坦为例，哈是欧盟在中亚地区最大的贸易伙伴。2009 年，哈欧决定签署新的《伙伴关系与合作协议》，作为未来双方关系发展的新的法律基础。2014

---

① Hug, A., Trouble in the Neighbourhood? The Future of the EU's Eastern Partnership, European Commission? The Foreign Policy Centre, London, 2015, pp. 8-20.

② Delcour, L., Shaping the Post-Soviet Space? EU Policies and Approaches to Region-Building, Surrey：Ashgate, 2011, pp. 92-95.

③ 托马斯·伦克等：《欧盟的中亚新战略》，《俄罗斯研究》2009 年第 6 期。

④ EU-Central Asian High Level Security Dialogue Takes Place in Dushanbe//EEAS-Press Release, Dushanbe, 11 March 2015. http：//eeas. europa. eu/statements-eeas/2015/150311_01_en. htm.

年，哈欧在布鲁塞尔正式签署《伙伴关系与合作扩大协议》。用纳扎尔巴耶夫的话说："《伙伴关系与合作扩大协议》的签署为哈欧关系翻开了新篇章。"① 2015 年哈欧双方就简化签证手续达成共识。② 在中亚五国中，哈萨克斯坦是第一个与欧盟签订新的《伙伴关系与合作扩大协议》的国家，这足以彰显哈萨克斯坦在欧盟中亚战略中的支点地位。

四 几点思考

（一）欧盟周边战略会不会被欧亚经济联盟打乱

与民族国家以"国家对国家"为主线、通过双边关系构建多边机制的外交战略不同，欧盟的外交战略是以"地区对地区"为核心③，通过制定地区政策，与其余地区或地区多边机制建立联系，为欧洲一体化发展创造良好的外部环境，推广"欧盟模式"。可以说，"地区对地区"关系是欧盟对外政策和强化其国际行为体地位的基础。④ 理由是跨地区关系可以有助于欧盟推广自由国际主义，构建全球行为体的身份认同，以及增强自身实力。⑤ 2004 年，欧盟完成历史上最大规模扩员，成员国从 15 个增加到 25 个，2007 年，保加利亚、

---

① Назарбаев, Н., Следующая глава в отношения между Казахстаном и ЕС, 8 октября 2014 г. http：//www. inopressa. ru/article/08oct2014/wsj/kazakhstan. html.

② 《哈萨克斯坦与欧盟或将简化签证手续》，哈萨克斯坦国际通讯社，http：// inform. kz/chn/article/2779600。

③ Delcour, L., Shaping the Post-Soviet Space? EU Policies and Approaches to Region-Building, Surrey：Ashgate, 2011.

④ Ibid.

⑤ Soderbaum, F., Langenhove, L., The EU as a Global Player：The Politics of Interregionalism, London and New York：Routledge, 2006, pp. 120–129.

罗马尼亚加入，2013 年，克罗地亚加入，如今欧盟共有 27 个成员国（英国于 2020 年 1 月 31 日脱离欧盟）。随着覆盖区域的扩大，欧盟日益注重与周边地区建立新型合作关系，推行"欧盟化"改造，特别注意将周边地区"从传统意义上隔离的分界线转变为交流和互动的中间带"①，构建起类己而非异己的周边。2004 年欧盟推出的"欧洲睦邻政策"（ENP）就是这一转变的拐点。②

欧洲政策研究中心研究员爱默生（Emerson，M.）把欧盟的周边地区分为三大板块：北美板块，大中东板块（地中海东部与南部、海湾地区、阿富汗、中亚地区），俄罗斯及其余欧洲国家板块。③ 北美板块与欧盟同属北大西洋政治、经济空间，有着共同的价值观、政治取向，因此欧盟与北美之间并无间隙。大中东板块被欧盟视为安全威胁的发源地，如恐怖主义、极端主义、非法毒品交易等均来源于此。而大中东板块又是欧盟油气资源的来源地，因此在与美国、俄罗斯、中国等大国一起进行危机管控、推动社会经济发展、维护地区稳定的同时，积极开发该地区自然资源，实现能源进口多元化是欧盟的关切所在。最让欧盟纠结的是俄罗斯及其余欧洲国家板块。在欧盟意识里，欧盟和俄罗斯以及其余欧洲国家都属"大欧洲"地区（欧洲理事会所覆盖区域）。如果说北美是近亲和远邻，大中东是非亲与近邻，那么俄罗斯及其余欧洲国家则是欧盟的近亲与近邻，历史与现实关系非同一般。在欧盟的理想中，俄罗斯与欧盟是"大欧洲"地区

---

① 张学昆：《论欧盟邻国政策的形成》，《国际政治研究》2009 年第 3 期。
② 有学者把"欧洲睦邻政策"定义为"以欧盟条件性为前提，通过推广价值观与规范来影响和塑造周边国家，实现从'扩大式欧洲化'到'睦邻式欧洲化'的中心转移"。宋黎磊：《欧盟"东部伙伴关系"计划：意图、推进与问题》，《国际问题研究》2015 年第 2 期。
③ Emerson，M.，The Wider Europe Matrix，Brussels：Centre for European Policy Studies，2004，p. 16.

的两大支柱。从这个意义上说，欧盟对俄罗斯及其余欧洲国家板块的政策实质上就是对地区内周边国家及地区的"欧盟化"改造，培育"类欧盟"地区，绝不允许出现地区分裂。

"欧洲睦邻政策"主要由针对东部周边的"东部伙伴关系计划"和针对南部周边的"地中海联盟计划"构成。在不给入盟许诺前提下，充分发挥自身优势，利用价值观影响力和制度牵引力，严格规范和塑造周边国家，推动周边邻国进行"欧洲化"改造，由此构建"类欧盟"周边地区，实现对周边地区的"地区构建"，这是欧盟周边政策的主要特点。就拿东部周边来说，2008 年俄格冲突、2009 年俄乌斗气进一步坚定了欧盟主动介入东部周边的决心。2008 年波兰和瑞典要求在"欧洲睦邻政策"框架基础上加强与东部邻国的政治、经济对话，其中波兰的态度最为积极。[1] 2009 年，欧盟与白俄罗斯、乌克兰、摩尔多瓦、格鲁吉亚、亚美尼亚、阿塞拜疆六个国家签署了"东部伙伴关系计划"。在经济层面，"东部伙伴关系计划"要求参与国与欧盟签订双边"联系国协定"，通过建立深度自贸区，将东部邻国纳入欧盟经济轨道；在政治层面，按照欧盟标准，推动参与国国内政治改革；在社会层面，降低签证门槛，积极在参与国培育欧盟式的

---

① 波兰和瑞典是"东部伙伴关系计划"的倡议者，其中以波兰最为积极。波兰把自己定位为中东欧地区的领导力量，早在 2000 年初波兰就提出欧盟应该针对东部伙伴制定相应的政策。波兰和瑞典提出的"东部伙伴关系计划"遭到了来自德国的阻力。德国主张，在欧盟对东部邻国政策中应该充分考虑俄罗斯的作用。德国认为，应该适当制衡一下波兰在欧盟对东部邻国政策中的分量。参见 Natorski, M., National Concerns in the EU Neighbourhood: Spanish and Polish Policies on the Sourthen and Eastern Dimensions'//see Delcour, L., Tulmets E., *Pioneer Europe? Testing European Foreign Policy in the Neighbourhood*, Baden-Baden: Nomos, 2008, pp. 57 – 76; Copsey, N., Pomorska, K., Poland's Power and Influence in the European Union: The Case of its Eastern Policy//Comparative European Politics, 2010, No. 8 (3)。

公民社会；在多边层面有东部伙伴关系峰会、年度部长会议、欧盟——东部邻国年度会议等。"东部伙伴关系计划"是欧盟对东部邻国的政治、经济、社会进行欧盟式的规范化改造，是欧盟"内部政策的外部扩展"①，也是苏联解体以来欧盟第一个针对后苏联空间的"地区构建"计划。

从这个角度看，欧亚经济联盟无疑影响了欧盟在东部周边推行"欧盟化"改造的如意算盘，是"欧盟式"地区发展模式的竞争者。但建立"类己化"周边是欧盟周边战略的既定方针，不会因为欧亚经济联盟的成立而发生变化。

（二）欧盟与欧亚经济联盟之间是伙伴还是对手

俄欧关系是欧盟与欧亚经济联盟关系的中心环节，俄欧关系的走向直接决定欧盟与欧亚经济联盟关系的发展。可是，两者是伙伴，还是对手？这一问题是现实中欧盟对俄及欧亚经济联盟认知的困境。

21 世纪以来，俄欧关系发展出现两个显著特点。第一，经济趋热，达到相互依存程度；而政治趋冷，甚至可谓分道扬镳。在经贸领域，从 2004 年到 2008 年世界金融危机前，俄欧间贸易额增长一倍多，从 1310.43 亿欧元到 2854.16 亿欧元②，俄罗斯也成为继美国、中国之后的欧盟第三大贸易伙伴。而在政治领域，俄欧双方则渐行渐远，欧盟主张西方式民主，俄罗斯却力推"主权民主"；欧盟策动科索沃独立，俄罗斯借助俄格冲突，支持南奥塞梯、阿布哈兹独立；欧

---

① 宋黎磊：《欧盟"东部伙伴关系"计划：意图、推进与问题》，《国际问题研究》2015 年第 2 期。

② European Commission, Russia-Trade Statistics（2015）, 10 April 2015. http：//trade. ec. europa. eu/doclib/docs/2006/september/tradoc_113440. pdf.

盟在东欧及外高加索地区力推"东部伙伴关系计划"，俄罗斯则主导欧亚一体化等。从 2007 年慕尼黑安全会议到 2008 年俄格冲突，再到 2014 年以来的乌克兰危机，俄欧之间政治互信逐步消散殆尽，欧盟官员甚至称："俄罗斯已经不再是欧盟的战略伙伴。"[①]

第二，欧盟内部对俄罗斯的态度迥异。欧盟内部对俄罗斯的态度并非铁板一块，主要有两个集团：一是以德、法、意为核心的传统欧洲大陆国家，它们比较尊重俄罗斯的利益诉求，在形式上主张多对话、少对抗；二是新加入欧盟的中东欧国家以及瑞典，它们更多要求对俄采取强硬措施，挤压俄的战略生存空间。某些中东欧国家甚至是意识形态挂帅，不从现实利益出发，一味反俄。欧盟内部对俄两派立场的矛盾也体现在具体外交行为上。比如在俄格冲突中，在时任法国总统萨科齐积极调停的同时，波兰和波罗的海三国却公开为萨卡什维利助威。在这样的形势下，俄罗斯采取的对策是绕开"新欧洲国家"，积极与德、法、意开展双边外交。应该说，欧盟内部对俄罗斯政策立场的分化以及俄罗斯"分而治之"的外交策略，在一定程度上阻碍了欧洲在关键领域的一体化进程，如对外政策及能源领域等。

由此得出，俄欧今日之困局是：经济上的伙伴，政治上的对手；双边易沟通，多边难推进；俄与德、法、意为代表的老欧洲国家易对话，而与波兰、波罗的海三国为代表的"新欧洲国家"及瑞典等传统地缘政治对手的关系则是对抗成分更多。然而，从理性角度看，俄欧双方都不希望把"共同周边"（common neighbourhood）恶化成"分裂周边"（divided neighbourhood），都有建立"共享周边"（shared

---

① Mogherini: Russia is no Longer the EU's Strategic Partner, Euractiv, 2 September 2014. http://www.euractiv.com/sections/global-europe/mogherini-russia-no-longer-eus-strategic-partner-308152.

neighbourhood）的主观诉求。① 遗憾的是，在乌克兰危机冲击下，俄欧双方相互制裁，政治对话停滞不前，人文与社会领域合作全面倒退，后冷战时期双方建立起来的一系列对话机制基本失效②，俄欧关系跌至"冰点"。欧盟把俄罗斯看作"破坏者"③，俄罗斯则把欧盟比作"新型帝国组织"④。应该说，尽管俄欧之间障碍重重，欧盟仍然认为，俄欧是共同周边地区治理的两个支撑力量。解决乌克兰危机及实现欧盟与欧亚经济联盟对接的核心节点在于，俄欧双方要寻找到治理共同周边地区的新方案，重新建立互信基础，而不是简单地划分势力范围。欧盟也在反思，有学者认为，自 2009 年以来，欧盟单方面在东欧及外高加索地区国家推动"欧盟化"制度及法律体系改造过程中，与俄沟通不足，忽略了俄的感受，是造成今天俄欧之困局的重要诱导因素之一。⑤

在这种背景下，欧盟与欧亚经济联盟对接合作的地缘政治意义或要大于地缘经济意义。欧盟内部已经有声音称，是与俄罗斯签订新的"契约"的时候了，以此来塑造未来俄欧关系发展⑥，或可把欧亚经

---

① Delcour, L., Kostanyan, H., Towards a Fragmented Neighbourhood: Policies of the EU and Russia and Their Consequences for the Area that Lies in between//CEPES Essay, 17 October 2014, No. 17.

② Dobbs, J., The Eurasian Economic Union: A Bridge to Nowhere? //European Leadership Network Policy Brief, March 2015.

③ Delcour, L., Kostanyan, H., Towards a Fragmented Neighbourhood: Policies of the EU and Russia and Their Consequences for the Area that Lies in Between//CEPES Essay, 17 October 2014, No. 17.

④ Бусыгина, И. М., Филиппов, М. Г., Евросоюз: от частного к общему// Россия в глобальной политике, 2010, № 1.

⑤ Dragneva, R., Wolczuk, K., Russia, the Eurasian Customs Union and the EU: Cooperation, Stagnation or Rivalry? //Chatham House Briefing Paper, August 2012.

⑥ Dragneva, R., Wolczuk, K., Trade and Geopolitics: Should the EU Engage with the Eurasian Economic Union//European Policy Centre Policy Brief, 2 April 2015.

济联盟打造成与欧盟并行的"大欧洲"第二个支柱。[①] 欧盟与欧亚经济联盟对接或可超脱已失效的俄欧沟通机制，进而建立新的对话平台[②]，避免俄欧在"共同周边"地区的竞争[③]。

（三）与欧盟平行的区域一体化"欧亚模式"或正在形成

后苏联空间是当代国际关系史上较晚形成的地区之一，地区体系及国家间关系仍在不断构建和调整之中。作为一个地区，后苏联空间有着其他地区具备的共性，也有与生俱来的个性。所谓"共性"，无外乎以下几点：国家间关系是地区体系的主干；地区内不存在绝对支配力量；地区内国家拥有发展自主权；地区发展受外部地缘政治经济力量所影响；地区内及跨地区非传统安全问题日益突出。所谓"个性"，主要有：该地区从统一的国家解体而来，地区内国家有着共同的历史、相似的心理状态、紧密的经济与社会联系；国家关系中夹杂着难以消弭的历史包袱，最典型的是族际关系复杂和领土边界纠纷；新独立国家在对待苏联继承国——俄罗斯的态度中，除了正常的国家间关系、大小国关系基本特点外，还存在"中央与地方""中心与边缘""主体民族与少数民族"等历史心理痕迹，客观和机械地在国家间关系中带有主观和感情色彩；俄罗斯在该地区的传统影响力仍在，且依旧很强。以上是区域一体化——"欧亚模式"产生、发展的土壤。欧亚经济联盟的前途取决于两个因素：其一，它是否能符合本地

---

① Popescu, N., Eurasian Union: The Real, the Imaginary and the Likely//Chaillot Paper, September 2014, No. 132, p. 36.

② Dobbs, J., The Eurasian Economic Union: A Bridge to Nowhere? //European Leadership Network Policy Brief, March 2015; Krastev, I., Leonard, M., The New European Disorder//European Council of Foreign Relations Essay.

③ Kempe, I., The South Caucasus Between the EU and the Eurasian Union//Caucasus Analytical Digest, 17 June 2013, No. 51-52.

区发展特点，做到因地制宜；其二，它是否能拉动成员国经济发展，进而摆脱被国际经济日益边缘化的地位。而不是以欧盟或其他区域一体化为标尺来衡量欧亚一体化的成败得失。

毋庸置疑，欧亚经济联盟的组织机制在一定程度上做到了因地制宜①，在组织机制、决策机制设置上反映了成员国国内的政治生态。欧亚经济联盟形成了欧亚经济委员会最高理事会、欧亚政府间委员会、欧亚经济委员会等"三委"纵向组织机制，同时取消了"欧亚议会"，兼容了欧亚开发银行。成员国总统组成的欧亚经济委员会最高理事会在决策、监督中拥有最高权威，政府总理组成的欧亚政府间委员会负责上传下达，欧亚经济委员会负责执行。欧亚经济联盟的决策机制不以国家大小、人口数量、经济发展水平等其他因素为衡量标准，而以国家为单位，以主权平等为基线，拉平了所有成员国在决策中的地位。这种决策模式在一定程度上有利于其余成员国消除在与俄罗斯推进地区一体化进程中对主权丧失的担心，把与俄罗斯的一体化进程严格限定在经济领域，不涉及政治主权让渡，进而提高其余成员国对地区一体化进程的参与度。然而，这种决策机制也限制了俄罗斯主导力的发挥，束缚了俄罗斯推进地区政治与经济全面一体化的战略抱负。欧亚经济联盟的组织机制和决策机制直接反映了成员国国内的超级总统制或威权政治体制，也反映了成员国与俄罗斯之间的利益平衡。在一体化经济效应方面，欧亚经济联盟的拉动作用还未完全显现出来。比如，区域内及对外贸易量持续下跌，贸易结构仍然一成不变，投资资金依旧捉襟见肘，进口替代未见起色，等等。尽管如此，欧亚经济联盟在移民、物流等领域的整合已经取得良好效果。2025 年能否建成内部共

---

① 关于欧亚经济联盟组织机制运行问题，可参见王晨星、李兴《欧亚经济共同体与欧亚经济联盟比较分析》，《俄罗斯东欧中亚研究》2016 年第 4 期。

同市场、形成区域一体化的"欧亚模式"，还需要我们冷静观察。

（四）欧盟何去何从：东倾还是西向

2008 年世界金融危机后，先是主权债务危机，后是英国脱欧；先是乌克兰危机，后是叙利亚难民问题，各类矛盾接踵而至，欧盟一体化进程遇到了冷战结束以来最严重之困局。"欧盟需要改变"已经成为欧盟新老成员的共识。但是，如何变？朝何处变？是激流勇进，携手脱困，还是遇事退缩，曲终人散？是东倾，还是西向？欧盟究竟何去何从？这一系列问题已经成为欧盟内外关注的焦点。

近年来，欧盟内外已经发生深刻变化。从内部结构来看，原本的一体化"两驾马车"——德国与法国，逐渐变成德国主导，法国为辅的"一驾半马车"。德国意志越来越代表欧盟意志。此外，在困局之下，欧盟经济受挫，其发展模式吸引力下降，进而引致新入盟的中东欧国家内"疑欧主义"、民粹主义情绪上升，参与欧盟的积极性下降，更多地持观望态度，或另辟蹊径，与域外国家发展务实合作。从外部环境来看，世界金融危机后，不管是发达国家，还是发展中国家及新兴经济体都面临经济增长乏力、资金来源不足等问题。在这样的背景下，世界主要经济体把推动地区一体化视作重振经济、改善资源配置的最佳途径之一。随之而来的是，地区一体化机制之间的竞争愈演愈烈，主导权之争、规则之争成为国与国之间、一体化机制之间关系的主要议题。东面是欧亚经济联盟、俄罗斯新提出的"欧亚伙伴关系"构想、中国的"一带一路"倡议，西面试图与美国磋商重启 TTIP 的谈判，这些既是欧盟当下面临的新机遇，也是新挑战。若利用得当，就能纵横捭阖，加固自身；若处置不当，则欧盟共同经济空间将面临被瓜分的威胁，内部离心力加强。

鉴于此，我们认为，欧盟东倾西向趋势日益明显，主要体现在经济与安全两个方面。在经济方面，为扩大海外市场、确保能源供应安全、寻求经济新增长点，进而弥合一体化裂痕，欧盟看到了欧亚经济联盟内部统一市场规则和中国"一带一路"建设资金及市场优势所带来的机遇，因而欧盟更愿意把握眼前，积极向东寻找伙伴。在安全上，叙利亚危机给欧盟带来难民问题，欧盟内部社会稳定面临较大压力；乌克兰危机导致俄欧决裂，欧盟东部周边面临动荡。与俄重修旧好、在俄美之间周旋、合理解决乌克兰及叙利亚问题，是欧盟摆脱安全困局的不二选择。应该说，在东倾西向政策推动下，欧盟与俄罗斯重启对话、与欧亚经济联盟建立合作机制的前景是可期的，但也会保持相互竞争与制衡的态势。

第四章

美国对欧亚经济联盟的认知与对策分析

长期以来，俄美关系一直是大国关系中极其重要的一对双边关系。当前欧亚大陆地缘政治经济格局的显著特点之一就是国际问题高密度出现和快速转移①，在其背后经常能看到俄美之间显性和隐性博弈的身影。自 2013 年来，从斯诺登事件到乌克兰危机，从叙利亚危机再到博弈中东，俄美两大国陷入冷战结束以后最强对抗期，有出现"新冷战"的苗头。2015 年 2 月，美国时任总统奥巴马发布的《美国国家安全战略报告》中把俄罗斯的"侵略"行为视作美国国家安全的威胁之一。② 2017 年 12 月，美国总统特朗普发布新版《美国国家安全战略报告》。报告明确提出，美国国家利益的"四大支柱"（four pillars）是：保护美国国土、人民及生活方式；推动美国繁荣；通过力量来维护和平；提升美国影响力。而中国和俄罗斯则被视作美国国家

---

① 中国社会科学院俄罗斯东欧中亚研究所郑羽研究员指出，近年来国际热点问题的高密度出现与快速转移，是传统安全范畴的地缘政治和地缘经济竞争与非传统安全范畴的恐怖主义与核扩散危险交互作用的结果。在这一过程中相关大国特别是中俄美三国之间的政策互动，既有零和博弈，也有荣损一致的共同挑战，深刻地反映了中俄美三国关系的复杂性和当前国际战略形势的新特征。参见郑羽《当前国际热点的快速转换和中俄美三国的政策互动》，《俄罗斯东欧中亚研究》2016 年第 4 期。

② National Security Strategy. https：//obamawhitehouse. archives. gov/sites/default/files/docs/2015 _ national _ security _ strategy. pdf.

利益"四大支柱"的首要挑战方，是美国的战略竞争对手。① 与之相对应，2016 年 11 月颁布的《俄罗斯联邦对外政策构想》中指出，美国及其盟友是遏制俄罗斯的力量，也是造成俄罗斯与西方关系紧张的始作俑者。②

欧亚经济联盟是俄罗斯主导，白俄罗斯、哈萨克斯坦为主力，亚美尼亚、吉尔吉斯斯坦参与的新型区域一体化组织。应该说，美国是欧亚地区政治经济进程中重要的"第三方"。从奥巴马力推的"重返亚太"，到特朗普精心布局的"印太战略"，近年来美国一直试图增加对西太平洋地区的战略投入。但是从另一个角度看，美国对欧亚地区态势变化的关注度一直没有降低。知己知彼，百战不殆。在中国倡导的丝绸之路经济带建设与欧亚经济联盟建设对接合作、中俄共建欧亚经济伙伴关系的背景下，探讨美国对欧亚经济联盟的态度及对策，对我们进一步认识欧亚经济联盟与西方的关系并深入了解构建欧亚经济伙伴关系的外部环境因素具有较强的现实意义。

一　美国对欧亚经济联盟的基本认知

（一）欧亚经济联盟是俄罗斯主导的政治经济联盟

2015 年 3 月 2 日，欧亚经济联盟欧亚经济委员会主管一体化与宏观经济的部长瓦洛娃娅（Т. Д. Валовая）在美国哥伦比亚大学举行演讲，目的是向美国学界及政界传递"欧亚经济联盟是纯粹的经济

① National Security Strategy. https：//www. whitehouse. gov/wp-content/uploads/2017/12/NSS-Final-12-18-2017-0905. pdf.
② Концепция внешней политики Российской Федерации. http：//www. kremlin. ru/acts/bank/41451.

85

组织，而非政治集团"的信号，希望美方能够从经济发展角度，积极地看待欧亚经济联盟。然而，瓦洛娃娅的呼吁没能与美国学界形成共鸣。美国战略与国际研究中心研究员曼可夫（Jeffrey Mankoff）认为，除了经济内容以外，高度政治化和俄罗斯的主导作用是欧亚经济联盟的两大特性。不管欧亚经济联盟未来朝什么方向发展，俄罗斯极力拉拢周边国家加入的做法，都充分体现出俄罗斯的战略意图远不止取消贸易壁垒那么简单。①

在美方看来，俄罗斯主导的地区一体化进程从来都是政治与经济搭伴而行，如独联体经济联盟（1993 年）与独联体集体安全条约（1992 年）、欧亚经济共同体（2000 年）与集体安全条约组织（2002年），欧亚经济联盟也是如此，它与集体安全条约组织有着紧密联系。欧亚经济联盟与集体安全条约组织成员国大部分重叠，如俄罗斯、白俄罗斯、哈萨克斯坦、亚美尼亚、吉尔吉斯斯坦。在这两个组织里俄罗斯无疑是主导力量。可以说，欧亚经济联盟是俄罗斯的经济"软实力"，而集体安全条约组织则是俄罗斯政治军事"硬实力"，只有两者做到相辅相成，俄罗斯才能具备重建势力范围的能力。② 在很长一段时间，俄罗斯与周边国家政治军事合作多是以双边形式出现。而集体安全条约组织作为后苏联空间唯一运行中的政治军事组织在处理成员国安全问题及稳定地区局势时作用有限。随着组织内部改革逐步深化，以及统一指挥体系的建立和完善，集体安全条约组织将成为

---

① Mankoff, J. Eurasian Integration：The Next Stage ［R/OL］. Central Asia Policy Brief, 2013（13）. http：//centralasiaprogram. org/archives/7516.

② Cohen, A. Russia's Eurasian Union Could Endanger the Neighborhood and U.S. Interests, The Heritage Foundation：Backgrounder, 2013（2804）. https：//www. heritage. org/europe/report/russias-eurasian-union-could-endanger-the-neighborhood-and-us-interests.

欧亚经济联盟的武装力量[1]，为俄罗斯在其他成员国扩大军事存在提供可能[2]。因此，美国传统基金会（The Heritage Foundation）的科恩（Ariel Cohen）把欧亚经济联盟视为对美国利益的威胁。他认为，欧亚经济联盟与欧盟不同，前者在俄罗斯的主导下将威胁东欧、中亚国家的民主自由与地区稳定，损害俄罗斯周边国家的政治独立与国家主权，这不符合美国在欧亚地区的利益。[3]

（二）重构传统势力范围是俄罗斯主导建立欧亚经济联盟的战略意图

美方学者几乎一致认为，欧亚经济联盟是俄罗斯重建和巩固在后苏联空间传统势力范围的战略支点，主要有内部和外部两方面因素。内部因素主要是俄罗斯与生俱来的"帝国"意识。具有军方背景的布兰克（Stephen Blank）提出，欧亚经济联盟是俄罗斯"新帝国主义"的再现。他进一步指出，俄罗斯政治精英的"帝国"意识根深蒂固，"如果俄罗斯现在不是强国，那么俄罗斯在未来也不会是强国，而是中世纪刚刚诞生的公国"[4]。"俄罗斯是不允许自己失去帝国

---

[1] McDenmott, R., The Kremlin, General Shamanov and Transforming the CSTO. http：//www. jamestown. org/programs/edm/single/？tx _ ttnews% 5Btt _ news% 5D = 39918&cHash = 11c5894c8c26c39101fe6a89ab698ba2#. VQ4D_PnF83c.

[2] 如俄罗斯计划在 2016 年前扩大在亚美尼亚和吉尔吉斯斯坦的空军基地，在白俄罗斯东部地区新建歼击机基地。参见 Bodner, M., With Ukraine Revitalizing NATO, Russia Dusts Off its Own Security Alliance. http：//www. themoscowtimes. com/business/article/russia-s-csto-stumbles-on-regional-conflicts-in-drive-to-rival-nato/509986. html。

[3] Roberts, J., Cohen, A., Blaisdel, J. The Eurasian Union：Undermining Economic Freedom and Prosperity in the South Caucasus [R], Thc Heritage Foundation-Special Report, 2013（148）：1-21.

[4] Starr, S. F., Cornell, S. E. Putin's Grand Strategy：The Eurasian Union and Its Discontents [M], Washington D. C. : SAIS, 2014.

地位的国家……如果在俄罗斯周围没有一个在自己领导下的新帝国集团，那么俄罗斯国家的延续性将面临威胁。"① 自苏联解体以来，叶利钦、普京一直试图通过多边一体化机制，重构自身在后苏联空间的领导地位。在布兰克看来："俄罗斯主导的一体化进程不单是经济或军事一体化，而关键是俄罗斯试图把主权凌驾于其他独联体国家之上，是具有新帝国主义特征的势力范围划分政策……今天的一体化项目就是俄罗斯历史上帝国的化身。"② 换句话说，提高周边国家对俄罗斯的依赖度，并借此影响周边国家内政与外交是俄罗斯对外政策中的重要内容。③

外部因素指的是域内及域外两个方面。针对域内问题，俄罗斯需要借助欧亚经济联盟机制来遏制激进主义的扩张，打击恐怖主义、非法武器及毒品交易，建立以俄罗斯为中心的地区交通体系以及实现对地区油气资源的控制。④ 此外，俄罗斯更需要欧亚经济联盟来制衡域外力量对东欧、外高加索及中亚等俄 "特殊利益地区" 的渗透。近年来，欧盟通过 "东部伙伴关系计划" 积极向白俄罗斯、乌克兰、摩尔多瓦及外高加索国家渗透；中国在经济上已经超过俄罗斯，成为大部分中亚国家的重要经济伙伴。从 2002 年到 2012 年，中国占中亚

① Starr, S. F., Cornell, S. E., Putin's Grand Strategy：The Eurasian Union and Its Discontents［M］, Washington D. C.：SAIS, 2014.

② Starr, S. F., Cornell, S. E., Putin's Grand Strategy：The Eurasian Union and Its Discontents［M］, Washington D. C.：SAIS, 2014.

③ Mankoff, J. What a Eurasian Union Means for Washington：Putin's Attempts to Bolster Regional Ties Have Many in the West Concerned［EB/OL］. (2012-04-19)［2017 - 11 - 11］. http：//nationalinterest. org/commentary/what-eurasian-union-means-washington-6821.

④ Cohen, A. Russia's Eurasian Union Could Endanger the Neighborhood and U. S. Interests, The Heritage Foundation：Backgrounder, 2013 (2804). https：//www. heritage. org/europe/report/russias-eurasian-union-could-endanger-the-neighborhood-and-us-interests.

国家对外贸易的比重从 5.7% 上升至 20%，而俄罗斯的这一比重从 18.2% 降至 15.7%（表 4-1）。中国反超俄罗斯的拐点出现在 2009 年全球金融危机时期，2011 年俄白哈启动关税同盟后，俄罗斯的比重才明显上升（图 4-1）。因此，斯塔尔（Frederick Starr）和康奈尔（Svanta Cornell）指出，如果不尽快成立欧亚经济联盟，俄罗斯在西边的势力范围会让给欧洲，在东边的势力范围会让给中国。[①]

表 4-1　2002~2012 年中俄在中亚国家对外贸易中的比重

单位：%

年份	2002	2007	2012
中国	5.7	10.2	20.0
俄罗斯	18.2	19.3	15.7

资料来源：Scobell, A., Ratner, E., Beckley, M., China's Strategy Toward Southand Central Asia an Empty Fortress [R], The Rand Corporation, 2014：43.

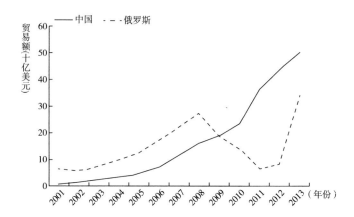

图 4-1　2001~2013 年中俄与中亚国家贸易额变化曲线

资料来源：Cooley, A., Great Games. Local Rules [M], Oxford：Oxford University Press, 2012：86.

① Starr, S. F., Cornell, S. E., Putin's Grand Strategy：The Eurasian Union and Its Discontents [M], Washington D. C.：SAIS, 2014.

（三）对欧亚经济联盟前景的预判

美方学者对欧亚经济联盟前景认识并不明朗，目前主要有以下几个观点。

第一，欧亚经济联盟的成立意味着在欧亚地区将重新出现一个威权的反西方的国家集团，这是对美国治下的国际秩序的挑战。科恩提出，在这个地区或许会重新出现类似于"19 世纪罗曼诺夫王朝与大英帝国间的博弈以及 20 世纪冷战"[1] 的局面。

第二，乌克兰危机悬而不决已对欧亚经济联盟产生消极影响。在乌克兰危机、西方经济制裁以及国际石油价格下跌的背景下，俄罗斯经济发展受到一定冲击。也就是说，俄罗斯自身经济实力的式微稀释了其在欧亚地区推行经济一体化的向心力。因此，对美国而言，俄罗斯仅仅是一个军事大国，而不是经济大国，不足以支撑起欧亚经济联盟。[2]

第三，欧亚经济联盟不会是欧盟的翻版，或许可以往开放的地区主义方向努力。从内部贸易结构上看，欧盟成员国间内部贸易额要大大超过欧亚经济联盟，后者的主要贸易对象是域外经济体。更何况，俄罗斯较弱的经济实力也难以长时间支撑起欧亚经济联盟，满足其他成员国的利益诉求。面对这一现实，约翰斯·霍普金斯大学的奥尼尔（Molly O'Neal）指出，欧亚经济联盟最好采取开放的地区主义，实现成员国间贸易与对外贸易同时增长，"北美自由贸易区"模式对欧

---

① Cohen, A., Russia's Eurasian Union Could Endanger the Neighborhood and U.S. Interests, The Heritage Foundation: Backgrounder, 2013 (2804). https://www. heritage. org/europe/report/russias-eurasian-union-could-endanger-the-neighbor hood-and-us-interests.

② 2015 年 1 月 21 日，英国国际战略研究所驻华盛顿分所研究员塞缪尔·查拉普（Samuel Charap）与笔者的座谈。

亚经济联盟或许是一种可行路径。① 曼可夫也提出,封闭式的一体化进程不能算是成功的一体化,"欧亚一体化应该借鉴东盟模式,奉行开放的地区主义"②。

二　美国对欧亚经济联盟的应对之策

21 世纪以来,美国对后苏联空间的战略逻辑如下。第一,推广西方价值观,在独联体国家培养所谓"民主国家",如 2003~2005 年的"颜色革命"、支持亲西方的非政府组织活动等。第二,在后苏联空间构建"排俄"的新地区安全结构,如支持建立"古阿姆"及力推北约"和平伙伴关系计划"等。第三,主导"南向"地区一体化进程,试图从经济上割裂独联体国家与俄罗斯的传统经济联系,如提出"新丝绸之路计划",力图把中亚国家往南拉,参与中亚—南亚地区一体化。第四点最关键,那就是遏制俄罗斯"重新崛起",但是过弱的俄罗斯对美国也是不利的。③ 应该把俄罗斯限定在弱而稳定的界限内,让俄罗斯变成美国实现对外政策的工具,而非竞争对手。第五,在国际安全及地区热点问题上还需要与俄罗斯保持有限的伙伴关系,或称"冷合作"。

---

① Motyl, A., Ruble, B., Shevtsova, L. Russia's Engagement with the West: Transformation and Integration in the Twenty-First Century [M], New York: M. E. Sharpe, 2005: 260-261.

② Mankoff, J., Eurasian Integration: The Next Stage [R/OL], Central Asia Policy Brief, 2013 (13). http://centralasiaprogram.org/archives/7516.

③ Motyl, A., Ruble, B., Shevtsova, L., Russia's Engagement with the West: Transformation and Integration in the Twenty-First Century, New York: M. E. Sharpe, 2005: 260-261.

事实上，美方仍旧认为俄罗斯是其地缘政治对手，尽管不能过分地把欧亚经济联盟看作"新苏联"的复辟，那也得保持警惕①，防止俄罗斯"重新崛起"及把欧亚经济联盟打造成反美政治集团。美国可能采取的措施有：一是继续介入欧亚事务，不能把这一地区拱手让给地缘政治经济竞争对手——俄罗斯和中国；二是整合多部门力量，制定出系统的欧亚战略；三是加强与中亚、外高加索及东欧地区中小国在外交、政治、经济等领域的双边关系，保持与这些国家的良好沟通状态；四是充分利用国际多边机制，推动欧亚地区政治经济自由化；五是利用公共外交手段，推广美国"软实力"；六是一定程度上默许欧亚经济联盟框架内的经贸一体化，夯实市场经济基础，发展独联体国家经济，这有利于强化地区局势稳定。② 这对美国有利，但是美国坚决反对欧亚经济联盟"政治化"，防止其最终成为反西方的政治、军事联盟。

迄今为止，在官方层面，美国对欧亚经济联盟的政策是模糊的，在正式文件中也未提及过此。但有一点是可以肯定的，那就是美国对俄政策的走向将会是对欧亚经济联盟政策取向的基石。在美国总统大选期间，俄罗斯政治精英多次对特朗普当选抱有一定期待，希望能在

---

① Mankoff, J. What a Eurasian Union Means for Washington：Putin's Attempts to Bolster Regional Ties Have Many in the West Concerned. http：//nationalinterest. org/commentary/what-eurasian-union-means-washington-6821.

② Cohen, A. Russia's Eurasian Union Could Endanger the Neighborhood and U. S. Interests, The Heritage Foundation：Backgrounder, 2013（2804）. https：// www. heritage. org/europe/report/russias-eurasian-union-could-endanger-the-neighborhood-and-us-interests. Mankoff, J. What a Eurasian Union Means for Washington：Putin's Attempts to Bolster Regional Ties Have Many in the West Concerned. http：//nationalinterest. org/commentary/what-eurasian-union-means-washington-6821. Братерский, М. В., Политика США в отношении постсоветской интеграции［J］, США и Канада：экономика, политика, культура, 2013（6）：2–17.

特朗普任期内实现俄美关系缓和。从俄罗斯的角度看，不管特朗普是保守主义者还是自由主义者，其执政思想的理念内核是实用主义，即重点关心国家利益、现实利益，而民主价值观则退居二线。俄罗斯学者巴乌诺夫指出，普京和特朗普之间可以建立起类似于普京与贝卢斯科尼之间的亲密伙伴关系。但事与愿违的是，特朗普就职后，俄美关系并未出现实质性缓和，反而在"通俄门"和追加经济制裁条件下，俄美关系更加举步维艰。

除了俄美关系本身以外，美国对俄罗斯政策的另外两个重点是中东地区局势管控和欧洲安全问题。一是中东局势管控问题。俄科学院东方学研究所阿拉伯与伊斯兰研究中心主任库兹涅佐夫（В. Кузнецов）认为，首先，为解决叙利亚危机，美国需要与俄对话。与希拉里对叙利亚采取强硬措施、建立禁飞区不同，特朗普至少不会进一步激化叙利亚危机。其次，重构与阿拉伯盟友关系，特朗普志在必得。奥巴马与俄罗斯的战略伙伴——伊朗——走近引起了美国中东传统盟友（如沙特）的不满，修复与中东传统盟友关系，并在中东地区获得俄罗斯支持而非阻力是特朗普的政策目标。再次，美国从中东地区抽身是大势所趋，大规模干涉行为出现的可能性不大，但是其依然不放弃主导中东地区秩序的重构。二是欧洲安全问题。该问题是冷战及冷战结束以来俄（苏）美之间老问题，也是当前俄美欧三边关系的核心所在。从俄罗斯角度来看，改善与欧美关系是关乎其现代化发展、维护国家安全的题中之义；从美国角度来看，欧盟始终是其推进欧亚大陆战略的前哨战、桥头堡，携欧制俄思想依旧占主导；从欧盟立场看，同时改善对俄、对美关系是强化其在国际政治中分量和改变"经济巨人、政治矮子"尴尬局面的必经之路。

三 是敌还是友——对俄美关系的深层思考

就目前而言，虽然美国对俄罗斯及欧亚经济联盟有一个宏观的考量与判断，但是缺乏具体的应对之策。然而，有一点是可以明确的，那就是俄美关系将决定美国对欧亚经济联盟的态度，俄美关系的变化是美国发展与欧亚经济联盟关系的基础。那么当下美国对俄态度如何？俄美关系有什么特点？俄美关系能否成为美国与欧亚经济联盟关系的基础呢？

（一）美国国内缺乏对俄美关系的统一认识，没有制定出长期的对俄战略，"美攻俄守"的总体态势在短期内不会改变

自俄罗斯独立以来，俄美关系共出现四次高潮期、三次低谷期。第一次高潮期是 20 世纪 90 年代初美国老布什和俄罗斯叶利钦执政时期。这一时期俄罗斯刚刚独立，美国在俄罗斯国内政治经济改革中发挥着重要作用。此外，在推动乌克兰、哈萨克斯坦等国去核化以及维护后苏联空间安全稳定上，俄美两国立场高度一致。俄（苏）美两国于 1991 年 7 月签署了《削减和限制进攻性战略武器条约》。这一时期被称为"蜜月期"。第二次高潮期是在 20 世纪 90 年代中期，为了防止俄共崛起，巩固苏联解体的"胜利果实"，美国克林顿政府支持叶利钦获得大选，再次成为总统。第三次高潮期出现在美国遭"9·11"恐怖袭击事件之后。俄罗斯总统普京第一时间电联美国小布什总统，并提出向美国开放俄领空，支持阿富汗反恐战争，俄美结成"反恐同盟"。第四次高潮期也就是美国奥巴马总统和俄罗斯梅德韦杰夫总统主导的关系"重启"时期。俄美关系"重启"的最大功绩在于签署了新版《削减和限制进攻性战略武器条约》，在经贸与反恐

领域的合作也有所突破。

第一次低谷期是从 20 世纪 90 年代中后期到 2001 年 "9·11" 事件爆发之前。这一时期美国加紧对东欧前社会主义国家的渗透，积极填补苏联解体后出现的权力 "真空"，在东欧地区加紧北约东扩，排斥俄罗斯在东欧的传统影响力。在 1999 年科索沃战争中，以美国为首的西方获得胜利，俄罗斯影响力在巴尔干及整个东南欧地区进一步被边缘化。第二次低谷期是 2003 年至 2008 年底。这一时期以美国为主导的西方势力继续东进，从东欧渗透到独联体地区，推进北约东扩，扶植反俄集团 "古阿姆"，导演 "颜色革命"，干预俄罗斯内政，指责普京打击国内寡头，试图在俄掀起 "白桦树革命"（亦称 "白色革命"）。作为应对，俄罗斯提出 "主权民主"，加紧推进在独联体地区的政治、军事、经济一体化，2007 年，普京在慕尼黑发表演讲，与西方正面唇枪舌剑，2008 年爆发俄格冲突。第三次低谷期是从 2012 年至今。普京第三次当选总统后力推欧亚一体化，反制西方渗透。美国则进一步指责俄罗斯国内的人权、民主等问题，制造 "马格尼茨基事件"，最终俄美双方围绕乌克兰问题而彻底交恶。

通过以上梳理，我们可以得出两个基本结论：第一，在美国不介入俄罗斯传统势力范围、不干预俄罗斯内政时，两国关系发展较为平稳，尤其在处理两国共同关切的国际事务上容易达成合作；第二，俄美关系在高潮与低谷之间呈 "钟摆效应"，双边关系中稳定机制缺失。应当说，在当代大国关系中，与中美、中俄、俄欧、欧美等关系相比，俄美关系相对脆弱。从美国方面看，其中一个重要原因是：美国国内政治精英在对俄关系上立场不一致，时常转换。目前，美国国会在对俄政策上主要分两派：一派认为美国应该与俄罗斯加强在共同关切领域的合作，避免染指俄罗斯国内政治，让俄美关系与俄罗斯国内问题脱钩；另一派则认为，美国应该把对俄关系与俄罗斯国内政治发展相结合，制止俄罗斯朝威权体制方向继续发展。① 当前者占主导地位的时候，美国对俄政策多倾向寻找共同利益点，推进务实合作；而当后者处于上风的时候，美国时常指责俄罗斯内政，积极向俄罗斯特殊利益地区挺进，从而引起俄罗斯强烈反弹。对俄政策认识上的摇摆自然影响到了外交实践。在实践中，美国总是在干涉和不干涉俄罗斯内政之间，在挤压俄罗斯地缘战略空间和与俄罗斯寻求合作之间徘徊，② 因此，美国缺乏对俄罗斯系统的宏观大战略，③ 但"美攻俄守"的总体态势是明朗的，并在短期内无法改变。

（二）俄美关系结构固化，"重"地缘政治、军事安全领域的博弈，"轻"经贸联系等领域的合作

二十多年来，俄美两国关系的进展始终停留在削减核武器，防止大规模杀伤性武器扩散，地缘政治博弈（阿富汗问题、伊朗问题、叙利亚问题、欧洲安全问题等），反恐合作等领域。"俄美关系至今还是政治军事型的……像过山车一样大起大落，实际上只是彼此徒劳无益地清点导弹数量。"④ 俄美经济合作长期处于低位状态。根据2014 年美国发起对俄制裁前美国商务部统计，2013 年俄美商品贸易

---

① Stent, A., The Limits of Partnership：U. S. -Russian Relations in the Twenty-First Century [M], Princeton：Princeton University Press, 2014：255-258.

② Motyl, A., Ruble, B., Shevtsova, L., Russia's Engagement with the West：Transformation and Integration in the Twenty-First Century [M], New York：M. E. Sharpe, 2005：260-261.

③ 2012 年 4 月 26 日美国国家安全委员会俄罗斯事务主任（2004～2007 年）托马斯·格雷厄姆（Thomas Graham）在俄罗斯莫斯科国际关系学院的演讲。

④ Злобин, Н., Военно-политическая дружба США и России. Ведомости, 26 марта 2012.

总额为 382. 302 亿美元，其中美国向俄罗斯出口额为 111. 445 亿美元，从俄罗斯进口额为 270. 857 亿美元①。对俄贸易在美国对外贸易总额中比重极低，仅占 1%，在对外贸易伙伴中俄仅排第 24 位②，而且贸易结构也十分单一，主要集中在自然资源、机械设备、农产品等领域。我们可以与欧俄、中俄贸易做一个比较。2013 年欧盟与俄罗斯商品贸易总额为 3264 亿欧元，其中欧盟从俄罗斯进口额为 2069 亿欧元，向俄罗斯出口额为 1195 亿欧元③；2013 年中俄贸易额为 531. 73 亿美元。④ 欧盟在俄罗斯对外贸易中的比重为 42. 6%，为俄罗斯第一大贸易伙伴，中国占 16. 9%，排第二，美国仅占 5. 2%。⑤

应该说，地缘政治、地区问题、传统安全等高级政治领域是俄美关系的主要内容。由于俄美双边经济相互依存度低，两国关系发生动荡的经济成本较低。俄美战略界一致认为，俄美关系不能用好和坏来评价，而只能用稳定与否来衡量。这里的"稳定"指的是俄美两国在地缘政治、军事战略，甚至意识形态上的均势，维系这种均势是俄美两国冷战结束以来相互博弈的焦点。

---

① U. S. trade in goods with Russia（2013）. http：//www. census. gov/foreign-trade/balance/c4621. html.

② Внешняя торговля России с США. http：//www. ved. gov. ru/exportcountries/us/us_ru_relations/us_ru_trade/.

③ European Commission, EU-Russia "Trade in Goods" Statistics. http：//ec. europa. eu/trade/policy/countries-and-regions/countries/russia/.

④ Российский статистический ежегодник（2014）：Внешняя торговля Российской Федерации со странами дальнего зарубежья. http：//www. gks. ru/bgd/regl/_13/Isswww. exe/Stg/d04/26-09. htm.

⑤ Российский статистический ежегодник（2014）：Внешняя торговля Российской Федерации со странами дальнего зарубежья. http：//www. gks. ru/bgd/regl/_13/Isswww. exe/Stg/d04/26-09. htm.

（三） 俄美在战略定位、综合实力、外交资源等方面存在 "不对等"

俄美关系中存在战略定位、综合实力及外交资源等方面的结构性失衡，这也是影响美国对欧亚经济联盟态度的重要因素。

首先是战略定位。在美国对外战略定位中，俄罗斯是重点，但不是优先。苏联解体后的二十余年来，美国视俄罗斯为"被击败的对手"，没把俄罗斯定为平等的合作伙伴。[①] 在对俄关系上，美国往往是居高临下，对俄罗斯采取挤压、遏制的策略。尽管如此，美国决策层清楚地认识到，俄罗斯是维护中东地区稳定、解决伊朗核问题及阿富汗问题的伙伴，甚至是制衡中国发展的有利杠杆。乔治城大学俄罗斯研究中心主任斯腾特（Angela Stent）总结道："在美国外交战略中俄罗斯处于第二梯队，但俄罗斯是美国外交第一梯队问题的重要伙伴，俄罗斯是美国实现对外政策目标的重要工具。"在地区战略层面，独联体地区并不是美国外交战略的优先。在2015年的《美国国家安全战略报告》中，美国地区战略优先排序依次为：亚太、欧洲、中东与北非、非洲、美洲。文件中没有涉及美国对独联体地区战略，更没提出对欧亚经济联盟的政策安排。在2017年的《美国国家安全战略报告》中，美国对外战略优先排序为印太、欧洲、中东、南亚与中亚、西半球、非洲。在这版安全战略中，俄罗斯的战略重要性有一定提升，但仍未到第一梯队层次。美国学界普遍认为，美国大规模进入中亚与外高加索地区很大程度上是阿富汗反恐战争的需要。随着美国与北约武装力量逐步撤出阿富汗，中

---

① Stent, A., The Limits of Partnership: U.S.-Russian Relations in the Twenty-First Century [M], Princeton: Princeton University Press, 2014: 255-258.

亚—外高加索地区在美国外交中的地位将进一步边缘化。亚太（应
对中国快速发展）、中东（对抗极端主义势力）与欧洲（与欧盟传统
盟友关系）才是决定美国未来全球领导地位的战略前沿地区。除了
俄罗斯，在美国国务院一般只由一名助理国务卿或副国务卿来负责其
余后苏联空间国家的事务。①

　　在俄罗斯对外战略排序中，美国既是重点，也是优先。俄罗斯不
认为自己是冷战的失败者，在俄美关系中强调平等、互利的互动模
式。在 2000 年版、2008 年版及 2013 年版的《俄罗斯联邦对外政策
构想》中，俄罗斯都把俄美关系定位为维护国际安全及地区局势稳
定的支点，急切希望双方能在经贸、人文等务实领域扩大合作，夯实
双边关系物质基础。2008 年的《俄罗斯联邦对外政策构想》提出建
立统一的欧洲—大西洋地区，实现"从温哥华到符拉迪沃斯托克"
的跨地区整合，把俄—美—欧关系定位为除独联体地区外的外交优先
方向。② 2013 年的《俄罗斯联邦对外政策构想》重申了俄罗斯欲构
建欧洲—大西洋地区的意愿，把加强俄美双边对话定为俄罗斯对外政
策的长期优先。③ 尽管近年来俄罗斯对外政策有明显"东倾"趋势，
加强了与中国、越南、韩国、印度等亚洲国家的关系，然而，在俄罗
斯外交战略排序中对欧美关系仍旧处于优先位置。普京曾直言，俄罗
斯承认美国是当今世界唯一的超级大国，但不认可美国对俄罗斯

---

① Starr, S. F., Cornell, S. E., Putin's Grand Strategy: The Eurasian Union and Its
　　Discontents [M], WashingtonD. C.: SAIS, 2014.

② Концепция внешней политики Российской Федерации (2008). http: //
　　www. kremlin. ru/acts/news/785.

③ Концепция внешней политики Российской Федерации (2013). http: //
　　www. mid. ru/foreign_policy/official_documents/-/asset_publisher/CptICkB6BZ29/
　　content/id/122186.

"地区大国"的定位。①

其次，俄美两国综合国力相差悬殊。在冷战年代，虽然苏联国力不及美国，但也是世界综合国力第二强国。苏联雄踞欧亚大陆，自然资源丰富，工业底子厚实，军事实力强大，是当时世界上唯一能与美国相抗衡的超级大国。苏联解体后，无论是独立初期，还是处于复兴期的俄罗斯都不能与美国同日而语。多年来国内生产总值（GDP）仅占美国的10%左右，2014年俄罗斯的军费开支仅为美国的12%。在西方制裁、石油价格暴跌以及自身经济结构缺陷等"三座大山"的重压下，在未来若干年内俄罗斯经济发展仍将处于低迷状态，俄美两国综合国力可能会更加悬殊（表4-2）。

表4-2　2010~2016年美国与俄罗斯国内生产总值对比

单位：万亿美元

国家 \ 年份	2010	2011	2012	2013	2014	2015	2016
美国	14.964	15.518	16.155	16.692	17.393	18.121	18.624
俄罗斯	1.525	2.052	2.21	2.297	2.064	1.366	1.283

资料来源：根据世界银行数据整理，https：//data.worldbank.org.cn/indicator/NY.GDP.MKTP. CD？locations=RU-US，2016-07-11。

最后，俄美两国所掌握的外交资源也不平衡。除了军事实力、综合国力、外交能力等"硬"外交资源外，美国还掌握能够影响俄罗斯社会及内政的"软"外交资源。对俄罗斯而言，美国因素既是外交，也是内政。长期以来，以美国为首的西方国家通过非政府组织（NGO），直接或间接支持俄国内反对派，制造社会杂音，干涉

① Концепция внешней политики Российской Федерации（2013）. http：//www.mid.ru/foreign_policy/official_documents/-/asset_publisher/CptICkB6BZ29/content/id/122186.

俄罗斯内政。除此之外，美国的教育、语言、科技等"软实力"产品也备受俄罗斯年轻一代青睐。与之相反的是，俄罗斯在美国国内政治中缺乏院外力量，难以把俄罗斯的意愿直接、准确地传递进美国国会，缺乏"软"外交资源。为了抵消"软"外交资源上的不对称，俄罗斯限制美国非政府组织在俄境内活动。2015 年 7 月，俄罗斯最高检察院禁止了美国国家民主基金会在俄境内的一切活动。

（四）美国的俄罗斯及欧亚问题研究队伍出现萎缩

近年来，美国对俄罗斯与欧亚问题研究的支持力度下降，科研队伍出现萎缩。二战后，美国掀起了研究苏联问题的热潮，哈佛大学戴维斯研究中心、哥伦比亚大学哈里曼研究所都是在这个背景下成立的。在冷战年代，苏联问题研究在美国各大高校和科研机构里是一门显学，俄语也是热门外语。苏联解体后，美国对俄罗斯及欧亚地区的研究热度大减，许多高校甚至取消了俄语专业。根据美国教育部数据统计，1971 年在美国各类高校中授予了 715 个俄罗斯语言文学专业文凭，1991 年为 593 个，2011 年仅为 340 个。[1] 与此同时，美国政府也削减了对俄罗斯与欧亚问题研究的资金支持。国会图书馆直属的开放世界领导项目的预算从 1999 年的 1400 万美元，削减到 2014 年的 800 万美元。[2] 在非政府基金中，除了卡内基国际和平基金会保留对俄罗斯问题研究的全额资助，其余基金会或取消，或大幅削减了资助。如福特基金会自 2009 年起取消了对俄罗斯问题方向的研究资助；麦克阿瑟基金会自 2011 年起对俄罗斯问

---

① Yalowitz, K., Rojansky, M., The Slow Death of Russian and Eurasian Studies. http：//nationalinterest. org/feature/the-slow-death-russian-eurasian-studies-10516.

② Yalowitz, K., Rojansky, M., The Slow Death of Russian and Eurasian Studies. http：//nationalinterest. org/feature/the-slow-death-russian-eurasian-studies-10516.

题的研究资助减半，并停止对高校相关专业的资助。① 其后果是，美国的俄罗斯及欧亚问题研究队伍出现萎缩，俄语语言人才匮乏，缺乏中生代力量，科研梯队出现断档。目前美国的俄罗斯问题专家大多是二三十年前培养出来的。学科建设倒退和人才队伍缩水都不利于美国外交决策部门准确掌握俄罗斯及欧亚地区情况，将对美国的欧亚战略产生消极影响。

另外，目前美国的俄罗斯及欧亚问题科研人员知识结构单一，缺乏跨学科背景的专家，专家大多具有历史学和政治学背景，地缘政治、大国关系是他们的惯用视角。他们看到了俄罗斯重新整合后苏联空间的意图、手段及政治影响，却很少从经济、文化、社会等视角来看欧亚经济联盟成立的历史和现实必然性。正如一位美国学者告诉笔者："地缘政治，地缘政治，还是地缘政治，华盛顿的俄罗斯问题专家只会用地缘政治思维来看俄罗斯。" 通过笔者观察，在今天的美国智库里，"反俄主义""反普京主义"的保守主义立场占主流，就算是对俄罗斯的做法持"理解"态度的自由主义智库也警惕地看待俄罗斯主导的后苏联空间一体化。

四　结语

综上，美国是欧亚经济联盟继续发展的不可忽视的外部因素之一，与美国的关系在很大程度上决定着欧亚经济联盟与西方关系的走向和质量。从美国角度看，欧亚经济联盟应成为美国欧亚战略的工具，而非俄罗斯再次崛起的跳板。密切关注、静观其变、不急于过早

---

① Yalowitz, K., Rojansky, M., The Slow Death of Russian and Eurasian Studies. http://nationalinterest.org/feature/the-slow-death-russian-eurasian-studies-10516.

直接接触是短期内美国对欧亚经济联盟政策的基调。不得不说，在大国关系研究中，俄美关系是个老话题，却又常谈常新。俄美关系中的欧亚经济联盟因素，以及中俄共建欧亚经济伙伴关系进程中的美国因素值得进一步挖掘，深入探讨。

第五章
中国学界对欧亚经济联盟的研究与思考

　　2011 年普京提出建立欧亚经济联盟构想，得到了哈萨克斯坦和白俄罗斯领导人的一致支持。2011 年，三国领导人联合发表《欧亚经济一体化宣言》，正式宣告欧亚一体化进程从关税同盟阶段进入统一经济空间阶段。2012 年普京再次当选俄总统以来，把推动后苏联空间一体化、建立欧亚经济联盟视为自己在未来总统任期内的一项重大外交谋划[①]，以此实现俄"欧亚强国"梦的国家大战略[②]。推进欧亚一体化进程已经是俄白哈三国的对外战略优先方向。仅 2013 年，欧亚经济委员会最高理事会分别在阿斯塔纳、明斯克和莫斯科举行三次会晤，三国领导人进一步推动欧亚一体化进程，为 2015 年正式启动欧亚经济联盟奠定基础。

　　中国是后苏联空间的近邻，尤其是后苏联空间涵盖的紧邻中国西北地区的中亚国家，其战略意义自然不言而喻。苏联解体后，中国积极与后苏联空间新独立的国家建立外交关系，在双边及多边层面开展平等对话，在各个领域不断推进务实合作。后苏联空间一体化进程是中国学者研究欧亚问题的重点，中国学界高度重视新欧亚一体化的进

---

　　① 冯绍雷：《普京倡建"欧亚联盟"地区一体化前景可期》，《中国社会科学报》2011 年 10 月 20 日。
　　② 李兴：《普京欧亚联盟评析》，《俄罗斯研究》2012 年第 6 期。

程、特点及影响。笔者认为，能否应对好后苏联空间的新情况、新力量将关系到未来中国战略机遇期的质量，关系到中国进一步深化改革开放之大局。本章试图分析中国学界对欧亚经济联盟及新欧亚一体化的研究成果及主要观点，并进一步思考在欧亚地缘政治经济新环境下中国欧亚战略的走向。

一　中国学者眼中的欧亚经济联盟

普京提出建立欧亚经济联盟构想、在对外政策实践中主推欧亚一体化进程离不开时代大背景。首先，全球金融危机影响尚存，西方国家经济复苏疲软，尤其是欧盟仍身陷主权债务危机，世界经济发展前景仍然迷茫，这促使俄白哈三国联合"抱团取暖"，共渡难关。其次，如今欧亚大陆的西端已经处于发达水平（欧盟），东端中国正在快速发展，硬实力与软实力不断提升，这与欧亚中心地带的不稳定与不繁荣（中亚、外高加索地区）的状态形成鲜明对比。俄罗斯夹在两强之间，其南部周边安全环境不断受到挑战。在此条件下，俄罗斯不得不担负起联合欧亚中心地带的重任，发挥主导作用，带动本地区发展，建立起连接欧亚大陆两端的"纽带"。最后，俄罗斯正处于历史上不可多得的战略机遇期。从周边环境来看，笔者认为，2008年俄格战争是俄罗斯在后苏联空间态势转变的拐点，而2013年俄罗斯提出以"化武换和平"方案，在解决叙利亚危机中发挥了积极作用，是俄罗斯在欧亚中心地带态势转变的拐点。经过这两次转变，以美国为首的西方世界暂缓了干涉后苏联空间事务的步伐，认可了俄罗斯在后苏联空间及欧亚大陆的战略地位，更愿意在这一地区问题上与俄罗斯进行平等对话，共同解决危机，实现地区治理。从经济发展来看，俄罗斯经过21世纪头十年的积累，国力大增，步入新兴国家行列，在国际及地区经济合作上显得更为主动和自信（与土耳其、印度、越南、中国、韩国经贸关系均实现突破）。在这样的时代大背景下，俄罗斯提出建立欧亚经济联盟构想、积极推动欧亚一体化是恰逢其时。近年来，中国学者对欧亚经济联盟及新欧亚一体化研究急剧升温，学术成果不断涌现。这些成果的侧重点各有不同，归结起来主要涉及以下方面。

（一）俄罗斯提出建立欧亚经济联盟构想的战略目标

战略目标是战略的核心。阿莱·伯克认为，一种没有目标的战略不是真正的战略，充其量不过是一种牵制行动而已。[①] 然而战略目标又必须具有全局性、综合性。中国学者周丕启认为，在大战略领域，把问题分开处理，只能是一种战术思想而不是战略思想。[②] 正如毛泽东主席所言，"懂得了全局性的东西，就更会使用局部性的东西，因为局部性的东西是隶属于全局性的东西的"[③]。中国学者普遍认为，普京的欧亚经济联盟构想是综合性、整体性和全局性的国家大战略思想。

左凤荣认为，欧亚经济联盟是俄罗斯提升国际地位的战略依托及应对大国和国家集团挑战的重要工具。[④] 中国现代国际关系研究院研究员王郦久认为，俄罗斯欧亚经济联盟的战略内涵有三：第一，欧亚经济联盟应当是一个恢复俄罗斯传统文化影响力的人文联盟；第二，欧亚经济联盟应当是一个保障欧亚地区传统和非传统安全的联盟；第

---

① 〔美〕戴维·阿布夏尔、查理德·艾伦主编《国家安全：今后十年的政治、军事和经济战略》，世界知识出版社，1965，第1页。
② 周丕启：《大战略分析》，上海人民出版社，2009，第19页。
③ 《毛泽东选集》第1卷，人民出版社，1991，第175页。
④ 左凤荣：《欧亚联盟：普京地缘政治谋划的核心》，《当代世界》2015年第4期。

三，欧亚经济联盟是俄提升国际地位的战略依托及应对大国和国家集团挑战的重要工具。①

国务院发展研究中心研究员陆柏春认为，欧亚经济联盟构想体现了俄罗斯以下战略考虑：第一，重新整合独联体，拓展并恢复传统势力范围；第二，以欧亚经济联盟为依托，加大对亚太事务的介入；第三，重振大国地位，为俄成为多极世界中强大的一极做准备。②

北京师范大学亚欧研究中心主任李兴教授以俄美两国地缘战略比较为视角认为，21 世纪第二个十年伊始，俄美两国围绕欧亚大陆开始了新一轮的谋篇布局：俄罗斯借助欧亚经济联盟谋"欧亚中心局"；美国通过战略再平衡谋"欧亚周边局"。不同的是，美国的布局是伴随和配合美国军事上"重返"亚太而来的，是直接为美国"亚太再平衡"战略服务的，"欧亚经济联盟"则不具备这些特点。③华东师范大学俄罗斯研究中心主任冯绍雷进一步指出，普京所主张建立的欧亚经济联盟，目前还是更侧重于加强经济合作，主张以市场经济和民主观念作为建立这一合作的价值基础，然而从长远来看，显然包含着同欧盟和北美等地区既合作又竞争的色彩。④

上述研究表明，普京倡议的欧亚经济联盟决不会止于欧亚地区的经济一体化，它将朝着集政治、经济、文化、安全于一体的综合性国家联盟方向发展。以大战略视角看待俄罗斯欧亚经济联盟构想及欧亚一体化进程是中国学界的重要研究方向。

---

① 王郦久：《俄"欧亚联盟"战略及其对中俄关系的影响》，《现代国际关系》2012 年第 4 期。
② 陆柏春、宋余亮：《普京"欧亚联盟"战略成效和前景评估》，李凤林主编《欧亚发展研究（2013）》，中国发展出版社，2013，第 62~64 页。
③ 李兴：《普京欧亚联盟评析》，《俄罗斯研究》2012 年第 6 期。
④ 冯绍雷：《普京倡建"欧亚联盟"地区一体化前景可期》，《中国社会科学报》2011 年 10 月 20 日。

（二）俄罗斯推进新欧亚一体化进程，建立欧亚经济联盟的动力与阻力

以俄白哈关税同盟、统一经济空间为平台，新欧亚一体化程度逐步深化，涉及领域不断拓展。自 2010 年以来，俄白哈三国经贸合作实现快速发展。目前，欧亚一体化进程在组织机制及法律基础建设与扩员工作上同步进行，实现"两条腿"走路，积极筹备在 2015 年正式启动欧亚经济联盟。许多中国学者认为，经济因素是欧亚一体化进程能在短时间内实现显著成效的主要动力，具体而言主要有以下方面。

李兴教授在研究中指出[①]，首先，欧亚经济共同体等实践为欧亚经济联盟积累了经验和基础。其次，独联体国家经济潜能尚未完全挖掘，发展空间很大。最后，欧亚经济联盟与其他地区一体化机制不同的是，它并不直接建立在各成员国基础上，而是一环套一环的模式。它以俄白联盟加哈萨克斯坦构成，因此已经具有一定的机制规模。

上海国际问题研究院研究员李新认为[②]：第一，后苏联空间有实现一体化的客观要求，这是主要动因，具体而言，通过参与一体化进程，独联体国家一方面能建立起集体经济保护体系，另一方面能够恢复和保持苏联解体后中断的经济联系；第二，欧亚经济联盟是俄、白、哈三国领导人共同倡议的，不是俄唱的"独角戏"；第三，后苏

[①] 李兴：《普京欧亚联盟评析》，《俄罗斯研究》2012 年第 6 期；李兴：《亚欧中心跨区域合作体制机制比较分析："丝绸之路经济带"、欧亚经济联盟和"新丝绸之路"》，《人文杂志》2018 年第 9 期。

[②] 李新：《普京欧亚联盟设想：背景、目标及其可能性》，《现代国际关系》2011 年第 11 期。

联空间经济迅速发展和共同抵御全球金融危机的客观要求为实现地区一体化提供了时机。

中国社会科学院俄罗斯东欧中亚研究所王志远博士通过比较俄、白、哈三国对外经济发展目标得出结论[①]：虽然俄白哈三国有不同的目标模式，但指向了同样的方向，那就是促进经济一体化进程，并向着更高层次的区域合作组织前进。金融危机爆发后，俄罗斯经济局势的恶化强化了其整合中亚国家经济的内在动力，这样既能够提高其国际经济地位，又能为后危机时代的大国博弈做更加充分的准备。作为粮食出口和能源出口大国，哈萨克斯坦非常希望和俄罗斯联手，共同面对国际能源和粮食市场的波动，提高本国的国际话语权。白俄罗斯参加关税同盟，则是希望削减关税，扩大与俄罗斯和中亚国家的经贸往来，促进本国经济发展。

此外，我们还应该看到，俄、白、哈三国领导人之间高度的政治互信、共同的民主价值观也是推动一体化进程的积极因素。中国社会科学院俄罗斯东欧中亚研究所张弘博士认为[②]，尽管俄罗斯不承认自身在"民主政治"上与欧盟有差异，但其推行的"主权民主"不断受到西方的指责。在西方眼里，普京第三次当选总统就是对"民主政治"的挑战；白俄罗斯和哈萨克斯坦实行无限制的超级总统制，则表明两国政治制度中存在潜在系统风险。白俄罗斯和哈萨克斯坦从维护自身政治稳定出发，加入关税同盟，以期与俄罗斯一同回应来自西方的政治压力和挑战。

除了有利条件，中国学者还注意到了阻碍欧亚一体化进程的不利因素。

---

① 王志远：《从欧亚联盟看中亚国家的区域整合》，孙力、吴宏伟主编《中亚国家发展报告（2013）》，社会科学文献出版社，第 148~158 页。

② 张弘：《普京要建苏联 2.0 版》，http：//www.doc88.com/p-805243541896.html。

第一，俄罗斯本身的问题。俄罗斯是欧亚一体化进程的核心，其意志和能力是决定欧亚经济联盟能否最终建成并成功运作的关键因素。首先是经济能力。中国社会科学院俄罗斯东欧中亚研究所程亦军博士认为，俄罗斯经济增长乏力，自身财力难以支撑欧亚经济联盟，未来俄罗斯的经济发展存在很大的不确定性，在国际市场上面临前所未有的竞争，持续发展的动力明显不足，这是对实现后苏联空间一体化最根本的制约。① 山东大学俄罗斯问题专家黄登学博士认为，脆弱的能源资源型经济发展模式难以支撑俄的"大国地位"和世界一极的角色，未来俄罗斯欧亚经济联盟的设想能否顺利实现在很大程度上取决于俄罗斯能否由资源密集型、资源依赖型的经济发展模式转变为技术密集型、人才密集型的创新发展模式。② 其次是俄罗斯的"帝国"情结。俄罗斯是具有"帝国"情结的国家，视独联体为自己的"特殊利益范围"。为此，部分独联体国家仍对俄保持警惕，担心在与俄罗斯的深化合作中会丧失部分国家主权。

第二，后苏联空间中存在的地区问题。从经济角度看，独联体国家普遍经济社会发展水平不平衡，贸易结构不合理。可以说，目前在后苏联空间推动更高层次一体化的有利经济基础尚未形成，这严重制约欧亚经济一体化的推进。③ 从政治角度看，首先是独联体国家内部存在诸多矛盾在短时间内难以解决。④ 如领土纠纷、中亚水资源争

---

① 程亦军：《后苏联空间一体化前景黯淡》，《俄罗斯学刊》2013 年第 1 期。

② 黄登学：《俄罗斯构建"欧亚联盟"的制约因素》，《当代世界社会主义问题》2012 年第 4 期。

③ 李新：《普京欧亚联盟设想：背景、目标及其可能性》，《现代国际关系》2011 年第 11 期；李兴：《普京欧亚联盟评析》，《俄罗斯研究》2012 年第 6 期；王树春、万青松：《试论欧亚联盟的未来前景》，《俄罗斯研究》2012 年第 2 期。

④ 陆柏春、宋余亮：《普京"欧亚联盟"战略成效和前景评估》，李凤林主编《欧亚发展研究（2013）》，中国发展出版社，2013，第 62～64 页。

夺、跨界民族问题等。其次，独立二十多年来，后苏联空间的国家对外政策日趋成熟，都有自己的国家利益考量，都奉行多元的外交路线，俄罗斯并不是它们唯一的合作伙伴，中、欧、美等力量在其外交序列中的地位逐步攀升。如，乌克兰、土库曼斯坦、格鲁吉亚已不是独联体成员国，把加入欧盟定为其对外政策的优先方向；哈萨克斯坦和白俄罗斯在与俄罗斯积极推进经济一体化的同时，也与中国建立了战略伙伴关系，在诸多领域推进双边务实合作；美国则在中亚地区推出"新丝绸之路计划"，扩大在后苏联空间的影响力。最后，从人文关系上看，俄语作为俄罗斯与后苏联空间的国家维系传统历史文化联系的纽带正面临断裂的危险。① 在诸多独联体国家，俄语失去了官方语言地位，逐步沦为正式语言、民族间交流语言，甚至是外语。欧亚一体化进程三大火车头之一的哈萨克斯坦决定将哈萨克文字母从西里尔字母过渡到拉丁字母，推行国语拉丁化②就是明证。

第三，中国学者都认为，以美国为首的西方势力的干涉是俄罗斯推进欧亚一体化进程的主要外部阻力。③ 美国等西方国家自然不会坐视俄罗斯在后苏联空间重建自己的势力范围。苏联解体以来，以美国为首的西方世界，通过北约、欧盟双东扩，从东欧到外高加索，再到中亚，不遗余力地蚕食苏联遗留下的势力范围，挤压俄罗斯的战略空间，扩大其对欧亚中心地带的实际影响。美国前国务卿希拉里就认

---

① 黄登学：《俄罗斯构建"欧亚联盟"的制约因素》，《当代世界社会主义问题》2012 年第 4 期。

② http：//www. inosmi. ru/middle_asia/20121215/203384574. html。

③ 陆柏春、宋余亮：《普京"欧亚联盟"战略成效和前景评估》，李凤林主编《欧亚发展研究（2013）》，中国发展出版社，2013，第 62～64 页；王树春、万青松：《试论欧亚联盟的未来前景》，《俄罗斯研究》2012 年第 2 期；黄登学：《俄罗斯构建"欧亚联盟"的制约因素》，《当代世界社会主义问题》2012 年第 4 期。

为，普京将独联体国家整合为"欧亚经济联盟"和关税同盟的计划，是对该地区的"再苏联化"，美国将予以阻止。①

（三）新欧亚一体化与未来"欧亚经济联盟"对中俄关系、上海合作组织的影响

从地缘政治和经济的角度看，欧亚中心地带正在经历国际力量的重新组合，将对其周边产生深远影响。新欧亚一体化与未来"欧亚经济联盟"对中俄关系及上合组织的影响是中国学者关注的重点。中国学者普遍认为，俄罗斯推动建立"欧亚经济联盟"有利有弊。

有利的一面如下。其一，如果俄罗斯的"欧亚经济联盟"构想得以实现将有利于世界多极化的加速形成，这与中国推动世界多极化进程的做法不谋而合，同时"欧亚经济联盟"还可以增强抗衡美国的力量，减轻美国重返东亚对中国的压力。② 其二，中俄全面战略协作伙伴关系为中国与"欧亚经济联盟"的合作奠定了基础，中俄是全面战略协作伙伴而不是竞争对手，这一性质决定了中俄没有在独联体地区相互竞争的主观动机。如果出现分歧或问题，完全可在中俄两国对话机制中得到沟通与解决。因此，未来"欧亚经济联盟"对中俄关系基本没有影响。③ 其三，欧亚经济联盟要实现的一体化与上合组织从落实贸易和投资便利化到将来走向一体化的目标是完全一致的④，并且与上合组织构成

---

① 《普京抨击希拉里"胡说八道"》，《环球时报》2012 年 12 月 12 日。

② 陆柏春、宋余亮：《普京"欧亚联盟"战略成效和前景评估》，李凤林主编《欧亚发展研究（2013）》，中国发展出版社，2013，第 62~64 页；欧阳向英：《欧亚联盟——后苏联空间俄罗斯发展前景》，《俄罗斯东欧中亚研究》2012 年第 4 期。

③ 王郦久：《俄"欧亚联盟"战略及其对中俄关系的影响》，《现代国际关系》2012 年第 4 期。

④ 傅全章：《从地区经济一体化看上合组织与欧亚经济联盟发展前景》，李凤林主编《欧亚发展研究（2013）》，中国发展出版社，2013，第 165~175 页。

互补的平行关系①。只要两个组织本着共同担当保障本地区安全的责任和促进共同繁荣的义务，彼此间的合作潜力就会继续得到开发，合作前景也会越来越好。②

不利的一面集中体现在经济方面。首先，通过建立关税同盟，中国与关税同盟成员国的贸易关系可能会发生波动。③ 具体而言，可能在以下领域对中国与欧亚地区经贸合作产生直接或间接影响。其一，关税同盟内部形成统一市场，为成员国间相互投资提供了便利，但这增加了中国对该地区国家投资的难度和风险。其二，关税同盟以俄罗斯现行《海关法典》为蓝本，92%的贸易商品采用俄罗斯现行商品的进口税率，这也将增加哈萨克斯坦对华进口的进口税率，稀释了中国商品的价格优势。其三，关税同盟内部依然存在隐性投资壁垒和地方保护主义。④ 如欧亚经济委员会贸易部部长斯列普涅夫表示，欧亚经济委员会拟从2015年起实施关税配额制，拟在欧亚经济联盟协议的框架内修改并扩大保护措施清单，列入关税配额。⑤ 其次，部分学者认为，欧亚经济联盟与上合组织在地理范围和成员国上都有重合部分，俄罗斯、哈萨克斯坦均为上合组织和欧亚经济联盟的创始成员国，吉尔吉斯斯坦已加入欧亚经济联盟，塔吉克斯坦也有可能加入，参与新欧亚一体化进程，这将弱化上合

①　李兴：《普京欧亚联盟评析》，《俄罗斯研究》2012年第6期。

②　王郦久：《俄"欧亚联盟"战略及其对中俄关系的影响》，《现代国际关系》2012年第4期。

③　陆柏春、宋余亮：《普京"欧亚联盟"战略成效和前景评估》，李凤林主编《欧亚发展研究（2013）》，中国发展出版社，2013，第62~64页；王志远：《从欧亚联盟看中亚国家的区域整合》，孙力、吴宏伟主编《中亚国家发展报告（2013）》，社会科学文献出版社，2013，第148~158页。

④　许云霞、李钦：《中国对俄白哈关税同盟直接投资的影响因素分析》，《对外经贸实务》2013年第8期。

⑤　http：//kz. mofcom. gov. cn/article/jmxw/201311/20131100395531. shtml.

组织的经济功能。① 从某种程度上说，俄罗斯并不期望在上合组织框架内或主要在上合组织框架内推动欧亚地区经济一体化进程，因为在欧亚地区经济竞争中俄罗斯并不占优势。②

综上所述，中国学者对"欧亚经济联盟"评价总体上是乐观的。中国与"欧亚经济联盟"的利益总体来说是不冲突的，中国视欧亚经济联盟为地区性国际组织，是一个未来可以互联互通、深化合作的组织。在对欧亚一体化问题研究逐步深入的同时，笔者认为，中国学者在研究中存在两个缺失。第一，缺失多元化研究视角。从对目前研究成果的梳理来看，中国学者或从大国关系，或从地区间互动等宏观视角出发，对欧亚一体化进程进行整体把握，然而对俄白乌、俄哈跨境区域合作以及俄白哈三国在交通、通信、能源、移民等一体化核心问题的研究尚未深入涉足。第二是研究方法的缺失。研究方法是研究人员为实现研究目标所选取和使用的手段，不同研究方法的适用范围和解决具体问题的效力是不同的。③ 选取的研究方法的适当与否直接影响到最终结论的解释性和实用性效果如何。在研究欧亚一体化问题中，中国学者多选取实证主义的研究方法，通过摆事实、讲道理的方式推出相关结论，但结论往往比较单一，这不利于我们进一步挖掘欧亚一体化进程中更深层次的、更微观的细节问题。在今后的研究中，中国学者应该更加重视研究法方法的多样化，尝试用统计方法、案例分析、比较方法、跨学科方法等科学研究方法进行研究。

---

① 陆柏春、宋余亮：《普京"欧亚联盟"战略成效和前景评估》，李凤林主编《欧亚发展研究（2013）》，中国发展出版社，2013，第 62~64 页；王志远：《从欧亚联盟看中亚国家的区域整合》，孙力、吴宏伟主编《中亚国家发展报告（2013）》，社会科学文献出版社，2013，第 148~158 页。

② 李兴：《普京欧亚联盟评析》，《俄罗斯研究》2012 年第 6 期。

③ 阎学通、孙学峰：《国际关系研究实用方法》，人民出版社，2007，第 20~21 页。

二　新欧亚一体化背景下的中国欧亚战略应对

从帝俄时期的兼并扩张，到苏联对欧亚大陆中心地带的统治，再到俄罗斯推行欧亚一体化进程，可以说，俄罗斯一直以来都是欧亚中心地带命运的主导者，是名副其实的欧亚国家。如今的欧亚一体化进程及未来的欧亚经济联盟是中国西部周边的新力量中心，并将对中国西部周边地缘政治经济环境产生深远影响。因此，中国能否处理好与欧亚一体化进程和与欧亚经济联盟间的关系，从而在欧亚博弈的棋局上实现自己的欧亚大战略是学术及政策研究的重点，具有较强的理论性和现实性。在笔者看来，中国应从以下几个方面着手。

（一）确立"近中亚国家"定位

从地缘战略来看，中国属于陆海复合型国家。[1] 陆海复合型国家是既有陆疆又有海岸线的国家，海陆兼有的地缘政治特点决定了其会不同程度地受制于战略上的两难和安全上的双重易受伤害性。[2] 中国属于这类国家的典型代表。从国际政治经济格局来看，中国的定位是比较复杂的、多元的。我们要看到，改革开放 30 余年来，中国与世界的相互联系越来越紧密，尤其是与周边地区形成了较高的相互依存水平，经贸关系空前密切。党的十八大以来，以习近平同志为核心的党中央高度重视周边外交，把周边外交定为未来中国外交的优先方向。习近平总书记在首次召开的中央"周边外交工作会议"上指出：

---

① 邵永灵、时殷弘：《近代欧洲陆海复合国家的命运与当代中国的选择》，《世界经济与政治》2000 年第 10 期。

② 邵永灵、时殷弘：《近代欧洲陆海复合国家的命运与当代中国的选择》，《世界经济与政治》2000 年第 10 期。

"无论从地理方位、自然环境还是相互关系看，周边对我国都具有极为重要的战略意义。思考周边问题、开展周边外交要有立体、多元、跨越时空的视角。我国周边外交的战略目标，就是服从和服务于实现'两个一百年'奋斗目标、实现中华民族伟大复兴，全面发展同周边国家的关系，巩固睦邻友好，深化互利合作，维护和用好我国发展的重要战略机遇期，维护国家主权、安全、发展利益，努力使周边同我国政治关系更加友好、经济纽带更加牢固、安全合作更加深化、人文联系更加紧密。"① 因此，在地缘政治环境及国际格局中的宏观国家定位是我们制定国家发展大战略的基础认识，然而在具体周边外交的操作层面也需要确立周边的微观外交定位。制定并实施体现周边特色的具体周边战略，做到具体问题具体分析，使中国周边外交政策更符合周边国家的历史背景、现状特点及发展趋势，以有利于最大限度地维护国家利益。在此背景下，我们把中国定位为"近中亚国家"。

"近中亚国家"的含义是：中国不是中亚国家，但也不是外部国家，而是与中亚地区有着紧密的历史文化及政治经济联系的国家，是与中亚地区同呼吸、共命运的发展共同体和利益共同体。"近中亚国家"的定位主要基于以下几点。

第一，地理上相邻。中国西部地区与俄罗斯、哈萨克斯坦、吉尔吉斯斯坦、塔吉克斯坦、阿富汗接壤，中国新疆地区也坐落在亚洲大陆中心。

第二，历史文化联系密切。自公元前2世纪中国外交家张骞出使西域以来，中国与中亚国家联系密切，是欧亚国家间关系发展的重要组成部分。

第三，中国西部是未来中国地缘政治战略优先发展地区之一。

---

① 《习近平谈治国理政》第1卷，外文出版社，2014，第296~297页。

2012 年，北京大学国际关系学院院长王缉思教授以中国周边环境的新变化为背景提出"西进"思想。他认为，在美国战略重点"东移"、欧俄等"东望"之际，地处亚太中心位置的中国，不应将眼光局限于沿海疆域、传统竞争对象与合作伙伴，而应有"西进"的战略谋划，以实现地缘战略的再平衡。[①] 首先，中亚地区能源资源丰富，是中国最近的进口油气资源来源地，中亚地区的油气可不经过他国直接进入中国能源市场；其次，中亚地区"三股势力"依旧猖獗，中亚国家政局不稳定因素仍存，这对中国国家安全构成潜在威胁；最后，中亚是未来大国博弈的新平台，是中国参与地区治理、协调大国关系的新地区。

第四，西部是中国进一步推进开放政策，实现内陆开放、沿边开放的重点区域。中国改革开放走的是从东到西、从沿海到内陆的发展路径，在提升东部沿海地区开发水平的同时（如在上海建立自由贸易区），扩大内陆开放、沿边开放、向西开放是中国政府深化改革开放、实现经济发展模式转型的内在要求。李克强总理强调，内陆开发开放是中国未来发展的最大回旋余地，中国将坚持以开放促改革、促发展，在全面提升沿海开放、向东开放水平的同时，扩大内陆开放，加快沿边开放，鼓励向西开放。[②] 以此为基础，与周边国家及地区深化务实合作，加快自由贸易区实施进程，扩大贸易、投资合作空间，构建区域经济一体化新格局。

第五，西北周边地区一体化进程催生中国"近中亚国家"的外交定位。新欧亚一体化进程由俄主导、白哈为主力，于 2015 年建成

---

① 王缉思：《"西进"：中国地缘战略的再平衡》，《环球时报》2012 年 10 月 17 日。

② 《李克强：内陆开发开放是未来发展最大回旋余地》，http：//politics. people. com. cn/n/2013/0904/c1024-22808974. html；《李克强在首届中国—亚欧经济发展合作论坛上致辞》，http：//www. gov. cn/ldhd/2011 - 09/03/content _ 1939536. htm。

欧亚经济联盟。同时欧亚经济联盟扩员在即，亚美尼亚与吉尔吉斯斯坦加入一体化进程的路线图已敲定。笔者认为，当今欧亚一体化进程是由三个次地区一体化构成，即俄罗斯—东欧次地区一体化（白俄罗斯、乌克兰），俄罗斯—外高加索次地区一体化（亚美尼亚），俄罗斯—中亚次地区一体化（哈萨克斯坦、吉尔吉斯斯坦）。其中俄罗斯—中亚次地区一体化几乎涵盖中国的西北周边地区，对中国影响最为直接，机遇与挑战并存，然而机遇大于挑战。就机遇而言，俄白哈关税同盟、统一经济空间的建立为中国西部大开发提供了高度一体化的市场，中国商品及资本可以从西部出发，直接通过陆路，进入欧亚市场。自关税同盟成立以来，中国与关税同盟成员国贸易额逐年攀升，2012 年中国与关税同盟成员国进出口贸易总值为 1146 亿美元，成为关税同盟最大贸易伙伴国。[①] 在东部，中国已与东盟建立了战略伙伴关系，实现了中国—东盟关系发展的"黄金十年"。在西部，中国也希望强化西部周边外交工作，与关税同盟开展深度合作，努力打造欧亚繁荣带、稳定带、和谐带。挑战的一面是，任何一体化进程都会对一体化外的国家造成客观的贸易壁垒。可见，随着新欧亚一体化逐步推进，在中国西北周边将会出现一个新经济体，中国应及时调整外交策略，以"近中亚国家"定位，更积极地与欧亚一体化成员国开展经济对话，与欧亚经济联盟建立有效的合作平台。

"近中亚国家"定位是中国在理性认识自身宏观性国际定位的前提下，为在西部周边地区开展周边外交战略而提出的具体性、微观性定位，是中国对地理、历史、文化、宏观外交战略和国家内部发展需要及周边地区新形势等因素进行综合思考的结果。作为"近中亚国家"，中国应在以下几个方面下功夫。第一，中国应秉持"亲诚惠

---

① http：//kz. mofcom. gov. cn/article/ddgk/zwfengsu/201303/20130300057782. shtml.

容"周边外交理念，勇于承担应有责任，在地区重要问题上实施建设性介入，推进丝绸之路经济带建设，为地区稳定与繁荣做出贡献。第二，在能源与经贸合作不断扩大的今天，中亚地区仍然面临"三股势力"、阿富汗问题等因素的挑战，中国应奉行灵活的外交政策，适合用多边途径解决的问题就用多边外交，适合在双边层面解决的问题就用双边外交。在推动上海合作组织进一步发展和与"欧亚经济联盟"建立合作平台的同时，中国必须要进一步深化与哈萨克斯坦的永久全面战略伙伴关系，落实与乌兹别克斯坦、吉尔吉斯斯坦、塔吉克斯坦的全面战略伙伴关系和与土库曼斯坦的战略伙伴关系。总之，中国要以"多边套双边，双边推多边"的模式在中亚地区建立具有高度稳定性的多层次网络化外交格局。

（二）中俄关系是中国处理欧亚一体化及与欧亚经济联盟关系的要点

原因主要有两点。第一是中俄全面战略协作伙伴关系的性质。仅在 2013 年中俄两国元首就在不同场合举行过 5 次会晤，如此频繁的会晤在当今大国关系中实属罕见，这充分说明中俄全面战略协作伙伴关系的紧密性、重要性及优先性。2013 年 3 月在莫斯科，两国元首批准了《中华人民共和国和俄罗斯联邦睦邻友好条约实施纲要（2013~2016）》《中华人民共和国和俄罗斯联邦关于合作共赢、深化全面战略协作伙伴关系的联合声明》等重要文件，翻开了中俄全面战略协作伙伴关系发展的新篇章。中俄两国将相互支持各自的发展道路，在国际与地区问题上加强战略协作，在中国东北—俄罗斯远东地区、中国长江中下游—俄罗斯伏尔加河流域地区等区域层面扩大合作基础，进一步推动双边经贸合作多元化，推动人文交流蓬勃发展。总之，中俄全面战略协作伙伴关系在新的历史阶段将实现在各个纵向层次和横向领域的全面升级。可以说，中俄两国间的互动关系坚持不结盟、不对抗、不针对第三国，各种新问题甚至是挑战性因素都能在中俄全面战略协作伙伴关系的框架内得到磋商和解决。

第二是欧亚一体化进程的实质。当前欧亚一体化进程的结构由三个次地区一体化进程组成，俄罗斯是这三个次地区一体化进程的核心，也是纽带，商品流通、能源运输、移民去向、投资合作等或主要与俄罗斯发生关系，或过境俄罗斯与其他成员国实现互动。由此可见，欧亚一体化进程的实质是白俄罗斯和哈萨克斯坦以及亚美尼亚、吉尔吉斯斯坦与俄罗斯进行一体化的过程。因此，发展好对俄关系是中国处理与欧亚一体化及欧亚经济联盟关系的关键点。

（三）欧亚经济联盟可以与上海合作组织一起支撑起中国西部周边发展与安全战略

自 2001 年成立以来，上合组织以维护地区安全、推动区域经济合作为主攻方向，取得了积极成果。然而上合组织可以作为中国区域安全与发展战略的支撑平台之一，却不能作为中国支撑西北周边安全与合作的独立平台。[①] 首先，上合组织是新成立的国际组织，相关机制还不健全。其次，成员国的意愿存在明显差异。中国是中亚的邻国，在地区合作中把中亚国家视为平等伙伴；俄罗斯把中亚地区视为自己的"特殊利益范围"，在主观上具有排他性；中亚国家则夹在中俄之间，左右摇摆，实现自身利益最大化是其核心目标。最后，成员国对上合组织的依赖程度不同。中国对上合组织的依赖度要比俄罗斯

---

① 李兴、牛义臣：《上合组织为何不足以支撑中国西北周边安全战略》，《国际安全研究》2013 年第 4 期。

"区"，而丝路经济带是"带""片"。两者在欧亚区域的地理范畴也不完全一样，欧亚经济联盟主要集中在亚欧中心地带，丝路经济带则横贯亚欧大陆，包括欧亚东西两端、中心和周边。就区域反应来看，欧盟反对欧亚经济联盟，但不反对丝路经济带，因欧盟视前者为潜在的对手，视后者为可以合作的对象。乌克兰危机在某种意义上体现了欧亚经济联盟与欧洲联盟的竞争。从内容的性质来看，欧亚经济联盟有经济政治内容，经济一体化到一定程度就可能形成政治联盟，丝路经济带则主要是经济内容，不突出"政治带"，体现了经济上的自信、政治上的低调和求同存异。

从推力来看，欧亚经济联盟可以说是俄白哈三国领导人（普京、纳扎尔巴耶夫、卢卡申科）共同提出，以俄罗斯为主导，哈萨克斯坦、白俄罗斯为主力；丝路经济带由中国提出，但中国不谋求单一势力范围和领导地位。欧亚经济联盟主要局限于独联体，吸纳的成员国优先为独联体国家，并且都是转型国家，国家成员有限，俄罗斯为创始主导国，哈萨克斯坦、白俄罗斯为创始成员国，吉尔吉斯斯坦、亚美尼亚为参与国，塔吉克斯坦等为候选成员国，蒙古国、越南、印度、土耳其、叙利亚、埃及、安哥拉等可能成为外围联系国，欧亚经济联盟具有政治色彩，采用"抱团取暖"方式，取"防守"态势。丝路经济带连接欧亚，包括中国、独联体、中东、南亚、欧洲、北非，其中大多为发展中经济体，也包括发达经济体如欧盟，丝路经济带可以说是范围更广大而程度并不高的亚欧一体化，其目标是建立自由贸易区。丝路经济带是宏大的经济构想，倡导互利共赢，呈"扩张"态势。丝路经济带以上合组织为平台，以中国特别是中国西部为发端，以中亚、俄罗斯地区为核心，以欧洲为远端；欧亚经济联盟以独联体为平台，以关税同盟为核心。欧亚经济联盟侧重于法律机制、组织机制建设，丝路经济带侧重于协调机制、规则机制建设。在手段方面，欧亚经济

第七章

亚欧跨区域发展体制机制：中俄美比较

"丝绸之路"本身是个古老的话题，国内外都很关注。冷战后围绕它提出和实践的跨区域国际合作体制机制为数不少，其中影响较大的有中国倡议的丝绸之路经济带、俄罗斯主导的欧亚经济联盟和美国提出的"新丝绸之路计划"。鉴于当前中俄美三强在亚欧地区的重要影响力，将这三个体制机制进行比较分析具有一定的现实意义。[①]

一 丝绸之路经济带建设与欧亚经济联盟建设的对接合作：以中巴经济走廊为例[②]

自己一个人走可能走得快，大家一起走才能走得远。中俄两种体制机制良性互动，对接合作，互通互补，虽存在善意竞争，但更存在实现共赢的基础。

中巴经济走廊是中国"一带一路"在南亚的重大项目，投资巨大。据报道俄欲参与中巴经济走廊建设，包括瓜达尔港项目。有人表

---

① 李兴、〔俄〕阿·沃斯克列先斯基编著《亚欧中心跨区域发展体制机制研究》，九州出版社，2016。

② 李兴：《"丝绸之路经济带"与欧亚经济联盟：比较分析与关系前景》，《中国高校社会科学》2015 年第 6 期。

国家参与。丝绸之路经济带是中国发起，多国合力推动，包括俄罗斯，有中亚、中东、外高加索地区、中东欧国家参与。两者是中美俄三角关系博弈的新领域，在某种意义上反映了亚欧地缘经济政治的新变化。① 印度作为金砖国家和南亚—印度洋大国、新兴经济体，在两个倡议的考量中都扮演了重要角色，应发挥重要功能。

第六，两者的发展都不容易，掣肘因素多，都有不确定性。中美的丝绸之路各有千秋，也各有短板。美国的存量多，中国的增量大；中国有地缘近邻优势，美国有制度管理经验。美国原计划2014年从阿富汗撤军，但后来由于形势的发展（如阿富汗安全形势恶化、"伊斯兰国"的兴起）有变化。乌克兰危机、中东局势的变化也对中国的丝绸之路经济带建设带来一定的负面影响。

三　小结与思考

中国古人张骞两千多年前"凿空"西域，开辟丝绸之路，因此，丝绸之路经济带具有深厚的历史底蕴，植根于作为亚洲大国的中国与亚欧中心区域先天的地理、历史、文化、宗教的传统联系。而在地球另一端，历史上、文化上与丝绸之路没有关联的美国，其提出的"新丝绸之路计划"只是借用了"丝绸之路"这一概念，内容上与丝绸之路经济带不可同日而语。不能否认"新丝绸之路计划"也具有发展经济、提高民生、加强互联互通、打通出海口等积极作用的内容，但终究具有政治性，甚至投机性，只是美国连接中亚和南亚区域

---

① Ли Син, Братетский, Россия и Китай В Евразийской Интеграции: Сотрудничество или Соперничество, Москва-Санкт Петербург, 2015. 赵江林：《中美丝绸之路战略比较研究：兼议美国新丝绸之路战略对中国的特殊意义》，社会科学文献出版社，2015。

初期，金砖国家更多专注于提高发展中国家的发言权和代表性。但实践中，金砖机制更多体现为一个论坛性的对话机制和平台，缺乏有效的执行手段。基于中国在金砖机制中的实力和地位，"一带一路"可以成为金砖机制引领全球治理的重要抓手。

（一）金砖国家有意成为区域与全球治理的引领者

金砖国家是发展中国家中新兴市场国家的代表，具有一定的实力和重要的国际地位。金砖国家走到一起源于对 2008 年全球金融危机的矫正，期望推动国际金融机构改革，其诞生之时所关注的事务就是居于国际层面的内容。随着实力的提升和诉求的增多，金砖机制得到深化，建立起凝聚金砖国家力量的重要机制。其中，新开发银行（又称金砖银行）和应急储备安排是金砖机制建设的亮点，它们一方面是对全球金融治理的补充和完善，另一方面也是对目前全球金融治理存在问题的矫正，为发展中国家的经济发展提供了有力的保障。

在"逆全球化"的背景下，金砖国家和金砖机制的形成和发展无疑具有重要的意义。有研究机构认为："在孤立主义、民粹主义、恐怖主义和贸易保护主义日益抬头的背景下，经济全球化需要以金砖国家为代表的发展中国家作为新引擎，成为新型经济全球化的'发动机'。"① 金砖国家发出了引领全球治理的声音。② 全球治理概念的核心是多元协调，但全球治理长期以来都是西方主导，并不是真正意义上的全球治理。世界多极化是国际格局发展的趋势，它也意味着真

---

① 张胜：《加强金砖国家合作，推进新一轮经济全球化》，光明网，http：//theory.gmw.cn/2017-06/12/content_24763034.htm。

② 《杨洁篪国务委员在 2017 年金砖国家协调人第一次会议开幕式上的讲话》，中国外交部网站，http：//www.fmprc.gov.cn/web/zyxw/t1441030.shtml。

及中亚国家更大。俄罗斯与中亚国家除了上合组织，还有在经济上的关税同盟、统一经济空间以及独联体自贸区，在安全上有独联体集体安全条约组织。[①] 对俄罗斯及中亚国家而言，上合组织是与中国开展合作的平台，也是实现其对外关系多元化的方向之一。因此，上合组织必须以开放姿态，与欧亚经济联盟开展对话，弥补自身缺失，才能在中亚地区治理中发挥更积极的作用。

此外，互补性是上合组织与欧亚经济联盟加深合作的主要动力。在经济方面，吸引外资和推动经济现代化是关税同盟、统一经济空间成员国经济发展的优先方向。然而，俄罗斯、哈萨克斯坦、吉尔吉斯斯坦既是上合组织的创始成员国，又是关税同盟、统一经济空间成员国，拥有广阔的欧亚市场。在上合组织框架内开展多边经贸合作，尤其与中国发展双边经济互动、扩大外资吸引、通过欧亚一体化机制向统一经济空间地区扩展，符合它们的根本利益，也符合中国以"向西开放、内陆开放、沿边开放"为核心内容的开放政策的内在要求。在安全方面，独联体集体安全条约组织与上合组织在反恐和保障中亚地区安全方面是两套平行机制，两者相互交流，各有千秋，互为补充。集安组织有较为完备的军力配备和指挥系统，在应对局部突发事件时有较强的军事行动能力；上合组织更倾向于反恐信息情报合作及成员国双边和多边军事互动，以增强军事威慑力。[②] 我们相信，未来上合组织与欧亚经济联盟在维护地区安全与稳定领域将会有一系列务实合作的内容。

在此背景下，丝绸之路经济带建设与欧亚经济联盟建设对接合作

---

① 李兴、牛义臣：《上合组织为何不足以支撑中国西北周边安全战略》，《国际安全研究》2013 年第 4 期。

② 王郦久：《俄"欧亚联盟"战略及其对中俄关系的影响》，《现代国际关系》2012 年第 4 期。

是中国与欧亚经济联盟成员国战略与务实合作的主攻方向。关于两者间关系，中国学界普遍认为，丝绸之路经济带与欧亚经济联盟性质不同，前者是倡议，是追求多边互利合作的"软机制"；后者是国际组织，是推动区域经济一体化的"硬机制"；但两者之间有诸多利益共通点，存在互补互利、多赢共赢的基础。[1] 在如何实现有效的对接合作方面，代表性观点有：李新研究员提出以技术标准、投资贸易便利化为核心的"软环境对接"与以六大经济走廊、基础设施互联互通、产能合作为主要内容的"硬环境对接"相结合的对接路径；李建民研究员提出对接合作中的四大重点领域，即互联互通、电力、农业和金融；冯玉军教授强调，对接合作要按照 WTO 的规则规范双方的贸易，进一步打破显性和隐性的贸易壁垒，落实习近平主席提出的"五通"目标；柴瑜博士认为，对接合作的实现依赖于双方营商环境的改善和产能合作相关制度的保障；张宁研究员从实操层面提出，发展工业园区、加强基础设施合作、加强产能合作、加强金融合作、加强"走出去"与"引进来"力度是对接合作的基本路径。[2] 李兴进

---

[1] 李永全：《和而不同：丝绸之路经济带与欧亚经济联盟》，《俄罗斯东欧中亚研究》2015 年第 4 期；李兴：《"丝绸之路经济带"与欧亚经济联盟：比较分析与关系前景》，《中国高校社会科学》2015 年第 6 期；展妍男：《丝绸之路经济带与欧亚经济联盟的差异与对接》，《国际经济评论》2017 年第 4 期；李兴：《亚欧中心跨区域合作体制机制比较分析："丝绸之路经济带"、欧亚经济联盟和"新丝绸之路"》，《人文杂志》2018 年第 9 期。

[2] 李建民：《丝绸之路经济带、欧亚经济联盟与中俄合作》，《俄罗斯学刊》2014 年第 5 期；李新：《丝绸之路经济带对接欧亚经济联盟：共建欧亚共同经济空间》，《东北亚论坛》2016 年第 4 期；冯玉军：《论"丝绸之路经济带"与欧亚经济联盟对接的路径》，《欧亚经济》2016 年第 5 期；张宁、张琳：《丝绸之路经济带与欧亚经济联盟对接分析》，《新疆师范大学学报》（哲学社会科学版）2016 年第 2 期；柴瑜、王效云：《"丝绸之路经济带"与欧亚经济联盟的对接——基础、挑战与环境塑造》，《欧亚经济》2018 年第 5 期。

一步提出，在对接合作中应该遵循"3-Д"原则，即 Диалог（对话）、Действие（行动）、Доверие（信任）。①

我们知道，欧亚一体化进程及欧亚经济联盟是中国西部周边的大事件。大事件伴随着大机遇、大挑战，为了处理好与之关系，中国准确地把自己定位为"近中亚国家"，以中俄关系为重点，以多边互动为平台，走点面结合的路子，不断优化中国西部周边环境，提高战略机遇期的质量，维护好中国海外合法利益。

三　结语

总体而言，中国学者对欧亚一体化进程、建立欧亚经济联盟持乐观态度，愿意看到一个强大的新经济体出现在中国西部，这有利于维护中国西部周边安全，实现中亚地区稳定与发展，进而为中国西部大开发创造良好的外部环境。为了准确把握欧亚一体化进程的特点及未来走势，中国学者应做到研究视角及研究方法多元化，从宏观研究到微观研究，逐步深入，步步为营，扎实推进，为中国实施西部周边外交战略提供雄厚的智力支撑。

作为"近中亚国家"，发展与关税同盟及欧亚经济联盟的关系是中国西部周边外交战略的重中之重。中亚地区是俄罗斯的南部周边，是中国的西部周边，这个地区稳定与发展直接关系到中俄两国的周边安全环境。政治学理论认为，统治是为满足主体利益和需求而限制甚至牺牲客体利益和需求的事务、行为及其过程；管理是为满足主体与客体的共同利益和需求而限制主体和客体各自利益和需求的事务、行

---

① 2017年6月2日，李兴教授在中俄友好、和平与发展委员会主办的"中国和俄罗斯：新形势下的全面战略协作伙伴关系"学术会议上的发言。

为及其过程。① 俄罗斯主导的欧亚经济联盟与中国的丝绸之路经济带倡议可以互为补充，相互推动，给中亚国家提供更多的发展空间和选择，同时还要正确定位中亚国家，应视其为实现地区集体管理的主体，而非大国实现统治的客体，甚至争夺的对象。新欧亚一体化进程何去何从，或成或败，都值得我们进一步深入研究。

---

① 施雪华：《"服务型政府"的基本涵义、理论基础和建构条件》，《社会科学》2010 年第 2 期。

第二部分

中国和欧亚经济联盟：良性互动，互利共赢

第六章

丝绸之路经济带与欧亚经济联盟：
比较分析与关系前景

丝绸之路经济带（简称丝路经济带）与欧亚经济联盟作为一种地区经济合作倡议和地区经济一体化组织，既有很多相似之处，又各有不同之点，并且都还在实践、发展和变化过程中。本章对其特点和机制进行比较研究，进而对其相互关系及发展前景进行分析，条件还不是很成熟，得出的结论肯定会有不完善之处，权当抛砖引玉。

一 丝绸之路经济带与欧亚经济联盟相似之处

丝绸之路经济带与欧亚经济联盟提出的时间几乎相同，并经历了一个演变的过程。两者提出的背景有相似性。对俄而言，有北约、欧盟东扩以及 TTIP（跨大西洋贸易与投资伙伴协议，Transatlantic Trade and Investment Partnership）出台，从西边挤压俄罗斯；对中国而言，美国高调重返亚太，加强美日同盟，从东边对中国构成压力。两者都是欧亚地区广义的经济一体化、地区一体化方式之一，都以发展经济、提高民生为主要内容，具有地缘经济的因素。① 两者均有历史基础：对于中国来说，远有古丝绸之路，近有上海合作组织；对于俄罗斯来说，有沙俄和苏联时期统一国家的历史，有欧亚主义思潮的深远影响，以及独立国家联合体、欧亚经济共同体、集体安全条约组织的实践。从地域来看，两者均在亚欧中心地带——中亚和俄罗斯重合，其中，中国、俄罗斯、哈萨克斯坦、吉尔吉斯斯坦都是上海合作组织成员国，作为上合组织观察员国的有蒙古国、阿富汗、白俄罗斯、伊朗，以及一些与俄罗斯、欧亚经济联盟传统友好的国家，如越南、埃及等，同时它们也是共建丝绸之路经济带国家。从文明视角出发，两者均具有跨文明对话的性质，丝路经济带囊括儒家文化、伊斯兰教、印度教、东正教、天主教；欧亚经济联盟内有东正教、伊斯兰教、天主教。

从国家间关系来看，两者都具有大国与中小国关系的内容。如共建丝路经济带的中国与中亚、中东国家的关系；欧亚经济联盟内俄罗斯与哈萨克斯坦、白俄罗斯、吉尔吉斯斯坦以及亚美尼亚的关系。两者中既有 WTO 成员，也有非 WTO 成员。两者都有历史和现实基础，深受陆权思维的影响。从战略角度看，两者均是新时期中俄两国的欧亚政策，都是由最高领导人亲自提出来的，符合中俄两国的国情和国力，既不是全球性的，也不是国别性的，而是地区性、政府间的，是未来十年两国对外战略的主攻方向，也是两国经济外交和周边外交的重要组成部分，并且都有内外联通即发展交通基础设施互联互通的内容和特点。

两者的动力来源相似，都是由国家和政府主推。从推进方式来看，两者都是双边和多边方式并存、经济与安全双轨、历史与现实结

---

① Винокуров, Е., Либман, А., Евразийская континентальнаяинтеграция, СПб. ЕАБР, 2012; Воскресенский, А. Д., Мировоекомплексное регионоведение, М.: МАГИСТР, 2014.

合，两者都需要争取成员国民心和内部因素支持；都与上合组织、独联体、亚投行甚至金砖国家机制有关联；两者的建设都有利于贸易便利化，能促进亚欧合作和南南合作；都受到了交通基础设施、"三股势力"的掣肘；两者中俄罗斯、哈萨克斯坦、白俄罗斯、吉尔吉斯斯坦、乌克兰是重要环节，两者的发展都受到了乌克兰危机的负面影响。

从外部环境看，两者都面临来自外部因素的干扰与竞争，如美国的"新丝绸之路计划"、欧盟的"东方伙伴关系计划"、日本的"丝绸之路外交"、韩国的"欧亚计划"等。美国对两者均既不支持，也不看好，因为两者都被视为美国倡导的"新丝绸之路计划"的竞争对手，是对美国重返亚太以及推进"两洋战略"的对冲和抵消。两者的发展都与亚欧大陆桥、欧亚本身的发展息息相关。两国高层达成共识，两者要相互借重，相互补充，相互合作。同时，两者都有风险，包括经济、安全、政治方面的风险，都面临诸多挑战，都任重而道远。[①]

二　丝绸之路经济带与欧亚经济联盟的不同点

由于两者提出的背景、性质、目标、功能、推动者、参与者不同，其手段、范围、影响、受益者也不尽相同。欧亚经济联盟是普京于 2011 年第三次竞选总统时提出的，丝路经济带是 2013 年 9 月习近平主席访问哈萨克斯坦时提出的。丝路经济带的形成需要两个条件：一是交通技术水平特别是陆地交通技术水平的提高；二是世界经济重

---

① 参见 Александров, Ю. Г., Казахстан передбарьером модерни зации, М.: ИВРАН, 2013；王义桅：《"一带一路" 机遇与挑战》，人民出版社，2015。

心向亚太地区转移。如果说欧亚经济联盟是建立在传统的地缘经济、政治基础上的，是以传统的方式来谋求地区中心和强国的地位，那么丝路经济带则是以现代方式来追求共同发展、共同繁荣。

从机制上看，欧亚经济联盟是一体化机构，具有国际机制的特点，而丝路经济带实质上是"便利化"倡议，没有机制保障，所以具有一定的脆弱性、不确定性。两者机制基础不同。欧亚经济联盟是典型的国际组织，虽然是新兴的，其机制努力的方向是"硬机制"，包括法律机制、决策机制、组织机制，设有专门的、国际化的秘书处，队伍庞大、专业、正规；丝路经济带不是国际组织，不具备国际组织的"硬机制"，也不是实体，尽管在中国国家发展改革委内设有推进"一带一路"建设工作领导小组办公室，但它只能协调国内各部委、中央和地方的关系，规模小，只具有中国国内性质，因此，丝路经济带是具有一定灵活性的"软机制"。① 相比较而言，欧亚经济联盟工作的深度、难度比较大；丝路经济带工作的广度、容量比较大。

从历史上看，古丝绸之路以中国为重镇，经过中亚、中东而达地中海，以罗马为终点。古丝绸之路衰落的原因是近代以后海路和铁路的兴起。从资源和影响力来看，丝路经济带与欧亚经济联盟存在一定的竞争关系。就经济一体化的程度来看，欧亚经济联盟高于丝路经济带，欧亚经济联盟是国际组织和机制，丝路经济带是构想和倡议。从包容性来看，丝路经济带高于欧亚经济联盟，丝路经济带建设涵盖地域大于欧亚经济联盟，包括了欧亚经济联盟。共建丝路经济带包括俄罗斯、中亚，而欧亚经济联盟则不包括中国。从发展方向来看，欧亚经济联盟自北向南，丝路经济带自东向西，欧亚经济联盟是"块"

---

① 李兴、张晗：《"丝绸之路经济带"框架与东盟"10+8"机制比较研究》，《新视野》2015年第2期。

联盟以俄罗斯为主导和核心，经济与政治是联结的，倾向于从多边到双边，体现了俄罗斯作为一个传统大国的欧亚战略。丝路经济带倾向于经济与政治分离，中国愿意发挥支持、推动、引领作用，但不刻意追求主导地位，从双边到多边，倡导多元共生，共同推进，共商、共建、共享，合作共赢。相比之下，丝路经济带更开放、更大气、更长远，体现了中国的自信和担当。

丝路经济带与欧亚经济联盟的目标不同。欧亚经济联盟是经济力量和政治力量的整合和扩大，是以欧洲联盟为标准，以寻求成为世界经济政治的一极为目标，因而与欧洲联盟有竞争关系。丝路经济带是经济总量的扩大和质量的提升，是欧亚经济合作的平台。就过程而言，从俄白联盟到关税同盟，再到欧亚经济联盟，其间有欧亚经济共同体的实验，关税同盟是其基础；而使投资贸易便利化、加强经济技术合作、建立自由贸易区，是丝路经济带的三部曲。也就是说，建立自由贸易区是欧亚经济联盟的基础，同时也是丝路经济带的目标，丝路经济带的基础是互联互通。欧亚经济联盟体现了俄南向发展，方向大体是自北向南。丝路经济带则体现了中国的西向进取，发展的方向是由东向西，两者的交会点就在中亚和俄罗斯。

从内容来说，欧亚经济联盟是比较明确的，有程序化的路线图，而丝路经济带则比较灵活、务实，包括六大经济走廊。从日程来看，欧亚经济联盟有明确的时间表，而丝路经济带则有始无"终"，结束的时间并不明确，可长可短。

丝路经济带与欧亚经济联盟的功能结构不同。国家间经济合作主要涉及两个层面，即以能源、军工、高新技术等为核心的战略经济层面和以商品贸易、商业投资为主的市场经济层面。丝路经济带的功能结构主要表现为以战略经济层面合作推动市场经济层面合作，而战略经济领域合作的质量是建设丝路经济带的关键，能源合作是丝路经济带建设的突破口。欧亚经济联盟则是以市场经济层面合作为基础，进而实现成员国在战略经济领域的一体化，相互全面开放海关，采取统一关税，比如吉尔吉斯斯坦的务工者在欧亚经济联盟成员国内可以自由流动，不需要再受考试和配额等的限制。① 欧亚经济联盟的经济规则更具体、细致。现阶段，欧亚经济联盟的主要工作方向是以市场经济和 WTO 规则为基础，尽最大可能建立统一经济空间，在本地区实现商品、服务、人员与资本的自由流动。

欧亚经济联盟同时具有传统地区主义与新地区主义的特点。具体而言，欧亚经济联盟对内实行传统地区主义，建立关税同盟，取消内部市场壁垒，建立统一市场（这与历史上的欧共体类似）；对外则实行新地区主义，广泛推销欧亚中心地区市场，与外界建立自贸区，最大限度地扩大本地区商品的国际市场，反过来也为本地区发展寻找外力支持。然而在能源领域，欧亚一体化进展并不如意。俄哈都是能源指向型经济，油气出口是国家 GDP 的重要来源，能源企业在国家政治经济生活中的地位举足轻重。因此，相似的发展模式导致两国在国际能源市场上存在一定的竞争关系，这种竞争关系反过来又影响两国的一体化战略。在丝路经济带上，明显并存着世界上三个最丰富的产油区——中东、中亚、西伯利亚，以及世界第一大石油生产国、出口国，第一大天然气生产国、出口国，以及世界上主要的能源消费和进口大户，如中国、印度、欧盟国家，等等，这就存在着极大的合作互利空间。

欧亚经济联盟以主权国家为基本单位和行为体，主要是以整个亚欧中心为核心的一体化。丝路经济带是跨国别、跨地区、跨洲的，以

---

① 岳文良：《哈总统签署批准〈吉尔吉斯斯坦加入欧亚经济联盟协议〉》，人民网，http://world.people.com.cn/n/2015/0806/c157278-27422877.html。

地区为单位和行为体，一国内部不同区域都可参与。欧亚经济联盟涉足深，工作难度大；丝路经济带涉及面宽，工作量大。欧亚经济联盟有五个国家，覆盖约 3 亿人，主要在亚欧中心地带。丝路经济带涉及几十个国家，覆盖约 30 亿人，横贯亚欧的中心和边缘，陆海兼备，其面积、幅员、规模、挑战和风险都远远超过欧亚经济联盟。[①] 在民心工程、交通基础设施互联互通、理论建设和推广等方面，欧亚经济联盟有基础和优势，而丝路经济带基础比较弱，工作量大，并且复杂多变。

欧亚经济联盟成员曾经是一个共同的国家（沙俄和苏联时期），有共同的语言（俄语）和历史，有共同的交通基础设施、石油天然管线，曾有共同的货币（卢布），还有自由贸易区。丝路经济带有一定的历史基础，但现实联系要薄弱得多，包括多民族、多国家、多地区。欧亚经济联盟不包括中国，当然也就不包括新疆、青海和西藏。新疆反恐安全形势会极大影响丝路经济带建设，而对欧亚经济联盟则影响不大。

丝路经济带不是紧密型一体化合作组织，不会打破现有的区域制度安排。其实现途径主要是政策协调，具有高度的灵活性、开放性和包容性。[②] 丝路经济带要尽量避免"面条碗"效应，即各种相同功能的机构重合。欧亚经济联盟中各成员国关系则相对紧密。2014 年 9 月，俄罗斯国家杜马以 441 票赞成、无人反对的"前所未有力度"批准了《欧亚经济联盟条约》，该条约是俄罗斯总统、哈萨克斯坦总

① 王志民：《西南周边地缘态势与"南方丝绸之路"新战略》，《东北亚论坛》2014 年第 1 期；王志民：《建设南方"丝绸之路经济带"的地缘环境探析》，《当代世界与社会主义》2015 年第 1 期。

② 王海运、赵常庆、李建民等：《"丝绸之路经济带"构想的背景、潜在挑战和未来走势》，《欧亚经济》2014 年第 4 期。

统和白俄罗斯总统于 2014 年 5 月 29 日在阿斯塔纳签署的。根据该条约，三国的商品、服务、资金和劳动力将可以自由流动，并且三国将彼此协调经济政策。该条约经俄、哈、白三国议会批准后，已于 2015 年 1 月 1 日正式生效。

　　丝路经济带和欧亚经济联盟的配套措施不同，丝绸之路经济带与 21 世纪海上丝绸之路相辅相成，相互配套。总的来说，陆"带"在前，海"路"在后，陆海平衡，海权服务和服从于陆权。"一带一路"建设以中国邻国、亚洲国家为优先。如果说欧亚经济联盟有配套的话，那就是独联体集体安全条约组织。丝路经济带以上海合作组织为基础，包括其正式成员国、观察员国，以及伙伴关系国。欧亚经济联盟则是以独联体自由贸易协议区、关税同盟、欧亚经济共同体、集体安全条约组织成员国为基础。

　　欧亚经济联盟是地缘经济与地缘政治的统一。作为冷战后新成立的国际组织，欧亚经济联盟仍然采取传统方式，以谋求经济与政治一体以及势力范围、地区中心和强国地位。① 不过，欧亚经济联盟还是有贸易、投资、能源方面的刚性需求。② 丝路经济带采用的是现代方式，谋求共同发展，合作共赢，不谋求单一势力范围和领导地位。共

---

① А. И. Подберезкин, Россия и Евразия, Издательство МГИМО-Университе, 2013; SadikkRidvan Karluk and Suleyman CemKaraman, "Bridging Civilizations From Asia to Europe: The Silk Road", *Chinese Business Review*, Vol. 13, No. 12, 2014; Christopher A. Hartwell, "A Eurasian (or a Soviet) Union? Consequences of Further Economic Integration in the Commonwealth of Independent States", *Business Horizons*, No. 56, 2013; Ardak Yesdauletova and Aitmukhanbet Yesdauletov, "The Eurasian Union", *Trames*, No. 1, 2014; Maria Lagutina, "Eurasian Economic Union Foundation: Issues of Global Regionalization", *Eurasia Border Review*, No. 1, 2014; "Eurasian Union: A Utopia, a Dream or a Coming Reality?", *Eurasian Journal of Business and Economics*, No. 6, 2013, pp. 43–62.

② Golam Mostafa, "The Concept of 'Eurasia': Kazakhstan's Eurasian Policy and Its Implications", *Journal of Eurasian Studies*, No. 4, 2013, pp. 160–170.

建"一带一路"沿线各国的边界，不再是安全隔绝带、政治隔离带，而将成为投资、贸易、经济、金融接触带和合作带。传统的边界、海关安全和主权功能更多地让位于经济合作功能。

在融资方面，有丝路基金、亚洲基础设施投资银行、上合组织银联体、金砖国家新开发银行等，在资金方面显然中国比俄罗斯充足。中国为"一带一路"建设设计了总共 900 多个项目，项目资金达 8900 多亿美元。丝路经济带与俄罗斯直接相关，需要倚重俄罗斯，因为"一带一路"拟建中的六大经济走廊，与俄直接相关的有两个（中俄蒙、新欧亚大陆桥），间接相关的有一个（中国—中亚—西亚）。"一带一路"建设能否顺利推进，与亚欧金砖国家即中俄印关系甚大。中俄印之间的相互关系是推动丝路经济带建设的关键力量，金砖合作机制的形成是建设丝路经济带的强大助力。①

丝路经济带也可以说是中国推进对外开放并坚持和平发展、合作共赢理念的一种尝试和途径。

三 丝路经济带与欧亚经济联盟的关系及其前景

对于丝路经济带和欧亚经济联盟之间的关系，尤其是两者之间的竞争和矛盾，国内外学界有不少担心的声音。笔者认为，两者在资源、吸引力和影响力等方面确实存在一定的竞争关系，但两者不是零和博弈关系，而是正和博弈，其功能有重合、有交叉，更有互补、有互撑。

中俄两国高层在丝路经济带和欧亚经济联盟的相互关系上已经达

---

① 李兴、成志杰：《中俄印——亚欧金砖国家是推动丝绸之路经济带建设的关键力量》，《人文杂志》2015 年第 1 期。

成共识，这一共识为两者之间的和谐共处与合作奠定了政治基础。
2015 年 3 月，俄罗斯副总理舒瓦洛夫在中国博鳌亚洲论坛上宣布俄
罗斯加入中国主导的亚洲基础设施投资银行（亚投行），还表示愿意
在欧亚经济联盟的框架下同中国展开深入的合作。这虽然表明俄罗斯
还是坚持以欧亚经济联盟为主，并力图通过亚投行为欧亚经济联盟的
建设助力，但无论如何，俄罗斯在亚投行申请截止日期前宣布加入，
表明俄认同亚投行的规则和中国的主导地位。目前在亚投行中，中
国、印度、俄罗斯这三个亚欧金砖国家是前三大股东。俄方提出，欧
亚经济联盟实行开放政策，中国既是俄罗斯也是欧亚经济联盟的第一
大贸易伙伴。① 2015 年 5 月 8 日，习近平主席在莫斯科克里姆林宫同
普京总统举行会谈。双方商定，将丝绸之路经济带建设同欧亚经济联
盟建设对接，从战略高度以更广阔视野全面扩大和深化双方务实合
作，扩大相互开放，深化利益交融，更好地促进两国的发展和振兴，
拓展欧亚共同经济空间，带动整个欧亚大陆发展和稳定。两国元首共
同签署了《中华人民共和国和俄罗斯联邦关于丝绸之路经济带建设
与欧亚经济联盟建设对接合作的联合声明》（以下简称《联合声
明》），双方表示努力将丝绸之路经济带建设和欧亚经济联盟建设相
对接，确保地区经济持续稳定增长，扩大欧亚经济空间，加强区域经
济一体化，维护欧亚大陆的稳定与发展。《联合声明》还表示，要在
条件成熟的领域建立贸易便利化机制，建立专家学者对话机制，通过
丝路基金、亚洲基础设施投资银行、上海合作组织银联体等金融机
构，加强金融合作，通过中俄总理定期会晤等机制监督落实进程。②

---

① 周延丽、王兵银：《丝绸之路经济带与欧亚经济联盟对接的必要性和可行性》，
《欧亚经济》2015 年第 3 期。
② 《中华人民共和国和俄罗斯联邦关于丝绸之路经济带建设与欧亚经济联盟建设
对接合作的联合声明》，《光明日报》2015 年 5 月 9 日。

这就为中俄大规模的经济合作和"一带一路"建设扫除了政治障碍，提供了政治保障。当然，具体的合作事宜以及贯彻落实，要由各个职能部门和地方政府具体操作。这是一个长期的、复杂的、细致的多轮博弈和重复博弈的过程，需要建立在市场和机制、合作双赢和共同发展的基础上。

2015 年 7 月，在俄罗斯乌法举办的"双峰会"（金砖国家与上合组织"双峰会"）明确提出，俄罗斯是丝路经济带建设的重要枢纽，上合组织是丝路经济带建设与欧亚经济联盟建设对接的重要平台。哈萨克斯坦总统纳扎尔巴耶夫强调，"互信、互利、平等、协商、尊重多样文明、谋求共同发展"的上海精神已成为新欧亚大陆的象征。他认为，上合组织与欧亚经济联盟已为建立横贯两大陆的合作机制打下了良好基础，并表示："上合组织与欧亚经济联盟的横向结合、与金砖国家的纵向结合，将为经贸发展提供巨大动力，并将为本地区未来进一步联合提供可能。"① 2015 年 9 月 3 日，习近平主席会见来华参加纪念中国抗日战争暨世界反法西斯战争胜利 70 周年阅兵活动的俄罗斯总统普京时强调，中方发展中俄全面战略协作伙伴关系和扩大全方位务实合作的方针是坚定不移的；双方要扩大金融、投资、能源、地方合作，要制定好丝绸之路经济带建设和欧亚经济联盟建设对接合作的长期规划纲要，落实好合作项目。② 9 月 4 号，普京在俄罗斯符拉迪沃斯托克（海参崴）首届东方经济论坛全体会议上发表讲演时说，尽管当前亚太地区经济存在一些问题，但亚太地区依然是世界经济的火车头，是世界商品、服务贸易最重要的市场；加强同亚太

---

① 《哈总统："上海精神"已成新欧亚大陆象征》，中国新闻网，http：//www.chinanews.com/gj/2015/07-10/7397694.shtml。

② 《习近平会见普京　中俄签署二十余项合作协议》，中国新闻网，http：//www.chinanews.com/gn/2015/09-03/7505032.shtml。

地区相关国家的关系对俄具有战略意义，俄全球性资源基地的地位可以保障亚太地区国家经济更快增长。普京表示，2015年5月中俄两国决定推进欧亚经济联盟建设和丝绸之路经济带建设的对接合作，为推进欧亚一体化和亚太地区国家加强互利协作提供了新机遇。① 中俄两国对丝路经济带和欧亚经济联盟对接合作关系的认识还在不断深化。

欧亚经济联盟的组织建设将有利于丝路经济带建设。欧亚经济联盟统一经济空间，对外采取统一的经济政策，有利于中国对其整体发展经济关系。丝路经济带是中国在总结、吸收、整合国内外各种关于丝路的主张、倡议的基础上提出来的，可以说是具有包容性、可行性和可持续性的国家构想。欧亚经济联盟与丝路经济带的博弈是客观存在的，然而这种博弈是多层次博弈、重复博弈、正和博弈。俄方对丝路经济带经历了从最初的不理解、怀疑、担心，到逐渐理解、接受、支持，甚至主动要求加入、对接、合作的过程，如提出共同开发远东地区和西伯利亚等。因此，我们可以推测，"一带一路"的亮点有可能最先出现在北线（如高铁、能源、北极航道和扎鲁比诺港口等）。

作为亚欧中心地带两大跨地区发展模式，丝路经济带和欧亚经济联盟确实存在资源、吸引力、影响力、发展势头和前景等方面的竞争，但这种竞争不宜被过分夸大。虽然近年来中国与俄罗斯、中亚国家的贸易总量下降，中俄西线天然气管道被"无限期搁置"，欧亚经济委员会执委会建议对中国的工程设备、石油管材征收反倾销税，等等，但是笔者认为，这是由全球经济整体不振、俄经济因西方制裁陷入萎缩、中国经济发展步入下行、"一带一路"建设政策尚不到位及

---

① 《普京：加强同亚太地区关系对俄有战略意义》，环球网，http：//world. huanqiu. com/hot/2015-09/7416490.html。

有些地方还不明朗、实践比理论滞后等一系列复杂原因综合造成的，不是"一带一路"倡议本身的问题，更不是丝路经济带建设与欧亚经济联盟建设对接合作方针错了。更何况，即使经济发展战略对接成功，也不意味着所有的问题就没有了，会自动消失了，对接只是从政治上奠定了经济合作的法理基础，还需要有个过程和时间来进行大量的工作，利益的博弈在所难免。近来，俄罗斯卢布、哈萨克斯坦坚戈、中国人民币都不同程度地贬值，从反面为欧亚经济、金融领域的协调与合作提供了必要性和增长点。具体来说，笔者认为，目前应加强3"Д"工作：Диалог（对话）、Доверие（互信）、Действие（行动）。当前的情况是，Диалог（对话）完全没有问题，Доверие（互信）还不是很充足，关键在于Действие（行动），这方面还有许多事情要做，因为事实胜于雄辩。我们要充分认识到，丝路经济带与欧亚经济联盟的发展具有极大的相关性，在市场和机制的基础上，将俄方得天独厚的资源和能源与中方丰富雄厚的劳动力和资金有机结合，取长补短，共同营造亚欧经济空间，为新时代中俄全面战略协作伙伴关系增添新的增长点，前景是光明的、向好的，对此我们要有充分的信心，要持乐观的态度。谋事在人，事在人为，两者完全可以并存不悖，相互借重，优势互补。合作可以大于竞争，机遇可以大于挑战。中俄两国从宏观的国际战略目标到具体的地区务实协作都具有相似性，这是两者有望并能够成功合作的基础。

目前国内存在两种不正确的倾向。一种是低估了欧亚经济联盟的经济实力和潜力，没有看到俄罗斯与中亚国家之间存有历史的、天然的经济、政治和文化等方面的紧密联系，轻视欧亚经济联盟；另一种是高估了丝路经济带的一体化水平和国际影响力，以至于附加了原本不该属于它的困难和风险，给自己造成了不必要的压力和心理负担。这两种情形都是应该注意并克服的。目前，我们应着重考虑的是尽快推动两者走向微观的合作，早日取得双赢的具体成果。笔者建议，在欧亚经济联盟中设立中国使团，负责丝路经济带建设与欧亚经济联盟建设的沟通和对接事务，以及政策协调问题（包括经济的和法律的），同时要密切关注欧亚经济联盟成员国国内可能会出现的政治和安全风险，以及其他热点重点难点问题（包括人民币国际化）。中方尤其要加强民心工程和公共外交工作，努力做好丝路经济带理论建设和宣传工作。此外，加强学习亚欧语言，研究亚欧国家，培养亚欧意识，深化亚欧合作，也是我们未来一段时期的主要工作内容。

示担心，认为这样事情就复杂了，俄罗斯似乎是来"搅局"的。笔者认为事情未必如此。这不是什么坏事，中国应当顺势而为，乐观其成。

首先，俄罗斯欲加入中巴经济走廊项目的真实原因（动机）是什么呢？这是问题的关键所在。笔者认为，俄方对经济利益和地缘政治利益的考量兼而有之，是综合性的，其中地缘政治第一，经济利益次之。在地缘政治经济利益考虑中，欧亚经济联盟与上海合作组织均很重要，大欧亚伙伴关系则是长远考虑，其主要考量如下。

其一，巴基斯坦位于亚欧大陆南端，而俄罗斯位于欧亚大陆北端，俄与巴基斯坦是天然的合作对象，这也是俄的历史传统和历史性格，由来已久，一以贯之，不刻意针对谁。

其二，普京总统提出的大欧亚伙伴关系中包括巴基斯坦，何况巴已成为上合组织正式成员国；俄参与中巴经济走廊，意欲推动欧亚伙伴关系和亚欧一体化发展。

其三，阿富汗的安全形势离不开巴基斯坦和中国的支持与配合。对于俄来说，中亚与南亚本是一盘棋，俄通过参与中巴经济走廊建设，可使其安全屏障南移。

其四，俄与印巴同时交好，与中国相比，相对超脱，更容易协调巴基斯坦和印度的关系以及中国与印度的关系。

其五，巴基斯坦瓜达尔港濒临印度洋，俄需要在温暖的印度洋上有一个基地，用于经商和海军舰艇的维修、补给，以及舰船工作人员的休养生息，并在亚欧大陆的南端建立一个稳固的支点，扩大俄的影响力和存在。

其六，中国和巴基斯坦均欲与欧亚经济联盟建立自由贸易区。巴基斯坦和中国以及印度、越南、印度尼西亚、伊朗、埃及、以色列、叙利亚、蒙古国、约旦、阿尔巴尼亚等国均有意与欧亚经济联盟建立自由贸易区或成为联系国，俄可以将参与中巴经济走廊建设作为实验，扩大欧亚经济联盟的影响范围。在西方经济制裁的大背景下，参与非西方机制经济合作，是俄的不二选择。俄不希望被撇开，而且希望在其中获得发言权。

其七，俄支持中巴经济走廊建设，并推动欧亚经济联盟与中巴经济走廊建设对接，同时试水中国，观察加考察，摸底"一带一路"项目，并从中获取利益、经验和教训。

其次，在"一带一路"建设中，中国始终倡导共商、共建、共享、共赢原则，建立利益共同体、责任共同体、命运共同体，欢迎第三方参与，不搞排他性。作为全面战略协作伙伴，又同为金砖国家、上合组织成员，中俄本就在积极推动丝绸之路经济带建设与欧亚经济联盟建设对接合作和推动大欧亚伙伴关系的发展，俄方参与中巴经济走廊建设包括使用瓜达尔港，恰恰使中俄获得一个共同、合力推进合作的新的增长点，使中巴经济走廊不仅成为"一带一路"的示范工程，也成为多国合作的样板。

再次，俄罗斯和巴基斯坦都是中国的友好邻国。巴基斯坦已成为上海合作组织的成员国，对于俄加入中巴经济走廊建设的设想，中国虽有一定的相关度、发言权和影响力，但并无充分的法理去干预。何况巴基斯坦实行大国平衡政策和开放外交，争取国家利益的最大化本也无可厚非。瓜达尔港口也对伊朗、土库曼斯坦开放。巴政府还需要以此堵住某些西方国家和国内反对派的各种批评、指责。在全球化和地区一体化的背景下，要想一家独大、独占一国经济项目、垄断一国经济事务是不可能、不现实，也是没有必要的。

最后，印度对于中巴经济走廊一直很忌惮并且反对，盖因印巴关系长期敌对，而且中印之间有边境争端，俄罗斯与印度的关系很好，同时也与中巴交好，因此，俄罗斯的加入也有利于分散包括印度在内的国际社会对中国的"过度关注"，减轻和消除印度对"中国威胁"的不必要担忧。中俄印金砖国家的合作和共襄是"一带一路"建设成功的重要环节，中俄之间的合作在相当程度上关系到"一带一路"特别是丝绸之路经济带建设的成败。

总之，俄参与中巴经济走廊项目可以成为以上海合作组织为平台促进丝绸之路经济带建设与欧亚经济联盟建设对接合作的一个试验和亮点，因此，中国乐观其成。

二 丝绸之路经济带与"新丝绸之路计划"比较

（一）丝绸之路经济带与"新丝绸之路计划"的提出

丝绸之路经济带是中国国家主席习近平于 2013 年 9 月在哈萨克斯坦演讲时提出的倡议。习近平主席指出，为了使欧亚各国经济联系更加紧密、相互合作更加深入、发展空间更加广阔，可以用创新的合作模式共同建设丝绸之路经济带。其主要内容有"五通""三同"："五通"即政策沟通、设施联通、贸易畅通、资金融通、民心相通；"三同"即利益共同体、责任共同体和命运共同体。

"新丝绸之路计划"则是 2011 年 7 月，美国国务卿希拉里·克林顿在访问印度钦奈（Chennai）时提出的，其主要目标是利用阿富汗优越的地理位置，将阿打造成为地区的交通贸易枢纽，通过推动南亚、中亚的经济一体化和跨地区贸易，实现阿富汗经济的可持续发展以及安全稳定。其宗旨就是在阿富汗战争久拖不决的情况下寻求美国从阿富汗"脱身"（撤军）的时机，让阿富汗周边国家共同"出资出力"，在美军撤出后，美国仍能保持对阿富汗的实际控制和主导地位，不让主导权落入美国所认定的竞争对手手中。

（二）丝绸之路经济带与"新丝绸之路计划"的差异

中国提出的丝绸之路经济带倡议具有深厚的历史底蕴，根植于中国与欧亚地区传统的历史、文化、宗教联系。而美国与丝绸之路在历史上、地理上毫无关系，其提出的"新丝绸之路计划"与丝绸之路经济带的内涵天差地别。

1. 目的、理念、规划、规模方面

丝绸之路经济带主要目的在于拉动中国中西部经济发展，减少对海上贸易通道的依赖，构筑稳定的西部战略空间，推动亚欧区域稳定和共同发展。据此，丝绸之路经济带就是一条横跨欧亚大陆、沟通中西交通贸易的陆上大通道，主要是东西走向，从中国经中亚、西亚直至欧洲。

"新丝绸之路计划"则是美国为解决阿富汗困局所提出的对策。美国想从阿富汗"脱身"，希望利用阿富汗优越的地理位置，将其打造成地区交通贸易枢纽，推动南亚、中亚的经济一体化和跨地区贸易，以此来稳定阿富汗的内外局势，解决美国撤军后阿富汗的生存和发展问题。当然，增强中亚国家对美国的依赖而疏远俄罗斯与中国也是该计划想要达到的重要目的。因此，"新丝绸之路计划"总体为南北走向，由中亚国家经阿富汗通向巴基斯坦、印度，将中俄排斥在外。

考虑到地理、交通、成本和其他因素，美国的"新丝绸之路计划"不包括中国，也不包括中国的青藏高原，尽管"新丝绸之路计划"基本沿着青藏高原南下。中国的丝绸之路经济带包括周边六大经济走廊，其中包括新亚欧陆桥、中蒙俄经济走廊、中国—中亚—西亚经济走廊、中国—中南半岛、中巴经济走廊、孟中印缅经济走廊。

青藏高原也被纳入其中，不使其处于国家发展大战略之外，尽管对其定位还有些模糊。

两者相比，丝绸之路经济带显然在布局上更加宏大，覆盖范围更宽广，内容更丰富、更具体，国家投入更大，并与中国国内的发展是相对接的，其目标是贯通欧亚，共同发展，互利共赢，也更加符合丝绸之路这个名字的本义，并且有"一路"即21世纪海上丝绸之路与之相呼应、相配合，以经济、贸易为主，兼及文化、安全、政治领域的合作。"新丝绸之路计划"则以安全为主，兼及经济、民生，是美国的地区与国别治理策略，其目的是解决地区反恐和安全问题，是由美国外交和安全部门推动的，与美国的国内发展几无关系，并非美国的国家大战略。概而言之，"一带一路"涵盖整个亚欧大陆，包括其中心和边缘地带；而"新丝绸之路计划"则只涵盖亚欧大陆中的一小部分。

在理念方面，丝绸之路经济带奉行休戚与共、和平发展、共同发展、平等互利、和而不同的理念，设计共商、过程共建、成果共享，反对丛林法则。而"新丝绸之路计划"的设想是由美国充当设计者、主导者、组织者、协调人，但美国并不一定具体出资、具体出力、具体建设。

2. 产生动因和在本国战略体系中的位置方面

中国推动丝绸之路经济带主要源于自身内部的需要，这种需要主要体现在经济、安全、政治等层面。在经济层面，中国需要解决内部"东富西贫"发展不平衡的问题。如果将中国的西部与中亚、西亚乃至欧洲地区连接起来，则西部地区将处于欧亚路上贸易交通的中心地带，势必极大促进西部经济增长，有利于平衡国内东西部发展。在安全层面，中国需要在西部构建一个繁荣稳定的外部战略空间以保卫自身的安全。尤其是新疆地区一直面临"三股势力"的威胁，而"三股势力"与中亚等境外地区的极端势力有着密切的来往。只有实现周边地区共同的稳定发展才有可能彻底铲除极端主义赖以滋生的土壤，才能从根本上消除新疆面临的安全威胁。

美国的"新丝绸之路计划"主要出于自身需要，是想从阿富汗"脱身"、解决阿富汗问题而来，属于霸权争夺中的一种战略行动，具有一定的投机性。美国急于摆脱阿富汗战争的泥潭，但是又不愿放弃自己在阿富汗以及中亚地区的影响力，因此试图通过"新丝绸之路计划"来实现这两个颇为矛盾的目标。让别人出钱出力冲在第一线，而自己"幕后操纵"，甚至发号施令。[①] 无论"新丝绸之路计划"是否成功，美国迟早都会从阿富汗撤军，这表明该计划只不过是美国力图实现自身利益最大化的一种尝试，并不具有真正的战略重要性，反而是实用主义、投机取巧色彩浓重。当然，中亚与南亚无论在历史、文化方面还是在地理交通联系方面一直有着很密切的关系。

因此，丝绸之路经济带与"新丝绸之路计划"在中美两国战略体系中的位置不同，前者是中国国家发展规划的一部分，与中国国内的发展相对接，中国为确保其顺利推进，将会发挥制度优势集中力量办大事，内外统筹、陆海统筹、政企统筹。后者则处于美国战略体系的边缘区域，与美国国内的发展并不对接。由此，中国较之美国在推动该倡议时必然更为积极主动，更为努力，更为持久连续，愿意为之投入更多，付出更大的代价。

3. 对外开放度和包容性方面

丝绸之路经济带是一个开放的、非排他性的经济合作计划，这主要体现在两个方面。其一，参加的成员是开放的。中国欢迎愿意参与合作的沿线各国积极加入其中，共同创造一个繁荣的经济带，也就是

---

① 赵江林：《中美丝绸之路战略比较研究——兼议美国新丝绸之路战略对中国的特殊意义》，社会科学文献出版社，2015。

说，既包括地理上的沿线国家，也包括不在地理沿线但有意愿参与共建"一带一路"的国家和地区。其二，倡导多国共同协作，互利共赢。中国并不认为自身必须领导这一经济带建设，而是欢迎各国共同发挥作用。丝绸之路经济带包容"新丝绸之路计划"所涉及的国家，而中亚被丝路经济带视为核心区。

"新丝绸之路计划"相对封闭、排他。"新丝绸之路计划"由美国一手主导，完全依据自身需求选择参与方，明确地将成员限定在中亚五国、阿富汗、印度和巴基斯坦，坚决将中俄等地区重要大国排斥在外，政治性和排他性很强。丝绸之路经济带建设中最重要的地区有中亚、俄罗斯，包括了"新丝绸之路计划"所涉及的国家；而"新丝绸之路计划"中最重视阿富汗和印度，排斥区域外的其他国家。

中国在建设丝绸之路经济带的过程中形成新的义利观，即"亲诚惠容"、共同发展、多予少取、共同担当，以形成利益、命运、责任共同体。在这个过程中，中国与周边国家的发展战略是对接的，是相向而行的，比如与俄罗斯主导的欧亚经济联盟，以及"新丝绸之路计划"所涉及国家。这与美国力推的以控制他国经济命脉、改变他国政治制度、服务于其地缘政治为深层目的的"新丝绸之路计划"有着本质的不同。[①]

4. 对于欧亚经济联盟、俄罗斯和蒙古国的态度方面

丝绸之路经济带与"新丝绸之路计划"都着眼于欧亚中心地带，而俄罗斯曾是欧亚中心地带的主导者，现在仍是欧亚一体化的主导国，是两者必须考虑的因素。但目前看来，两者对俄的态度截然不同。

---

① 王海运：《"丝绸之路经济带"构想的背景、潜在挑战和未来走势》，《欧亚经济》2014 年第 4 期。

中俄互为新时代全面战略协作伙伴关系，互为最大邻国，又都是上海合作组织成员国和金砖国家。尽管历史上中俄关系曾经很复杂，但当前作为好邻居、好伙伴、好朋友，中国充分认识到俄罗斯与中亚的历史联系和现实利益关切，尊重和承认俄在中亚所拥有的特殊利益和地位。中国欢迎俄罗斯加入，共同建设一条稳定繁荣的横跨欧亚大陆的经济带，这不仅可以给两国带来可观的经济收益，更可以为两国共同营造一个稳定可靠的周边战略依托带，对中俄都是极为有利的。因此，坦率地说，中国的丝绸之路经济带从一开始就给俄罗斯留出了充足的空间。俄罗斯对丝绸之路经济带建设与欧亚经济联盟建设对接合作的态度经历了一个从不解、疑虑到逐渐理解、认同并参与的过程。2015 年 6 月，中俄元首签署了《中华人民共和国和俄罗斯联邦关于丝绸之路经济带建设与欧亚经济联盟建设对接合作的联合声明》。

而美国的"新丝绸之路计划"主要防范和排斥的对象就是俄罗斯。通过阿富汗将中亚的油气资源输向印度，南向发展，而不是北向俄罗斯。向印度洋方向打通出海口，相当大程度上是为了给中亚的能源出口打开一条不经过俄罗斯的新通道，降低中亚国家对俄的运输依赖。美国力图将中亚国家拉离俄罗斯，割裂两者之间的联系，这仍然没有脱离冷战时期对苏联防范遏制的范式。

丝路经济带的空间范围和包容性远远大于"新丝绸之路计划"。显然，"新丝绸之路计划"不包括蒙古国，而丝绸之路经济带共建国家包括蒙古国。中蒙俄三国山水相连，互为邻国，周边自然环境相似，地理、历史、经济、文化联系密切，经济互补性强，蒙古国是三个国家中的跨界民族，丝绸之路经济带建设与欧亚经济联盟建设加上蒙古国的"草原之路"，形成中蒙俄经济走廊，包括两条通道。第一条以中国内蒙古自治区乌兰察布为节点，经二连浩特进入蒙古国

"草原之路"，抵乌兰巴托，经蒙古国边境城市苏赫巴托尔进入俄罗斯，在乌兰乌德与俄西伯利亚大铁路交会，直达俄罗斯的欧洲部分；第二条经过中国东北通道，从大连、沈阳、长春、哈尔滨到满洲里，经俄罗斯的赤塔与俄西伯利亚大铁路相连。中蒙俄经济走廊项目内含经济外交、设施联通、地方合作、能源外交、人文合作，内容极为丰富。丝绸之路经济带、欧亚经济联盟与蒙古国草原丝绸之路相对接，蒙古国可以借此获得东向出海口，避免内陆国没有出海口的劣势，蒙古国可以同时搭上中俄发展快车。天时不如地利，远亲不如近邻，心动不如行动。"一带一路"和中蒙俄经济走廊前景看好。

（三）丝绸之路经济带与"新丝绸之路计划"的相似点

丝绸之路经济带与"新丝绸之路计划"的差异是明显的，但也存在某些相似点，这主要体现在以下几个方面。

1. 都以"丝绸之路"命名

作为古代亚欧大陆的交通网络，丝绸之路很早就存在，但是，作为一种正式的学术命名，却是近代以后的事。1877年，德国地理学家李希霍芬（Ferdinand von Richthofen）首次在他的《中国》一书中使用了"丝绸之路"（The Silk Road）这个概念，用以描述从中国到中亚两河流域（阿姆河与锡尔河）和印度之间的交通。后来，阿尔巴特·赫尔曼（A. Herrmann）在他的《中国与叙利亚之间的古代丝绸之路》一书中，沿用了李希霍芬的"丝绸之路"概念，并把这条路向西延伸到了地中海和小亚细亚。"丝绸之路"这一术语便逐渐确立下来。中美两个倡议都想借助于这一世界公认的、约定俗成的概念效应。

2. 两者所覆盖的地理范围有重合，都包括中亚和南亚

中亚处于亚欧大陆的中心，面积广大，资源丰富，人口不多。虽然两个倡议一个是东西走向，一个是南北走向，但都将中亚作为计划内极为重要的组成区域，其核心范围都在欧亚的中心地带，其地理位置和战略地位显要，冷战后中亚一度成为地缘政治"真空"地带，大国博弈激烈，中亚在国际经济政治中的地位不断上升。南亚、中东也是丝绸之路经济带所涵盖的重要领域。在地理范围上，中国倾向于广义的中亚和南亚区域，美国似乎倾向于狭义的中亚和南亚范围。

3. 两者的战略目标都是通过经济和贸易发展来推动地区安全形势的改善

中亚、南亚地区宗教、民族、领土关系复杂，"三股势力"猖獗，严重影响了本地区经济发展和人民生活，中国希望通过中亚、南亚等国经济的繁荣发展为中国新疆地区和西部安全创造一个良好的战略依托带。美国则希望通过中亚、南亚地区的经济发展来为阿富汗的安全、稳定与繁荣创造良好的地区条件。发展经济，改善民生，于己于人都是利好。在这一点上两者的着眼点有着共性。

4. 在具体的合作内容上，都十分重视基础设施建设、互联互通、中亚打通出海口的重要性以及能源合作

中亚、南亚交通基础设施比较落后，中国和美国显然都意识到了基础设施落后、封闭、缺乏出海口对于合作推进、互通互补的制约，也都意识到中亚等地区所蕴藏的巨大能源储备的重要价值，因此无论是丝绸之路经济带还是"新丝绸之路计划"都强调要大力加强包括铁路、公路、港口和航空在内的地区基础设施建设，做到互联互通，强调中亚等地区油气资源对外输出的重要性。美国的设想是中亚、阿富汗油气南下，印度、巴基斯坦商品北上；中国的倡议是中国的商品、产能西进，中亚和中东的能源、商品东输，从而东向打通出海口。

5. 都由大国推动、多国参与

"新丝绸之路计划"是美国一己推动，拉上印度，有中亚、南亚

的一个外交策略，是源于其中亚地缘战略的需要，是美国全球霸权战略的一个次要组成部分。"新丝绸之路计划"还具有封闭性、排他性和针对性，比如"新丝绸之路计划"就不包括中国、俄罗斯、蒙古国。丝路经济带的空间范围、包容性和吸引力都大于"新丝绸之路计划"，更容易得到周边国家的支持，更为接地气，也更有人气。至今，已有100多个国家和国际组织表达了积极支持和参与"一带一路"建设的态度，中国已同40个国家和国际组织签署了共建"一带一路"合作协议。[①] 其中，中国倡议的丝绸之路经济带建设与俄罗斯主导的欧亚经济联盟建设的对接合作已经上升到国家战略层面，两国领导层已经达成共识，并且以国家文件的形式固定下来。虽然在实践中仍有许多问题，[②] 但也初见成效，产生了早期收获。2016年中俄两国贸易走出低谷，中方贸易顺差持续扩大。[③] 据统计，中国企业近八年对欧亚经济联盟国家累计直接投资增长138%，至257亿美元。[④] 2017年5月，在北京召开"一带一路"国际合作高峰论坛，有20多个国家的领导人莅临盛会，这可以说是一个具有标志性意义的事件。因而可以说，与美国的"新丝绸之路计划"相比，丝绸之路经济带或更有前景。由于"新丝绸之路计划"也覆盖中亚，三种体制机制

---

① http：//news.sohu.com/20170202/n479779855.shtml 2016.

② И. А. Макаров, А. К. Соколова, Сопряжение евразийской интеграции и Экономического пояса Шелкого Пути: Возможности для России, Вестник Международных организаций, No. 2, 2016; А. С. Скриба, Сопряжение ЕАЭС и Экономического пояса Шелкого пути: интересы участников и вызавыреализации, Вестник Международных организаций, No. 3, 2016.

③ 据2017年1月13日俄新社报道，2016年，中俄贸易总额达695.25亿美元，同比增长2.2%。其中，中国对俄出口额为372.97亿美元，增加7.3%；自俄进口额为322.28亿美元，减少3.1%。

④ 《欧亚开发银行一体化研究中心报告》，卫星通讯社莫斯科2017年1月31日电。

在中亚交集，所以，原则上应该说"新丝绸之路计划"与丝绸之路经济带、欧亚经济联盟也有合作的空间。但实践中合作的空间、成效不大，由于互信不足，平行、竞争的一面倒是比较明显。

俄罗斯欲参与中巴经济走廊建设，这涉及丝绸之路经济带建设与欧亚经济联盟建设对接的关系问题，我们认为，中国的对策应如下。

第一，要防止西方（如美欧日等）挑拨离间，分化瓦解中俄关系，防止反对势力误解、误会、误读中国意图。尤其是在目前中俄关系有待继续加强、俄美关系将会改善、中美关系不确定因素增加的背景下，中国应顺势而为，乐观其成，不宜反对。

第二，要处理好与印度的关系。可以考虑在"一带一路"、上合组织、金砖国家机制以及中俄印三边关系、欧亚经济联盟、南亚经济共同体的框架内，把中巴经济走廊做成"一带一路"与上海合作组织、欧亚经济联盟、大欧亚伙伴关系对接合作的试验和示范项目。

第三，处理好"利"和"义"的关系。关键是要寻求各方共同利益、相似利益、相近利益、交叉利益，尽量避免不同利益的负面影响，互利共赢，互让双赢，分工明确，各有获利。欧亚伙伴关系计划中包括欧亚经济联盟、上合组织、东盟以及印度、巴基斯坦等南亚国家，与"一带一路"多有重合和交叉，各方应相辅相成，互为条件，互为基础，相得益彰，不以牺牲和损害对方利益为前提，共同努力，共同发展，推进亚欧一体化。对于美国的"新丝绸之路计划"，能合作的地方谈合作，对于其排他性、针对性，中俄共同抵御。

第四，笔者判断，俄参与中巴经济走廊建设的动机：一是取得发言权；二是获得潜在的利益；三是防止"一带一路"建设绕过俄罗斯。总之，不是"搅局""捣乱"，而是"入伙""合伙"，加上观察和考察。处理妥当这可望成为推进新时代中俄全面战略协作伙伴关系的新的增长点。

第五，笔者认为，只要本着市场经济原则，职能和责任相对分工明确，加之中国的资金优势、地缘优势和先发优势，中国的利益就能得到保障。因此，这不是什么坏事，不必夸大竞争和负面影响。相反，俄加入进来，共同承担经济风险特别是安全风险，包括西方掣肘和"三股势力"的破坏，利益和责任捆绑在一起，共同去实现相同或相近而并不矛盾或冲突的目标，不是很好吗？要有这个大度、大气和自信。中国应当树立言行一致、义利兼顾、自信而敢于担当的国际形象，提高他国与中国相处的互信度、舒适度，提升中国的"软实力"。项目建设应尽可能使共建"一带一路"国家互利多赢，共同发展，这样才有可持续性和发展前途。

第六，判断动机是很难的事情，动机主要取决于各相关利益方的定位，以及各自在格局中的地位、力量对比和形势变化等诸因素，因此动机可以分析，有一定的可测性；但同时动机又具有主观性、不可测性，因而具有可变性。凡事预则立，不预则废，所以，一切都要精心策划，全力经营，高瞻远瞩，深谋远虑，合作为重，未雨绸缪，求大同而存小异，以不变应万变。

第八章
"一带一路"框架下的金砖合作机制
与中俄关系

2017年5月和9月第一届"一带一路"国际合作高峰论坛、金砖国家领导人第九次会晤相继在中国举办。作为2017年由中国承办的重要的主场外交活动，这两次会议彰显了中国的大国担当和引领世界发展的决心。2019年4月，中国作为东道主继续举办第二届"一带一路"国际合作高峰论坛。

从性质上来说，"一带一路"是主要面向亚欧地区发展的经济合作倡议；金砖国家合作机制（以下简称金砖机制）是具有全球影响力的新兴大国合作平台。在全球经济增长乏力和"逆全球化"思潮出现的背景下，"一带一路"倡议和金砖机制成为推动世界经济发展和引领全球治理的重要手段和主要力量。其中，中俄无疑是"一带一路"倡议和金砖机制的核心角色。在"一带一路"框架下，借助金砖机制，中俄关系将会继续得到发展和深化。

一 "一带一路"倡议是新时期推动
全球化的核心方案之一

新时期，发达国家经济发展仍然表现得差强人意，保护主义和孤立主义盛行，严重制约了由其推动的全球化的发展。在发达国家缺位的情况下，全球治理体系也进入调整变革的历史关头。[1] 在此背景下，由中国倡议的"一带一路"走上历史前台，成为推动区域和全球治理的新实践。[2]

（一）国际社会出现"逆全球化"的思潮

一直以来，发达国家都是全球化的主导者。近代以来伴随着发达国家特别是霸权国家的崛起和发展，全球化先后出现了尼尔·弗格森（Niall Ferguson）提出的英国治下的"盎格鲁式全球化"（Anglobalization）和美国治下的"美式全球化"（Ameriglobalization）。实质上，它们是欧洲中心模式（the Eurocentric model）或者说是盎格鲁/美国中心模式（the Anglo/American-centric model）的体现。[3]

但正是英美近期的表现导致全球化的逆转。2016 年 6 月，英国举行脱欧公投决定脱离欧盟；2017 年 3 月，英国正式启动脱欧程序；2020 年 1 月 31 日，英国正式脱离欧盟。2016 年 11 月，特朗普当选为美国新一届总统；2017 年 1 月，特朗普甫一上任就宣布退出 TPP；6 月，宣布退出《巴黎气候协定》；10 月，宣布退出联合国教科文组织（UNESCO）；12 月，宣布退出全球移民协议。通过这些"黑天鹅事件"可以看出，部分发达国家国内出现了保护主义、孤立主义和

---

① 王毅：《共建伙伴关系，共谋和平发展——在中国发展高层论坛年会上的午餐演讲》，中国外交部网站，http：//www.fmprc.gov.cn/web/wjbz_673089/zyhd_673091/t1447084.shtml。

② 张春：《"一带一路"倡议与全球治理的新实践》，《国际关系研究》2017 年第2 期。

③ Jia Wenshan, "China Defines New Globalization with Its Characteristics", *China Daily*, June 8, 2017, http：//www.chinadaily.com.cn/opinion/2017-06/08/content_29667183.htm? from=timeline.

民粹主义的思潮。这一思潮的出现主要是这些发达国家内部社会矛盾加剧造成的。但是,经济全球化的趋势是不可逆转的。①

同时,欧美推动的全球化存在许多问题,其中最明显的是霸权国家对全球化所起的双重作用。二战后特别是冷战后,美国主导建立的安全体系和经济体系为全球化的发展提供了基础,但是随着全球化发展主体的多元化,美国开始排斥以规则为基础的全球化,越来越倾向于单独行动,这对全球化是一种损害。② 而且,美国在二战后制定的规则和建立的机制越来越成为维护西方利益的手段和工具,排斥甚至拒绝新兴市场和发展中国家的参与,造成一种事实上不平等的"民主赤字"(democratic deficit)。欧美在推动经济全球化的同时,借助已有的机制和暴力方式宣扬其价值观念和生活方式,使得全球化的"治理赤字"(governance deficit)也更加明显,局部冲突频发,全球发展受到严重制约。

"逆全球化"的影响并不一定都是负面的,它可以降低目前全球化中出现的部分阻力,③ 为新动力发挥作用提供空间。冷战后,新兴市场和发展中国家已经崛起成为一支重要的力量。2016 年,新兴市场和发展中国家对世界经济增长的贡献率达 80%,占全球经济的比重达 38.8%。④ 这些说明,新兴市场和发展中国家已经成为推动全球化不可忽视的一支力量。而且,在西方治理主体缺位的情况下,"逆全球化"有利于调整和优化全球化的运行环境,⑤ 打造一种更加包

---

① 杨国亮:《如何看待当前的"逆全球化"思潮》,《求是》2017 年第 10 期。
② 〔英〕戴维·赫尔德、安东尼·麦克格鲁主编《全球化理论:研究路径与理论论争》,王生才译,社会科学文献出版社,2009,第 59 页。
③ 詹建兴:《"一带一路"下全球化与"逆全球化"研究》,《河南社会科学》2017 年第 10 期。
④ 汪洋:《推动形成全面开放新格局》,《人民日报》2017 年 11 月 10 日。
⑤ 詹建兴:《"一带一路"下全球化与"逆全球化"研究》,《河南社会科学》2017 年第 10 期。

容、均衡和可持续的新型全球化。①

（二）中国致力于推动全球治理体制更加公正合理，并提高参与区域与全球治理的能力

多年来，中国 GDP 总量稳居世界第二位。2017 年对世界经济增长的贡献率超过 30%，超过美国、欧盟和日本的总和。"中国经济的稳定增长，成为全球经济增长的主要推动力，在世界经济稳步复苏的进程中，持续发挥着'压舱石'和'助推器'的作用。"② 而且，"中国正在成为国际形势的稳定锚，世界增长的发动机，和平发展的正能量，全球治理的新动力"③。正是基于这样的经济实力和地位，中国致力于"主动参与和推动经济全球化进程"④，成长为全球化的维护者。⑤

新时期，中国特色大国外交的总目标是"推动构建新型国际关系，推动构建人类命运共同体"⑥。目标较为宏观，但在实践中，外交决策的执行更多以问题为导向。党的十八大后相继召开的周边外交工作座谈会、中央外事工作会议以及针对全球治理的两次政治局集体学习，其核心内容分别指向周边外交、对外工作和全球治理。这三次

---

① 竺彩华：《全球化的反思与东亚经济一体化的未来》，《国际观察》2017 年第 3 期。

② 王军：《世界经济稳健复苏　中国经济做出贡献》，国家统计局网站，http://www.stats.gov.cn/tjsj/sjjd/201801/t20180119_1575621.html。

③ 王毅：《共建伙伴关系，共谋和平发展——在中国发展高层论坛年会上的午餐演讲》，中国外交部网站，http://www.fmprc.gov.cn/web/wjbz_673089/zyhd_673091/t1447084.shtml。

④ 习近平：《决胜全面建成小康社会　夺取新时代中国特色社会主义伟大胜利——在中国共产党第十九次全国代表大会上的报告》，人民出版社，2017，第 22 页。

⑤ 傅莹：《全球化进退中的中国选择》，《中国新闻周刊》2018 年第 8 期。

⑥ 习近平：《决胜全面建成小康社会　夺取新时代中国特色社会主义伟大胜利——在中国共产党第十九次全国代表大会上的报告》，人民出版社，2017，第 19 页。

会议明确了以上三者在新时期的工作思路，具有较强的针对性。同时，外交决策的执行也需要平台和抓手，以利于实践。

在全球层面，存在的问题主要是"逆全球化"的出现和全球治理主体缺失。在这种情况下，因为中国的经济实力和地位以及"一带一路"倡议的提出，世界把目光都投向了中国，希望中国发挥积极的作用继续推动全球化。无疑，"逆全球化"为中国发挥作用提供了机会，而中国也为此做了布局。

对此，国际社会也充满了期待。对广大发展中国家来说，西方发达国家主导的经济全球化存在的问题主要表现为不公正和不合理，缺少代表性和发言权。正是美国、英国等发达国家的"逆全球化"，为发展中国家参与全球治理提供了条件，其中以金砖五国为代表的新兴市场国家正成为完善全球治理最为活跃的动力。[1] 这些有利于改变全球化过程中不公正不合理的现象，有利于提高发展中国家的发言权和代表性。国际社会积极地回应中国的倡议，俄媒认为中国已成为确定全球进程的领导者[2]，国外部分人士甚至认为中国已成为全球经济的领导力量[3]。

可以说，中国正在逐渐成为世界变革的重心，是全球治理的积极推动者和议程倡议者。这其中的典型是"一带一路"倡议，它是维持全球化和全球治理的新的全球公共产品。[4]

---

① 王毅：《在 2017 年国际形势与中国外交研讨会开幕式上的演讲》，中国外交部网站，http：//www.mfa.gov.cn/web/wjbzhd/t1518042.shtml。

② 蓝雅歌：《"世界关注中国成就"——俄媒：中国已成为确定全球进程的领导者》，环球网，http：//world.huanqiu.com/exclusive/2017-10/11330718.html。

③ 《习近平会见出席"2017 从都国际论坛"外方嘉宾》，新华网，http：//www.xinhuanet.com/2017-11/30/c_1122039030.htm。

④ Jia Wenshan，"China Defines New Globalization with Its Characteristics"，*China Daily*，June 8，2017，http：//www.chinadaily.com.cn/opinion/2017-06/08/content_29667183.htm？from=timeline.

（三）"一带一路"倡议是对区域和全球治理新模式的积极探索

2013 年 9 月和 10 月，习近平主席先后提出了共建丝绸之路经济带和 21 世纪海上丝绸之路的倡议。"一带一路"倡议不仅是对古代丝绸之路的传承和发展，而且是新时代消除世界经济增长放缓压力的迫切需求。正如习近平主席在"一带一路"国际合作高峰论坛上所言，世界经济增长需要新动力，全人类面临和平赤字、发展赤字、治理赤字的挑战。① 发展是解决一切问题的总钥匙，这句话不仅适用于国内，而且适用于国际。这可以看作中国提出"一带一路"倡议的初衷。

同时，"一带一路"倡议承载了中国的智慧和大国责任，是全球治理的新载体。② 不同于美国提出的"马歇尔计划"，"一带一路"倡议按照"共商、共建、共享"的原则进行建设，强调的是"共同富裕"，其根本的前提是强调主权国家平等，因此比较容易获得其他国家的认可和支持；而且中国作为负责任大国，在自身得到发展的同时，积极承担国际责任，推动亚欧甚至是世界的共同发展，"一带一路"正是这样的载体和平台。因此，"一带一路"不仅是世界发展的中国构想③，而且是新型全球化的重大引擎④。

不同于二战后美国主导下建立的一系列国际机制，中国提出的

---

① 习近平：《携手推进"一带一路"建设——在"一带一路"国际合作高峰论坛开幕式上的演讲》，人民出版社，2017。

② 《"一带一路"承载中国智慧与大国责任》，《21 世纪经济报道》2017 年 5 月 12 日。

③ 田文林：《"一带一路"：全球发展的中国构想》，《现代国际关系》2017 年第 5 期。

④ 李成刚：《"一带一路"：新型全球化的重大引擎》，《中国经济时报》2017 年 5 月 19 日。

"一带一路"倡议和成立亚投行，都彰显了对全球治理新模式的探索。国家发改委、外交部、商务部在 2015 年共同发布的《推动共建丝绸之路经济带和 21 世纪海上丝绸之路的愿景与行动》中提到，"一带一路"是对全球治理新模式的积极探索，[1] 是中国意图通过更好的全球治理启动新型全球化的实践。[2] 一定程度上，"一带一路"也是中国对"逆全球化"倾向开出的一剂良方。[3] 因此，"一带一路"是中国应对全球治理危机的方略，是中国参与全球治理的构想，是全球合作的新平台。新时期，中国提出了构建人类命运共同体的主张，"一带一路"已成为中国推动构建人类命运共同体的重要路径和实践。[4]

中国是"一带一路"的倡议者和主要推动者。党的十九大提出了"新时代"的概念。目前中国仍然面临实力和能力不足的问题，而且要避免战略透支，因此需要借助一些外在力量来推动"一带一路"建设，这其中的关键机制是金砖机制，核心关系是中俄关系。

二 金砖机制是推动"一带一路"共建的关键力量

从性质上来说，金砖机制是部分新兴国家的合作平台。在合作的

---

[1] 国家发改委、外交部、商务部：《推动共建丝绸之路经济带和 21 世纪海上丝绸之路的愿景与行动》，新华网，http://www. xinhuanet. com/world/2015 - 03/28/c _ 1114793986. htm。

[2] Jia Wenshan, "China Defines New Globalization with Its Characteristics", *China Daily*, June 8, 2017, http://www.chinadaily. com. cn/opinion/2017 - 06/08/content _ 29667183. htm? from=timeline.

[3] 何伟、孙丽燕：《"一带一路"是中国对"逆全球化"倾向开出的一剂良方》，http://news. cri. cn/20170307/966fec31-711a-4e1c-d22e-1e315cd316d1. html。

[4] 韩墨、韩梁：《指引人类进步与变革的力量——记习近平主席在瑞士发表人类命运共同体演讲一周年》，《中国青年报》2018 年 1 月 25 日。

正全球治理时代的到来。在这个过程中，发达国家、金砖国家、中等强国等都可以成为全球治理的重要角色，体现真正意义上的多元协调，共同推进全球化的发展。但在理论层面，不同于国内治理以政府为主导的格局，全球治理的多元协调并没有主导者，这是不利于全球治理和全球化的；在实践层面，因为国家或国家集团实力的不同，具有较强实力和能力的国家或国家集团有可能成为全球治理的主导者、引领者。在当今的国际社会，因为规制和机制大都是由西方建立的，它们承担这样的角色较为合适，但是它们不愿承担这样的角色，而且西方主导的全球化带来了一系列的问题。在中等强国和大部分发展中国家没有实力和能力推动全球化的情况下，金砖国家成为全球治理的引领者是众望所归。全球治理将有可能进入"金砖引领时代"[1]。2018 年在南非召开的金砖国家元首峰会发表共同宣言，主张多边主义、多边自由贸易体制，主张国际关系民主化、多极化，反对单边主义和贸易保护主义。

（二）金砖机制是推动南南合作的核心平台之一

金砖国家脱胎于发展中国家，是新兴市场国家的代表。因此，金砖机制作为金砖国家合作的平台，也是南南合作的重要机制之一。不同以往的由发展中国家推动的南南合作，金砖国家在实力和能力方面对发达国家构成了真正意义上的挑战，而且是整体挑战。[2] 同样由于自身的实力和地位，金砖国家也是南南合作最有力的推动者。

历史上的南南合作更多流于形式，缺乏实质有效的行动。由万隆会议始，南南合作成为发展中国家维护自身利益和团结的重要手段，

---

[1] 贾晋京：《全球治理进入"金砖引领时代"》，《人民日报》（海外版）2017 年 2 月 25 日。

[2] 黄仁伟：《金砖国家崛起与全球治理体系》，《当代世界》2011 年第 5 期。

但在合作的过程中，因为实力有限和国际规制的限制，大多数诉求无法得以实现，更多流于倡议和文本展现。但在金砖国家的领导下，先后成立了新开发银行和应急储备安排，它们成为发展中国家减少对现有布雷顿森林体系依赖，甚至是挑战世界银行和国际货币基金组织霸权的有效机制[1]，变成了可操作、现实性的制度设计[2]。这样的设计有利于促进发展中国家的发展和金融安全，金砖国家类似的合作还有很多。有学者建议，以金砖国家领导人峰会推动形成更大的南南合作框架。[3] 新开发银行的战略定位是新南南合作，[4] 以金砖国家为核心的南南合作可以称作新型南南合作，突破了以往南南合作形式大于内容、会谈多于执行的尴尬局面。

与不结盟运动和七十七国集团等南南合作的平台不同，金砖机制成员少，较容易达成一致，这样的机制模式比较有利于作为南南合作的平台和核心，推动更大范围的和实质有效的合作。同时，金砖国家都想发挥作为大国的作用。中俄作为安理会常任理事国，其实力和作用本就不可小觑，成为推动国际秩序变革和维护世界稳定的中坚力量，而且都将发展中国家作为自己外交政策的基础；印度和巴西积极谋求成为安理会常任理事国，印度长期是不结盟运动的重要推动者，巴西在劳工党执政时期的外交优先目标就是南南合作，[5] 在此基础上，印、巴都想发挥更大的作用；南非实力相对有限，虽然其作为非

① Raj M. Desai and James Raymond Vreeland, "What the new bank of BRICS is all about", *The Washington Post*, July 17, 2014.

② 朱杰进：《金砖银行：基于平等互利原则探索国际经济新秩序》，《中国社会科学报》2015 年 4 月 24 日。

③ 屠新泉、蒋捷媛：《金砖国家合作与"一带一路"倡议的协同发展机制研究》，《亚太经济》2017 年第 3 期。

④ 朱杰进：《金砖银行的战略定位与机制设计》，《社会科学》2015 年第 6 期。

⑤ 周志伟：《巴西参与金砖合作的战略考量及效果分析》，《拉丁美洲研究》2017 年第 4 期。

洲领导者的角色受到质疑,① 但其一直谋求在非洲发挥领导作用,南南合作是其对外体系的核心领域之一②。随着实力和地位的提升,金砖国家相继提出各种外交战略,推动南南合作,意图发挥更大的作用。如中国的"一带一路"倡议、俄罗斯的"大欧亚伙伴关系"、印度的"季风计划"等。其中由中国提出的"一带一路"倡议是新南南合作的重点方向之一,③ 主要面向的是发展中国家,推动发展中国家的发展,特别是亚欧内陆地区"洼地"的发展。

(三)"一带一路"倡议成为金砖国家引领区域与全球治理的重要抓手

从 2017 年厦门金砖国家领导人会晤到 2018 年约翰内斯堡金砖国家领导人会晤,从"金砖+"到开启第二个"金色十年",在"当今世界正面临百年未有之大变局"之际,金砖国家欲成为全球治理的引领者,需要力量的根基、合作的平台和重要的抓手。力量的根基主要是指发展中国家;合作的平台主要是指金砖机制;而重要的抓手就是"一带一路"倡议。因为"一带一路"倡议是对构建更加均衡、普惠的全球治理新模式、新理念的新探索。④

金砖机制是五个国家的集合,理应由五国共同合作推出相应的举措。有学者认为,新开发银行是突破传统秩序的新秩序因子;从五国机制到区域性开发银行再到全球性金融治理机构,是新开发银行发展

① Philip Harrison, "South Africa in the brics", OASIS, 2014, No.19, p.67.
② 徐国庆:《南非加入"金砖国家"合作机制探析》,《西亚非洲》2011 年第 8 期。
③ 屠新泉、蒋捷媛:《金砖国家合作与"一带一路"倡议的协同发展机制研究》,《亚太经济》2017 年第 3 期。
④ 胡必亮:《"一带一路"与中国的全球治理观》,中国发展观察网,http://www.chinado.cn/? p=5975.

壮大的必由之路;① 而且，新开发银行把金砖国家从简单的缩写和随机思想的集合转变为具有行动力和更加制度化的合作形式。② 根据成立的协议，新开发银行主要还是对现有多边和地区金融机构的补充，与现有多边和地区金融机构的功能相一致。虽然它实质上是新南南合作的体现，侧重于发展中国家的金融安全和发展，但目前其更多体现为具体领域的合作，并没有从整体上体现新型全球治理模式。

由中国提出的"一带一路"倡议如何才能成为金砖国家引领全球治理的重要抓手？首先，金砖机制与"一带一路"存在契合之处，如倡导以主权平等为根本原则，以共同发展为目标，构建以合作共赢为核心的新型国际关系。③ 其次，为推动"一带一路"倡议的实施，中国发起成立了亚投行和丝路基金。其中，亚投行囊括了所有的金砖国家，它们都在其中发挥了重要的作用。再次，在提出"一带一路"倡议后，中国重视与相关国家的发展战略对接，如中俄之间丝绸之路经济带建设与欧亚经济联盟建设的对接合作。通过类似的战略对接，可以实现金砖国家间的有效合作，不仅成为推动"一带一路"建设的重要举措，而且成为凝聚金砖国家力量的重要举措。

"一带一路"倡议不仅秉承了"和平合作、开放包容、互学互鉴、互利共赢"的丝路精神，而且开启了全球治理的新模式，倡导

---

① 张敬伟：《金砖新开发银行的"金色梦想"》，中国网，http://opinion.china.com.cn/opinion_82_167082.html。
② 王灵桂：《中国：推动金砖国家合作第二个黄金十年》，社会科学文献出版社，2017，第 263 页。
③ 李兴、成志杰：《金砖合作机制是推动"一带一路"建设的强大助力》，《人文杂志》2015 年第 12 期。

平等协商、开放包容,而且意图打造人类命运共同体。① 在原有全球化和全球治理存在问题、发达国家退出全球化和全球治理的背景下,发展中国家推动全球化必然要展现新思维和新发展模式。中国是"一带一路"的提出者和主要推动者,在其实施过程中,主要体现了中国的新世界观,如不冲突、不对抗的新大国观,共同发展的新发展观,追求合作共赢的新国际合作观,以及建立更加公正合理的新国际秩序观等。② 对此,作为金砖机制主要推手的中俄存在高度的一致性。③ 推动"一带一路"建设,不仅要发挥金砖机制的作用,更要处理好金砖国家之间的关系,尤其是中俄关系。

三 中俄关系是推动"一带一路" 共建的核心关系

中俄合作是未来一个时期内推动国际秩序变革与发展的关键力量。中俄是最主要的全面战略协作伙伴,是世界局势的重要"压舱石",④ 而且中俄关系的重要性远不止于此,"一带一路"建设和金砖机制发展都有赖于中俄的良性互动。更确切地说,金砖机制是中俄合作的扩大。⑤ 对于中国倡议的"一带一路",俄罗斯官方予以支持,实

---

① 杜德斌、马亚华:《一带一路:开启全球治理新模式》,《中国社会科学报》2017年6月1日。

② 何亚非:《"一带一路"倡议创新全球治理思想与实践》,《人民政协报》2017年5月11日。

③ 〔俄〕Г. 托洛拉亚、谢周:《金砖国家长期战略:俄方观点》,《俄罗斯文艺》2014年第1期。

④ 辛闻:《外交部:中俄合作是世界和平的重要"压舱石"》,中国网,http://news. china. com. cn/world/2016-12/05/content_39853160. htm。

⑤ 〔俄〕Г. 托洛拉亚、谢周:《金砖国家长期战略:俄方观点》,《俄罗斯文艺》2014年第1期。

现了欧亚经济联盟建设与丝绸之路经济带建设的对接合作。而且，对俄外交是中国"三合一统筹外交"（大国外交、周边外交、金砖外交）的成功范例和创新①，也是"一带一路"倡议推动下中国周边三环外交体系第一环外交的重要内容之一②。这些都说明中俄关系的重要性。

（一）中俄合作是"一带一路"共建的范例

对于推动"一带一路"建设，中国需要俄罗斯的支持。一方面，中国在许多方面存在"大而不强、大而不优"的问题，无法展现全面领导"一带一路"建设的实力；另一方面，亚欧大陆的地缘空间也决定了"一带一路"建设绕不开俄罗斯。丝绸之路经济带六大经济走廊，有三条经过俄罗斯或俄罗斯的"后院"（中亚），中欧班列三条线路无一不经过俄罗斯国境，因此，说俄罗斯是丝路经济带建设必须经过的最重要的国家绝不为过。在亚欧方向，"一带一路"建设需要俄罗斯的支持和参与，更需要中俄的合作。

中俄是新时代全面战略协作伙伴关系，是新时期大国关系的典范。中俄都是亚欧地区大国、新兴经济体和金砖国家，共同关注亚欧地区的发展。对此，中国提出了"一带一路"倡议，俄罗斯开始时对此并不完全理解，甚至有所疑虑，后来不仅接受了，而且同意将丝绸之路经济带建设与其主导的欧亚经济联盟建设对接合作，并进而提出了"大欧亚伙伴关系"，两者的共同点都是旨在推动亚

---

① 李兴：《首脑外交视域下习近平对俄外交战略思想析议》，《国外理论动态》2017 年第 12 期。

② 杜哲元：《"一带一路"建设与中国周边三环外交体系的构建》，《东南亚研究》2018 年第 1 期。

欧地区的发展。① 相对来说，中国提出的"一带一路"倡议已经展开，而俄罗斯的"大欧亚伙伴关系"才刚刚提出，虽然有欧亚经济联盟作为实体，但基本上还是在倡议、概念、框架阶段。因此，中俄当前推动亚欧地区发展的主要抓手可以集中在丝绸之路经济带和欧亚经济联盟的对接合作上。可以说，中俄合作是共建"一带一路"的范例和榜样。

"一带一路"倡议是中国为世界贡献的全球治理的新公共产品，体现了中国负责任大国的担当。其中，亚欧大陆是"一带一路"的中心地区，② 是"一带一路"建设要重点把握的地区。俄罗斯横跨亚欧大陆，拥有世界最大的领土面积。因此，"一带一路"建设需要处理好与俄罗斯的关系。可以说，俄罗斯是推进"一带一路"建设的节点，其空间是"一带一路"最重要的战略通道。同时，俄罗斯在亚欧腹地具有举足轻重的影响力，独联体、集安组织、欧亚经济联盟等都是俄主导建立的地区性机制，深刻影响着亚欧腹地的发展和安全。

中国重视与共建国家之间的发展战略对接，不采取强力手段让他国参与"一带一路"建设。中俄也是这方面合作的典范。中俄合作作为推动"一带一路"建设的榜样力量主要体现在两个方面。一是丝绸之路经济带建设与欧亚经济联盟建设对接合作。2015 年，中俄双方签署了《中华人民共和国和俄罗斯联邦关于丝绸之路经济带建设与欧亚经济联盟建设对接合作的联合声明》。俄方表态支持丝绸之路经济带建设，中方也表态支持欧亚经济联盟框架内的一体化进程，

---

① 王海运：《充分认识中俄关系的重要性和复杂性》，http：//www.cwzg.cn/politics/201801/40815.html。

② 《王毅在 2017 年国际形势与中国外交研讨会开幕式上的演讲》，中国外交部网站，http：//www.mfa.gov.cn/web/wjbzhd/t1518042.shtml。

双方将协商两者对接，加强区域经济一体化。① 中俄共建"一带一路"的主要案例是莫斯科至喀山的高铁项目。二是共同推动"冰上丝绸之路"建设。"冰上丝绸之路"是"一带一路"倡议的自然延伸。2017 年，中俄双方共同提出打造"冰上丝绸之路"。2018 年，中国政府发布《中国的北极政策》白皮书，明确表示愿与各方共建"冰上丝绸之路"。② 目前中俄在这方面合作的典型是亚马尔液化天然气项目，它成为"冰上丝绸之路"的新支点。③ "冰上丝绸之路"建设也是"一带一路"建设中的亮点。

（二） 中俄是金砖机制发展的共同引领者

中俄都是亚欧金砖大国、核大国和联合国安理会常任理事国。中俄合作的重要性并不仅是亚欧地区的，而且是全球性的。中俄合作有利于保持国际社会的稳定，是推动国际秩序变革的中坚力量。中俄致力于改变传统的由西方主导国际社会的局面，建立以联合国为中心的国际秩序。同时，中俄扩大合作的范围，联合其他新兴市场国家共同成立了金砖机制。中国的经济实力在金砖机制内是最大的，④ 而俄罗斯则是金砖机制形成和发展的主要推动者和设计者之一。在暂时无法返回 G8 的背景下，俄罗斯更加借重金砖机制发挥

---

① 《中华人民共和国和俄罗斯联邦关于丝绸之路经济带建设与欧亚经济联盟建设对接合作的联合声明》，新华网，http：//www.xinhuanet.com/2015-05/09/c_127780866.htm。
② 《中国的北极政策》，新华网，http：//www.xinhuanet.com/politics/2018-01/26/c_1122320088.htm。
③ 崔茉、刘贵洲：《"冰上丝绸之路"新支点——亚马尔液化天然气项目启示录》，《中国石油报》2017 年 11 月 29 日。
④ Cynthia Roberts，"Russia's BRICs Diplomacy：Rising Outsider with Dreams of an Insider"，*Polity*，Vol. 42，No. 1，p. 38.

作用。

除中俄外，其他金砖国家在推动金砖机制发展方面力量有限。2018 年前后，因政府更迭和深陷国内问题，外交工作在巴西政府中被边缘化①；印度因为与中国的嫌隙，对金砖机制存在刻意的回避②；南非因为自身的实力和内政问题，对推动金砖机制的发展稍显力不从心，处于从属地位③。中俄则与它们不同：中国是世界上人口最多的国家，经济总量世界第二，货物进出口贸易总量世界第一；俄罗斯是世界上面积最大的国家，具有超强的军事实力和纵横捭阖的外交能力。因此，中俄合作是推动金砖机制发展的核心。同时，不同于传统的丛林法则思维，中国倡导和追求的是合作共赢，打造良好的国家间关系；同时，中国不追求主导者、领导者角色，只是担当倡导者、实践者和引领者的角色。④ 这虽与俄罗斯的思维理念有所不同，但是俄罗斯对主导地位的追求大多是地区性的，主要体现在后苏联空间。金砖国家合作虽然是全球性的，但是并不追求主导者的地位，相反却是从发展中国家利益出发，谋求弥补现有国际机制的不足。中俄将是金砖机制发展的联合引领者。

金砖机制是处理中俄关系的有效平台之一。新时期，中国提出了"一带一路"倡议，俄罗斯提出了"大欧亚伙伴关系"倡议。与中国的"一带一路"倡议不同，俄罗斯的"大欧亚伙伴关系"倡议具有明显的地缘政治和经济基础，具有较强的地缘思维。虽然

---

① 周志伟：《巴西参与金砖合作的战略考量及效果分析》，《拉丁美洲研究》2017 年第 4 期。

② 王灵桂：《中国：推动金砖国家合作第二个黄金十年》，社会科学文献出版社，2017，第 23 页。

③ 〔俄〕Г. 托洛拉亚、谢周：《金砖国家长期战略：俄方观点》，《俄罗斯文艺》2014 年第 1 期。

④ 李兴：《中国外交彰显大国担当》，《人民论坛》2017 年第 30 期。

中俄两国希望通过丝绸之路经济带建设与欧亚经济联盟建设的对接合作实现亚欧的共同发展，但是也需要有分量的外部力量的协调与平衡。金砖机制就是这样的平台。可以说，金砖机制是弥补中国同俄罗斯低级政治关系不足的有效平台，加强两国在经济、金融、科技、教育、文化、社会等领域的合作。金砖国家大多是地区性大国，但它们的合作是全球性的，关注的是全球性问题，希望提升发展中国家的地位。"一带一路"倡议和"大欧亚伙伴关系"倡议虽然都主要集中在亚欧大陆，但是需要从全球的思维来谋划两者的战略对接，金砖机制就是有效的平台之一。五个金砖国家成员中，中国的经济实力最强，俄罗斯的军事实力最强，印度的综合实力在上升，但还不是联合国安理会常任理事国，至于巴西和南非，无论是综合实力还是国际影响力都要稍逊一些。因此，中俄关系是金砖机制中最重要、最关键的双边关系。两国首脑外交很出彩[①]，地方合作呈特色[②]。

（三）中俄致力于改变传统的西方主导国际社会的局面

在当前国际格局未发生根本性变化的前提下，在传统安全领域，中俄是"背靠背"的关系，上合组织就是典型的例子，它成为中俄联合抵御安全压力的重要平台。在非传统安全领域，中俄是"手拉手"的关系，丝绸之路经济带建设与欧亚经济联盟建设的对接合作就是典型的例子，它们共同推动亚欧地区的发展。中俄合作是一种战略性的安排，注重的是战略、安全、军事、政治、外交等领域的合作。[③] 可以

[①] 李兴：《首脑外交视域下习近平对俄外交战略思想析评》，《国外理论动态》2017 年第 12 期。

[②] 王宛、李兴：《中俄关系视域下的黑龙江：从争议之边到合作之界》，《俄罗斯东欧中亚研究》2018 年第 1 期。

[③] 李兴：《特朗普时代中美俄关系大趋势思考》，《人民论坛·学术前沿》2017 年第 10 期（上）。

说，在国际层面，这种安排可进可退，进可以推动国际秩序的变革，如中俄联合引领的金砖机制在全球发挥的作用；退可以维护中俄在亚欧地区的利益。

如前所述，金砖国家的合作是全球性的，但是它们首先着眼于地区性的突破，中俄合作也是如此。布热津斯基在《大棋局：美国的首要地位及其地缘战略》中重点论述了亚欧大陆的重要性，认为亚欧大陆是为争夺全球首要地位而进行斗争的棋盘。① 但是伴随着西方的相对衰落和"逆全球化"的出现，美国在亚欧大陆的地位已经受到挑战。有学者认为，中俄的丝绸之路经济带建设与欧亚经济联盟建设对接合作，将会使美国在亚欧大陆的影响力下降。② 中国提出的"一带一路"倡议将互联互通作为其中的基础、核心领域和优先方向，这有利于打造以亚欧大陆为中心的"亚欧发展共同体"，是构建人类命运共同体的关键环节之一。③ 而且，这有可能意味着亚欧大陆秩序将得到第二次重塑，意味着"亚欧世纪"有可能即将到来。④

中俄在全球层面的设计是多方面的，主要包括贸易、金融和安全三个方面。其中的核心是在全球层面改变国际秩序传统以西方为主导的局面，倡导建立以联合国为中心的国际秩序，⑤ 弥补美国主导建立的国际机制的不足，提升发展中国家的地位。在贸易方面，西方国家

① 〔美〕兹比格纽·布热津斯基：《大棋局：美国的首要地位及其地缘战略》，中国国际问题研究所译，人民出版社，2007，第 2 页。
② 杨雷：《俄罗斯大欧亚伙伴关系倡议的形成、实践及其影响》，《欧亚经济》2017 年第 6 期。
③ 李兴：《论"一带一路"框架下互联互通与实现亚欧发展共同体的建设》，《东北亚论坛》2017 年第 4 期。
④ 薛力：《"一带一路"与"亚欧世纪"的到来》，中国社会科学出版社，2016，第 1 页。
⑤ 〔俄〕乔吉·托洛拉亚：《金砖国家战略对接：俄罗斯立场及建议》，《太平洋学报》2017 年第 9 期。

意欲通过 TPP 和 TTIP 来引领新的规则，但是因为特朗普的"美国优先"和退出 TPP，其能力有所弱化，于是中国提出的"一带一路"倡议成为引领全球贸易的重要平台。对于中俄来说，可以尝试建立自由度更高的双边自由贸易区。在金融方面，发展中国家特别是金砖国家在 IMF 和世界银行中的份额和投票权都有所提升，但是没有改变以西方为主导的局面，中国引领建立了亚投行，一定程度上对布雷顿森林体系构成了挑战，这是金砖国家的明确目标。① 在安全方面，与美国在二战后主导建立的北约等联盟式的集体安全机制不同，中俄联合推动建立的上合组织追求的是合作安全，为国际社会提供了新安全观、新合作观和新外交观，开创了安全合作的新模式。更重要的是，随着印度加入上合组织以及中俄印机制的发展，地区层面的中俄印三角关系已初现端倪，而全球层面的中美俄大三角关系也呈现新的特点。此种局面的出现，与特朗普"重归大国竞争"、退出国际担当、力主"美国优先"、以中俄为"战略竞争对手"不无关系。

四　结语

党的十九大报告中提出了推动构建"人类命运共同体"和"新型国际关系"，并把"一带一路"建设写入了修改后的党的新章程中。中国积极履行大国责任，推出了自己的全球治理理念和举措，"一带一路"无疑是这些重要理念和举措的载体。但这并不意味着中国要刻意追求领导世界，"中国从未想过要领导世界"②。无论是构建

---

① 王灵桂：《中国：推动金砖国家合作第二个黄金十年》，社会科学文献出版社，2017，第 100 页。

② 张国：《外交部部长王毅：中国从未想过要领导世界》，中青在线，http://news. cyol. com/content/2017-03/20/content_15786646. htm。

新型国际关系，还是构建人类命运共同体，都是中国承担国际责任的体现，可以说在理念上起到了很好的导向、引导、引领作用，中国绝不追求西方向来孜孜以求的主导和领导世界的霸权地位。"一带一路"也是在中国经济实力提升的背景下，承担国际责任和力促亚欧地区实现共同发展的实际举措。在中国相对实力和能力不足的情况下，无论是在亚欧地区层面还是在全球层面，都不可忽视金砖机制和中俄合作的作用，包括对共建"一带一路"的促进作用。可以说，金砖机制是推动"一带一路"建设的强大助力，[1] 中俄关系是推动"一带一路"建设的核心关系。

反过来，"一带一路"和金砖机制也成为中国推行外交理念和举措的重要抓手和机制。国际格局在发生变化，美国等西方国家的不作为为发展中国家发挥作用提供了空间，中俄在这方面具备相对足够的实力和能力，中国的理念和倡议得到了世界的欢迎和响应。中国在其中的作用诚然不可忽视，金砖机制和"一带一路"可以看作发展中国家基于自身的发展需要和应对全球治理失灵、治理赤字而成立的新国际合作模式，[2] 但面对国际局势的复杂和自身能力的不足，中国需要俄罗斯等其他金砖国家，俄罗斯等其他金砖国家也需要中国；在"一带一路"框架下，丝绸之路经济带建设与欧亚经济联盟建设的对接合作是中俄关系的新起点。无论是在亚欧大陆还是在金砖机制内，中俄合作都是最关键的力量。

[1] 李兴、成志杰：《金砖合作机制是推动"一带一路"建设的强大助力》，《人文杂志》2015 年第 12 期。
[2] 徐超、于品显：《金砖国家机制与"一带一路"倡议合作研究》，《亚太经济》2017 年第 6 期。

第九章
中俄关系中的中亚因素分析

2013 年 9 月，中国国家主席习近平审时度势，提出了建设丝绸之路经济带的倡议，突出了俄罗斯与中亚在中国外交中的地位。2015 年，中俄签订了《中华人民共和国和俄罗斯联邦关于深化全面战略协作伙伴关系、倡导合作共赢的联合声明》和《中华人民共和国和俄罗斯联邦关于丝绸之路经济带建设与欧亚经济联盟建设对接合作的联合声明》，深化了两国战略协作伙伴关系，促进了两国在经济领域的合作。需要注意的是，在欧亚经济联盟建设中，中亚也是重点建设区域，并且是俄罗斯的传统势力范围，因此，中亚是中俄关系中的一个重要影响因素。很显然，中国、俄罗斯、中亚三者之间存在着相互联系、相互影响、相互作用的特点，中俄关系、俄亚关系显然能影响到中国与中亚国家的关系，反过来，中国与中亚国家的关系又会对中俄关系产生影响。三者之间的关系密切、复杂而微妙。中国在与俄罗斯、中亚国家合作时，一定要平衡好中国、俄罗斯、中亚三者间的相互关系。

一　中俄与共同的邻居——中亚

中国、俄罗斯和中亚山水相连，毗邻而居。谈及中俄关系绕不开中亚因素，而中国与中亚的关系又躲不开俄罗斯因素，三者间相互影响。近年来，三者关系发展迅速，在政治、经济、安全、军事等领域都加强了合作，特别是丝绸之路经济带的提出以及丝绸之路经济带建设与欧亚经济联盟建设的对接，都加深了中国与俄罗斯和中亚的伙伴关系，促进了国家间在战略方面的合作。除此之外，中俄与中亚的多数国家是上合组织的成员，俄罗斯与中亚国家也是独联体成员国（2005 年 8 月土库曼斯坦宣布退出独联体），并且俄罗斯与部分中亚国家又是集体安全条约组织的成员国，再往前说，俄罗斯与中亚五国都曾是苏联的一部分。这三方中，任何两者间都存在着千丝万缕的关系。

（一）俄罗斯是影响中国与中亚关系的关键因素

中俄关系好，中国与中亚的关系才会好，也就说俄罗斯在中国与中亚关系中起着至关重要的作用。俄罗斯能够左右中亚事务是由俄罗斯与中亚的"特殊关系"决定的，有着历史和现实的原因。

在沙俄和苏联时期，俄罗斯与中亚五国有着上百年的共同历史。苏联解体后，中亚五国虽然成为独立的国家，但是所选择的政治体制与俄罗斯较为相近，通过独联体、集体安全条约组织以及欧亚经济联盟，俄罗斯与中亚国家仍然保持着较为密切的联系。苏联解体后，俄罗斯继承了苏联的大部分遗产，铁路、公路、电信以及油气管道，大部分都归了俄罗斯，因此，中亚地区的相关经济领域也受制于俄罗斯，俄罗斯仍然控制着中亚国家的部分油气管道。在军事领域，苏联时期的军事力量基本都由俄罗斯继承，俄罗斯仍是世界第二大军事大国，出于安全考虑，中亚国家也依赖俄罗斯为其提供的"核保护伞"，除此之外，中亚的军官培养以及军事武器也大多来自俄罗斯。在文化方面，俄语是中亚国家的通用语言，俄罗斯族在中亚五国中均有分布，在教育、传媒方面，俄罗斯仍有巨大影响力。加之普京上台执政后强调中亚的战略意义，中亚的内政外交都受到俄罗斯的影响。

欧亚经济联盟是俄罗斯主导的，包括哈萨克斯坦、吉尔吉斯斯坦等中亚国家。中亚国家很关注中俄两国关系的发展会给它们带来的影响，因为俄罗斯的一些外交决定会影响到中亚国家的国家利益。中俄关系良好，最有可能的结果之一就是俄罗斯对中国与中亚之间有争议的问题不表态。例如，在中哈跨界河流额尔齐斯河分水以及治理问题上，如果俄罗斯不表态，哈萨克斯坦的声音显然就微弱。[①] 与美国和欧盟在中亚的利益诉求不同，中国在中亚的利益需求主要是维护国家的西部安全和发展国家的经济利益。由于中国商品物美价廉，在中亚占有广大的消费市场，而且中国也是中亚最大的商品出口地，这就对俄罗斯在中亚的经济利益产生冲击，为弥补俄在中亚的经济短板，"俄罗斯政治因素"的影响就可能会出现。

（二）中亚是影响中俄关系的潜在因素

虽然中亚国家属于俄罗斯的传统势力范围，但是中亚国家也在通过自己的外交途径来平衡大国在中亚的影响，其一些有意识和无意识的举措都会影响中俄关系。例如，中亚国家推行的"去俄罗斯化"政策以及在某些方面对中国表现出"过分"热情，都会影响俄罗斯的感受，难免不对中俄关系产生间接的影响。[②] 同时，受西方影响，中亚国家中也会存在一些对华不友好的声音，如果与俄罗斯国内少数反华势力结合，同样也会对中俄关系产生不利影响。

自苏联解体后，中亚五国在施行对外政策中对俄大多奉行"分离主义"，强调外交的独立性。由于中亚所处区域的敏感性，自独立之

---

① 《中国加强与俄罗斯的关系及中亚的影响以抗衡美国》，中国网，http://www.china.com.cn/chinese/VOL/134503.htm。

② 赵常庆：《论影响中国与中亚关系的"俄罗斯因素"及中俄关系的"中亚因素"》，《新疆师范大学学报》（哲学社会科学版）2011年第4期。

后，中亚国家适时加入了联合国、独联体、经济合作组织、欧安组织、集体安全条约组织、亚信会议以及上海合作组织等。这样的参与不仅能增强其外交的独立性，而且也会发挥国家的作用，并且通过建立多边关系来制衡大国在该地区的影响，从而维护国家的安全利益。中亚国家在与俄罗斯等国发展关系时，普遍坚持以下基本原则：独立自主地发展双边与多边关系；在互利合作的基础上建立平等的伙伴关系，反对俄罗斯对中亚地区的控制和不合理的要求；反对建立超国家机构，不赞成独联体成为国际法的主体；优先考虑本国自身发展的需求，自行决定本国所承担的国际义务，共同维护地区和平与稳定。①

俄罗斯与中亚的关系看似中俄与中亚关系中最为基础和稳定的关系，其实也是存在变数的一组关系。俄罗斯与中亚的实力都与往日不同，尽管俄罗斯仍是在中亚有最大影响力的国家，但是俄罗斯影响力的比重正逐渐地让位给其他国家，目前在中亚出现的各种合作机制也给中亚国家提供了更多的外交选择余地，提供了与其他国家接触的机会。两者是一组动态互动的关系，随着双方国家实力与国情的变化，俄罗斯与中亚也会相应地做出调整，使两者关系朝着更为健康和可持续的方向发展。

二　丝绸之路经济带建设与欧亚经济联盟合作建设对接与中亚因素

（一）中亚对中俄具有重要的地缘战略意义

中亚在地理位置上紧邻中俄两个大国，是俄罗斯的战略缓冲区。

---

① 蒋新卫：《冷战后中亚地缘政治格局变迁与新疆安全和发展》，社会科学文献出版社，2009，第62页。

俄罗斯国土面积东西长，北部和东部临海，南部和西部与中国、中亚以及东欧等国相邻，所以对俄罗斯来说，南部和西部的邻国是它免于直接受到外来势力进攻的缓冲地带，失去这些周边国家，俄罗斯容易遭受"唇亡齿寒"的境遇。早在苏联解体最初的几年，有俄罗斯专家就针对恢复俄罗斯的势力范围提出了"近邻外国"主张，即强调重点在苏联曾控制的战略区域内重新建立一个以俄罗斯为中心的权力势力范围。[1] 2001 年 4 月，普京在发表的国情咨文中表示，将把独联体国家视为俄罗斯外交的"重中之重"，进而推动独联体的一体化进程。但是，独联体成员国向心力不足，一体化进程分不同水平进行，一些成员国还针对俄罗斯专门成立了古阿姆组织。其中，俄罗斯与白俄罗斯的一体化水平可谓最高，但合作空间有限；相比较之下，俄罗斯与中亚某些国家的合作效率则高得多。中亚可以算是俄罗斯比较完整的一块战略后方：中亚五国中，哈萨克斯坦、吉尔吉斯斯坦和塔吉克斯坦三国自独立后就与俄关系比较亲近；乌兹别克斯坦虽与西方国家联系频繁，但自"安集延事件"后与俄走近；而土库曼斯坦自 1995 年成为中立国后就奉行自己中立特色的外交政策，与俄保持友好关系。可以说，总体上看中亚国家还是与俄罗斯更为紧密，并且中亚对于俄罗斯的国家安全有着极为重要的战略意义。

中亚的局势与中国新疆的稳定和发展密切相关。新疆地处欧亚大陆腹地，是我国西部地区经济增长的重要支点，也是我国向西开放的重要门户，除此之外还是我国战略资源的重要来源地，是我国西北边

---

① 〔美〕兹比格纽·布热津斯基：《大棋局：美国的首要地位及其地缘战略》，中国国际问题研究所译，上海人民出版社，2007，第 86 页。

陲的战略屏障。① 中国虽然是海陆兼备的国家，但是自古以来，中国就重陆权而轻海权，陆权对于中国的国家安全来说是最为基础的，维护新疆地区的和平、稳定与发展也就成为中国维护西部安全的重中之重。新疆是我国西部边陲，与中亚紧邻，属于欧亚"大陆心脏地带"的一部分，也是欧亚大陆的重要地区和向西开放的前沿。近几年新疆"东突"分裂势力蠢蠢欲动，不断制造暴恐事件，周边邻国的不稳定也会造成"多米诺骨牌效应"，影响新疆安全。② 伊斯兰文明、东正教文明、印度文明和儒家文化在新疆交聚，这更加突出了新疆地区在我国安全领域中的重要地位。

　　一些俄罗斯学者认为，中国的丝绸之路经济带有两大目标：一是为中国提供新的进出口市场和能源供应的替代路线，减少对东南亚航线的战略依赖；二是在中国西部边界两侧建立一个稳定的区域。俄罗斯的欧亚经济联盟则是通过增加联盟区以外的国家进口关税，试图确保俄罗斯的影响力并使其合法化。③ 俄罗斯需要与中国保持良好关系，以平衡其与西方的关系，而中国也须承认和尊重俄罗斯在该地区的历史作用。两国都反对西方特别是美国广泛地参与欧亚事务。两国在打击恐怖主义和维护稳定方面有着相同的目标。

（二）优先加强在中亚的基础设施建设和能源合作

　　中亚基础设施建设较为落后，需要基础设施建设方面的投资，但是西方国家的投资多与人权相挂钩，所以中亚更欢迎中国的不带附加

---

① 蒋新卫：《冷战后中亚地缘政治格局变迁与新疆安全和发展》，社会科学文献出版社，2009，第 1~2 页。

② Camille Brugier，"China's way: the new Silk Road"，European Union Institute for Security Studies，Vol. 14，2014，p. 3.

③ О влиянии РФ и Китая на Центральную Азию，Kazakhstan 2.0，http://kz.expert/archives/5815.

条件的基础设施建设投资。① 俄罗斯与中亚国家建交以来，在中亚各国的投资约为 200 亿美元，在中亚有超过 7500 家正在运作的俄罗斯合资企业，过去十年，俄罗斯向中亚提供的经济援助总额达 60 多亿美元。② 铁路运输对于中亚国家有着十分重要的意义，中亚地处古代丝绸之路的中心地带，是连接东西方国家的桥梁。对于中亚国家发展贸易来说，货物无阻碍运输也具有重要的战略意义，因为大多数中亚区域经济合作国家都是内陆国。因此，通过中亚区域经济合作与其庞大而迅速发展的邻国保持更密切的联系，有可能扩大中亚地区的贸易，从而改善本地区的经济状况。③

"要想富，先修路"，丝绸之路经济带就十分看重中亚的交通运输建设，在中亚与欧亚经济联盟等国家在这一领域进行合作。"新亚欧大陆桥"虽然基于现有的铁路和公路通过哈萨克斯坦和俄罗斯连接中国与欧洲，但也不排除通过新的方式来连接，例如，在俄罗斯建设高速铁路，这将会使莫斯科到喀山的旅程时间从 12 个小时缩短到 3.5 个小时④，俄罗斯就该项目与中国进行谈判，以吸引中国的投资，中国已表示愿意为这个项目提供约 1000 亿卢布的股份制融资，这相

① Igor Abramov：«Китай и Россия в Центральной Азии：соперничество или сотрудничество»，Mixed News，http：//mixednews.ru/archives/122021.

② Maxim Blinov：«Лавровотметилважность ЕАЭС для России и стран Центральной Азии»，Евразийский коммуникационный центр，http：//eurasiancenter.ru/news/20171004/1004452604.html.

③ Савия Хасанова：«Развитие торговли в регионе ЦАРЭС：потенциал железных дорог Центральной Азии»，Международный научно-общественный журнал，http：//mirperemen.net/2017/05/razvitie-torgovli-v-regione-cares-potencial-zheleznyx-dorog-centralnoj-azii/.

④ «О влиянии РФ и Китая на Центральную Азию»，Kazakhstan 2.0，http：//kz.expert/archives/5815.

当于 4000 亿卢布的债务融资。[①] 同时，中国也绕过俄罗斯发展中亚—中国—东亚线路。作为这条路线的一部分，北部方向是最发达的，从中哈边境的霍尔果斯口岸建设联通哈萨克斯坦里海沿岸阿克套港的铁路，再从阿克套转运到阿塞拜疆，然后通过巴库—第比利斯—卡尔斯铁路连接到格鲁吉亚和土耳其，最终到达欧洲。

2016 年 6 月，哈萨克斯坦与乌兹别克斯坦之间新建了价值 16 亿美元的铁路，其中包括由中国中铁隧道集团承建的全长 19.2 公里的卡姆奇克（Kamchik）隧道。这条路线是计划中连接吉尔吉斯斯坦南部与中国西部铁路线的一部分。中国也已经恢复了中国西部与吉尔吉斯斯坦南部之间的公路联系，目前卡车能够将货物运送到塔吉克斯坦和阿富汗。当然，涉及阿富汗的路线是最复杂的，而且连接塔吉克斯坦—阿富汗—土库曼斯坦的铁路项目（TAT）面临着许多政治和安全方面的挑战，丝绸之路经济带成功发展所必需的跨境运输线的创建远非易事。

在加快基础设施建设的同时，中国也与中亚国家进行能源方面的合作。中国的石油和天然气长期依赖中东，由于近几年来中东地区的安全形势不容乐观，并且中国在马六甲海峡的航行安全也受到威胁，因此，为了减少对中东能源的依赖和实现能源进口通道的多元化，中国与俄罗斯和中亚国家加强了在能源领域的合作。[②] 合作方式主要有以下几种：发放有针对性的或长期性的优惠贷款，或者利用出口货物来偿还所购买的能源；通过大型国有企业（中石油、中石化、中海油）缔结长期合同；购买中亚国家重点能源公司的股份获得发展油

---

① 《Перегнать за 60 часов Будетли востребова наскоростная железная дорога из Китая в ЕС》，LENTA.RU，https：//lenta.ru/articles/2017/10/30/vsmevrazia/.

② К.Т.Габдуллин，"Центральная Азия и Россия в энергетической политике Китая"，Вестник КазНУ.—Серия востоковедения，Vol.56，Number 3，2011，p.17.

气田的权利。① 中国与中亚五国均有能源合作，其中与哈萨克斯坦、土库曼斯坦以及乌兹别克斯坦重点发展在油气资源方面的合作，而与吉尔吉斯斯坦与塔吉克斯坦则是在电力方面进行合作。

哈萨克斯坦是中国在中亚地区最大的油气合作伙伴，也是中国在独联体国家中投资最多的国家之一。这是因为在所有中亚国家中，哈萨克斯坦的经济潜力最大，国内政局最为稳定，并且两国相邻，减少了通过第三国中转能源的相关风险。1997 年，两国签订了连接中国新疆与哈萨克斯坦里海沿岸的长达 3 万公里的石油管道建设项目，建设总金额为 95 亿美元；同年，两国签订了建设阿塔苏—阿拉山口石油管道项目，至 2015 年底，通过该管道的石油运输量达到 1180 万吨。② 2007 年，哈萨克斯坦签订了建设从中亚天然气管道向中国输送天然气的哈萨克斯坦分支项目，并于 2010 年竣工，目前哈萨克斯坦通过该管道向中国输送了约 100 亿立方米的天然气。③ 同时，中国也在哈萨克斯坦参与一些油气田的开发，例如北布扎奇油气田。中国在哈的一些大型石油公司也占有很大的股份，例如，2017 年 7 月，中石油购买了哈萨克斯坦石油生产排名第二的阿克纠宾油气公司 60.3% 的股份，获得公司资产经营管理权，现已更名为中油阿克纠宾油气股份公司。中国也在电力和核能领域与哈萨克斯坦开展积极的合作：中国广东核电集团参与哈萨克斯坦伊尔库尔、谢米兹拜伊和扎尔

---

① Поштич Мина，"Сравнительный Анализ Энергетической Стратегии КНР В Отношении Стран Центральной Азии"，Сравнительная политика，Vol. 20，Number 3，2015，p. 89.

② Нефтепровод Казахстан-Китай，КазМунай，http：//old. kmg. kz/manufacturing/oil/kazakhstan_china/.

③ Поштич Мина，"Сравнительный Анализ Энергетической Стратегии КНР В Отношении Стран Центральной Азии"，Сравнительная политика，Vol. 20，Number 3，2015，p. 91.

帕克三个铀矿的开发，2015 年，中广核矿业有限公司持有谢米兹拜伊铀矿公司 49% 的权益。[①]

土库曼斯坦是中国在中亚的第二大能源合作伙伴，中国也是土库曼斯坦天然气的最大买主，从土库曼斯坦进口的天然气占中国天然气进口总量的 4.3%。中国和土库曼斯坦在能源领域最重要的合作项目就是中亚—中国天然气管道建设。该管道建设原本计划为中国和土库曼斯坦的双边项目，但由于连接范围广，乌兹别克斯坦和哈萨克斯坦也参与了建设。该项目于 2006 年签订协议，2007 年开工建设，2009年第一个分支建成运行。在该项目中，中方向土库曼斯坦提供了数十亿美元的贷款，土方用等价的天然气来支付这些贷款。

中国与乌兹别克斯坦的能源合作主要是在联合开发矿床方面。一方面，两国在费尔干纳、纳曼干和安集延地区联合开发一些小的"老油田"；另一方面，两国共同开发地质条件复杂的矿床，并且乌兹别克斯坦的油气公司在开发布哈拉—希瓦地区的油田时采用了中国企业的技术、设备和经验。此外，中国的公司正在努力开发乌兹别克斯坦西北部的咸海大陆架上的油气田。除联合开发油气田外，中乌也积极建设一条贯穿乌兹别克斯坦境内的中亚天然气管道，以向中国输送天然气。

吉尔吉斯斯坦的油气资源储量小，但是水能资源丰富，中吉两国加强在电力生产和运输方面的合作。中国经济的快速发展不仅面临着能源短缺的问题，而且也面临着电力供应不足的问题，这尤其不利于中国西部工业的发展。为了解决这个问题，中国非常重视从包括吉尔吉斯斯坦在内的邻国进口电力。自 2004 年以来，吉尔吉斯斯坦一直

---

① Uranium and Nuclear Power in Kazakhstan, World Nuclear Association, http：//www. world-nuclear. org/information-library/country-profiles/countries-g-n/kazakhstan. aspx.

通过 Torugart 和 Irkeshtam 口岸的电力线向中国出口电力，电力供应量约为每年 100 万千瓦时。另外，中吉也在合建新电厂。目前，中国与吉尔吉斯斯坦还在开展油气方面的合作，2014 年，吉尔吉斯斯坦和中国同意启动一条天然气管道，土库曼斯坦从 2016 年开始通过该天然气管道向中国供应天然气。①

中国与塔吉克斯坦在电力合作方面有广阔的前景。中国现阶段已经参与塔方多个水电项目的实施，例如，中国水利水电建设股份有限公司参与了扎拉夫河水电站的建设。

（三）中亚影响丝绸之路经济带建设与欧亚经济联盟建设对接合作的不利因素

1. 西方国家在中亚地区的渗透威胁着中亚地区的安全与稳定

"9·11"事件之后，基于打击恐怖势力的需要，中亚成为美国全球反恐的前沿地区。阿富汗是内陆国家并与中亚接壤，美国的反恐力量要进入该地区就需要得到阿富汗周边国家的帮助。中亚本身也是伊斯兰文明地区，经济发展较为落后，社会矛盾突出，容易成为恐怖组织和恐怖分子选择的隐藏地区。这些因素无疑使得中亚成为美国反恐的首选区域。在军事方面，美国在中亚的吉尔吉斯斯坦和塔吉克斯坦租有军事基地，当出现燃油不足以及技术问题时，美军战机可以在哈萨克斯坦的阿拉木图国际机场降落。除了反恐需要，美国在中亚地区也有着能源和向外输出美国价值观的需要。在俄罗斯看来，美国在中亚地区支持民主运动以及反政府运动的行为，是对俄罗斯和中亚国

---

① Geng Zhe, "Сотрудничество между Китаем и странами Центральной Азии в нефтегазовой области", Региональная экономика и управление: электронный научный журнал, Vol. 51, Number 3, 2017, p. 6.

家内政的一种干涉。①

欧盟主要是通过经济援助的形式来对中亚施加影响，对中亚进行"民主化"改造也是欧盟对中亚的一个重要战略目标。欧盟一直都在加强对中亚的研究，通过援助和在各领域加强合作等途径对中亚国家内部事务进行干涉，并且程度较深，同时也一直在利用欧安组织推动中亚国家"民主化"进程以及公民社会的建立，欧盟积极参与、观察、监督中亚国家举行的各种选举和公投并向其提供技术支持。② 除此之外，能源因素也是欧盟在中亚寻求影响的另一重要原因。长期以来，欧盟的天然气供应严重依赖俄罗斯，俄欧关系经常会影响俄罗斯对欧盟的天然气输送，乌克兰与俄罗斯的矛盾也会引发俄罗斯停止向欧盟输送油气的情况，这些都严重影响了欧盟的能源安全。与中亚进行能源合作，可以打破俄罗斯对里海油气输出线的控制，减少对俄罗斯的能源依赖。同时欧盟的这些举措也加大了对该区域的能源争夺。

2. 中亚的宗教、民族问题以及政权更替影响着中亚以及中国新疆的稳定

中亚与中国新疆在民族和宗教方面有着相似性，伊斯兰文明在新疆有着深厚的影响。宗教与文化的相似性一方面有利于新疆与周边中亚国家的交往，有利于新疆的对外开放，促进新疆的经济、文化发展；另一方面也使得新疆不得不面对分裂主义、极端主义和恐怖主义的威胁。与此同时，西方国家在中亚地区进行"西化"和文化渗透，对我国的西部安全造成很大的干扰，特别是以美国为首的西方势力公然支持新疆的民族分裂活动。

在俄罗斯帝国和苏联时期，中亚的政治实体经历了民族整合的过

---

① Eugene B. Rumer, "China, Russia and the Balance of Power in Central Asia", Strategic Forum, Number 223, 2006, p. 6.
② 吴宏伟：《俄美欧中亚政策及其演变》，《俄罗斯学刊》2017年第2期。

程，但没有经历国家建立的过程，这也是现代中亚国家还没有完成国家巩固的原因。地域纷争与民族纷争在政治发展中仍然发挥着重要影响；同时，这也把国际关系中的民族认同复杂化了。基于此，外部力量对中亚国家国内政治纷争的参与非但不会解决问题，还会加深已有的分化（例如吉尔吉斯斯坦的"郁金香革命"）。同样，这些不稳定因素严重威胁中国西部的国家安全。

3. 中亚五国对俄外交的差异性不利于欧亚经济联盟的建设

现今，虽然中亚五国与俄罗斯均保持着密切的联系，但各国的外交独立性越来越强，在处理与俄罗斯的关系时也表现出一种复杂矛盾的心理。一方面想脱离俄罗斯的控制，增强国家外交的自主性；另一方面，实力与愿望又不相符，中亚五国不得不在经济、军事、安全等方面依靠俄罗斯。

当今，欧亚经济联盟可谓俄罗斯自乌克兰危机之后重振经济的一大重要举措，但是，中亚五国对欧亚经济联盟的回应是各有各的"小算盘"。哈萨克斯坦的反应是"可以，但是……"哈认为欧亚经济联盟更有利于俄罗斯。[①] 吉尔吉斯斯坦是中亚五国中经济最为落后的国家，虽想通过加入欧亚经济联盟来缓解本国经济困难的现状，但事实是，由于进口关税的增加，很可能会加重国内的贫困状况，欧亚经济联盟并不是其"救世主"。[②] 在俄的劳动移民汇款收入是塔吉克斯坦财政的重要收入，俄罗斯的经济衰退也直接影响塔吉克斯坦的外汇收入。[③] 在卡里莫夫去世前，乌兹别克斯坦曾对加入欧亚经济联盟

---

① Marlene Laruelle，"Kazakhstan's Posture in the Eurasian Union：In Search of Serene Sovereignty"，*Russian Analytical Digest*，Number1 65，2015，p. 7.

② Sebastien Peyrouse，"Kyrgyzstan's Membership in the Eurasian Economic Union：A Marriage of Convenience?"，*Russian Analytical Digest*，Number 165，2015，p. 10.

③ Saodat Olimova，"Tajikistan's Prospects of Joining the Eurasian Economic Union"，Russian Analytical Digest，Number 165，2015，p. 15.

持有积极的态度，2020 年 12 月乌兹别克斯坦正式获得欧亚经济联盟观察员国地位。土库曼斯坦作为一个中立国，对欧亚经济联盟也实行中立政策，重点发展双边关系，但表示不会加入。

三　三方合作的对策思考

在丝绸之路经济带建设与欧亚经济联盟建设对接合作的框架下，中国与俄罗斯和中亚国家的往来要突出重点。中亚是俄罗斯的传统势力范围，而中亚也在为增强国家外交的自主性不断努力，中国如果在政治领域过于涉足中亚，定会引起俄罗斯的猜忌。经济方面的合作是维护国家间政治往来稳定的"镇定剂"，而中国提出丝绸之路经济带倡议不仅可以发挥中国在欧亚区域的地缘优势，而且也可以发挥经济互补优势，与俄罗斯和中亚国家进行合作，互利共赢，共同发展。在软实力方面，中国可以加强在人文方面的交流与合作，增进相互之间的了解。

（一）利用经济互补优势，重点在经济领域加强合作

西方国家针对 2014 年乌克兰危机对俄进行了一系列经济制裁，不仅使俄罗斯的经济遭受重创，而且使中亚国家的经济也受到严重影响，同时损害了依靠石油和天然气出口的哈萨克斯坦和土库曼斯坦的经济，与卢布相挂钩的货币若兑换成美元会贬值，损害国内的购买能力，并且也会增加以美元计价的债务；若兑换卢布升值，又对向俄罗斯出口商品不利。由于卢布贬值，在俄罗斯的中亚劳务移民寄回国的汇款收入也在缩水，购买力大大下降，俄罗斯的投资以及签订的合同，特别是与一些重要的基础设施建设有关的项目或面

临冻结，或已被停止。①

丝绸之路经济带建设以及与欧亚经济联盟建设的对接，可以在经济领域实现中国、俄罗斯与中亚国家间的优势互补。中国有着较为先进的技术，生产多样化，基础设施建设较为完善，拥有广阔的消费市场，资金实力雄厚，但是消费水平占 GDP 比例小，资源以及环境问题开始较为突出，还面临产业升级等问题；俄罗斯军事实力雄厚，有着丰富的自然资源，可以说能源是俄罗斯崛起的基础②；中亚国家劳动力与自然资源丰富，农业发展仍有潜力，与俄罗斯之间存在一些双边或者多边的经济协议，但是生产较为单一，商品附加值小，经济多依赖能源出口，基础设施建设薄弱。③ 本国的优势可以弥补别国的短板，而本国的短板可以利用别国的优势来弥补，中国与俄罗斯以及中亚国家可以在投资、基础设施建设以及能源方面开展合作，增进国家间经济的互动。

（二）利用文化互补优势，在人文领域增进合作

在中亚地区，软实力影响一直以来是中国的外交短板，但是经过建交三十年的不断努力，中国与中亚五国的人文交流取得了丰硕的成果，合作范围也不断拓展。政治、经济、人文是促进国家间关系稳步前进的"三驾马车"，不仅上海合作组织、金砖国家需要，丝绸之路

---

① Nate Schenkkan, "Impact of the Economic Crisis in Russia on Central Asia", Russian Analytical Digest, Number 165, 2015, p. 3.

② Александр Петерсен, Россия, Китай и энергетическая геополитика в Центральной Азии, Центр Европейских реформ, 2012, p. 83.

③ Vasily Erokhin: Problems and Perspectives of Collaboration between Russia and China in the Region of Central Asia, researchgate. https://www.researchgate.net/publication/315700633_Problems_and_Perspectives_of_Collaboration_between_Russia_and_China_in_the_Region_of_Central_Asia.

经济带建设与欧亚经济联盟建设的对接合作也需要。中国与中亚互设"文化日"或"文化周"，定期举办活动；在教育领域，双方互派留学生的人数日益增长，孔子学院促进了中国文化的传播，也增进了中亚国家对中国的了解，"汉语热"在中亚国家不断持续；在旅游、媒体以及医疗合作方面也不断有所进展。①

但是，"中国威胁论"在俄罗斯以及中亚地区仍有市场，人们对中国的了解更多还是停留在古代中国，对现代中国的科技以及国情则知之甚少。宣传现代中国的成就比宣传中国古代文明更有说服力。毕竟中国的儒家文化与俄罗斯的东正教文明以及中亚的伊斯兰文明不同，中国不能只向俄罗斯和中亚宣传本国文化的独特性，而应多从共同价值观入手，增进双方的了解。

（三）以上海合作组织为合作平台，借助丝绸之路经济带建设与欧亚经济联盟对接合作解决中亚国家的困难

上海合作组织包括中俄和中亚哈、吉、塔、乌四国，是现成的、成熟的合作机制，可以作为丝绸之路经济带建设与欧亚经济联盟建设对接合作的重要平台，寻求与地区国家的共同利益、近似利益、相近利益和最大利益公约数，帮助解决中亚国家发展所面临的困难，包括缺乏建设资金、出海口，加强基础设施建设和反对"三股势力"等合作，尊重并积极推动中亚国家提议的亚信（亚洲相互协作与信任措施会议）等地区机制。

---

① 李自国：《建交25年来中国与中亚国家的人文合作》，《中亚国家发展报告（2017）》，社会科学文献出版社，2017，第62~65页。

四　小结

目前，通过上海合作组织和以邻为伴、与邻为善的政策，中国与俄罗斯、中亚国家的安邻睦邻友好关系得到了发展，边界和安全问题得到了比较妥善的解决，各方"亲诚惠容"，相互信任。通过中俄合作，三边关系也将会得到进一步的巩固、升级，可以互利共赢，共同发展，共同繁荣，并使上海合作组织得到进一步的发展，从而有利于形成亚欧发展共同体、亚欧命运共同体和新型亚欧关系。[①] 中国与俄罗斯共同致力于中亚地区的全面发展，丝绸之路经济带建设与欧亚经济联盟建设的对接合作将会使中亚从中受益。中俄双方既要增进相互间的了解，彼此关照在中亚的核心利益，又要促进双方的相互谅解，加强外交政策上的沟通。提高中亚国家的经济水平，有利于中俄与中亚国家间的全方位合作，促进大欧亚经济伙伴关系的发展。

中亚作为一个中小国家比较集中、比较独特的地缘经济和地缘政治单元，地理位置处于亚欧大陆的中心，同时也处在中国西向和俄罗斯南下的必经之处，虽夹在中俄之间，但中亚国家并不是被动的、毫无主观能动性的国际行为体，其独特的中小国家外交也会直接影响中俄的发展战略及其对接合作的水平。中亚国家经济实力的提高也会为中俄的合作与发展提供便利，反过来，中俄在中亚的进一步合作也会促进中亚各国的发展。

如果良性循环，中俄以及中亚国家将会共同发展，全面提高，促进亚欧一体化的发展。可以这么说，共同或近似的利益加速了中国、

[①] 李兴：《论"一带一路"框架下互联互通与实现亚欧发展共同体建设》，《东北亚论坛》2017 年第 4 期；李兴：《关于"一带一盟"对接合作的几点思考》《欧亚经济》2016 年第 5 期。

俄罗斯和中亚国家之间更加密切、广泛的合作。"一带一路"的建设是全方位、多层次的建设，也是向世界开放、互惠共赢的建设。从区域和国别来讲，不论是在"一带一路"建设中还是在丝绸之路经济带建设与欧亚经济联盟建设对接合作过程中，俄罗斯与中亚始终占据核心地位。增强互信、相互支持、互利共赢，不断携手前进是三方的共同使命。不仅是中国相互尊重、平等互利、亲诚惠容的外交政策打动了俄罗斯与中亚，而且也是俄罗斯与中亚选择了与中国共同和平、发展、合作、共赢之路。三者携手可以把"一带一路"打造成和平之路、开放之路、发展之路，构建亚欧利益共同体、发展共同体、命运共同体。从策略上讲，这是中国式"三合一"外交（周边外交、大国外交、金砖外交）的创新；从理论上说，这是对历史上西方传统"以邻为壑"模式的超越。形成睦邻命运共同体和新型国际关系，是对当代国际政治文明的重大贡献，也是中国践行"人类命运共同体"的先行实验。

第十章
中俄关系视域下的黑龙江：
从争议之边到合作之界

一 问题的提出

在全球性水稀缺和跨界水资源冲突问题日益凸显的形势下，跨界河流在国际关系中发挥着越来越重要的作用。中国正面临着来自西北部、西南部和南部跨界水资源纠纷带来的挑战，中国在境内部分开发某些跨界河流的问题已经上升为中国与周边国家关系中的重要内容之一。中国与俄罗斯都是大国，同时又是邻国。国内外学界关于中俄关系的研究成果颇多，但往往是从国际格局、地缘政治、大国利益、意识形态、民族主义等视角进行研究，而从跨界河流角度所做的研究成果很少。

国内外学者对黑龙江进行了许多有价值的研究，主要集中在自然概况、水污染、洪水、水电开发、生态环境、法律等方面。[①] 从国际

[①] 中国学者研究成果包括贾生元、戴艳文、阎万江：《中俄界河黑龙江生态环境保护与可持续开发利用研究》，《水资源保护》2003 年第 3 期；周海炜、郑莹、姜骞：《黑龙江流域跨境水污染防治的多层合作机制研究》，（转下页注）

关系视角来研究的成果不多，进行这方面研究的俄国学者有索恩采夫、诺索娃、波尔戈夫、普罗霍罗娃等①，中国学者有王志坚、翟晓敏、

（接上页注①）《中国人口·资源与环境》2013 年第 9 期；贾德香、白建华、梁芙翠：《中俄界河水电项目合作开发前景分析》，《能源技术经济》2010 年第 2 期；Chen Huiping，"The 1997 UNWC and China's Treaty Practice on Transboundary Waters"，*Water International*，2013，No. 2，等等。俄国学者研究成果包括：Говорушко，М. С.，Горбатенко，В. Л.，Трансграничное водопользование в бассейне р. Амур // Вестник ДВО РАН，2013，No. 2；Воронов，Б. А.，Мандыч，А. Ф.，Махинов，А. Н.，Современность и вероятное будущее Амура и связанных с ним экосистем//Регионы нового освоения：ресурсный потенциал и инновационные пути его использования：сб. докл. конф. с междунар. Участием（Хабаровск，19 - 22 сент. 2011 г.）：Хабаровск，2011；Кондратьева，М. Л.，Фишер，К. Н.，Бардюк，В. В.，Биоиндикация трансграничного загрязнения реки Амур ароматическими углеводородами после техногенной аварии в Китае// Сибирский экологический журнал，2012，No. 2；Natalia Pervushina，"Water Management and usein the Amur-Heilong River Basin：Chanllenges and Prospects"，Environmental Securityin Watersheds：The Sea of Azov，2010；Sergei Blagov，"Damagecontrol for Russia and China afte rchemicalspill"，Eurasia Daily Monitor，2006，No. 15，等等。其他学术机构也对黑龙江进行了研究，比如世界自然基金会（WWF），在符拉迪沃斯托克（俄罗斯）、哈尔滨（中国）和达达勒（蒙古国）设立了三个办事处，致力于黑龙江流域的跨界合作研究项目。目前，该项目已经完成了第一阶段的任务，即通过回顾现存文献评估现状，评估报告以 *Amur-Heilong River Basin Reader* 为题出版，包含流域自然概况、社会经济、面临的挑战以及应对的方法四个方面。

① Солнцев，М. А.，От конфликта к сотрудничеству；Российско-китайские отношения в областиуправления водными ресурсами// Международное право，2009，No. 1，С. 246 - 261；Носова，С. Ф.，Россия-Китай：правовое регулирование отношений природопользования в бассейне реки Амур// Власть и управление на востоке россии，2007，No. 3，С. 133 - 140；Болгов，В. М.，Российско-Китайское сотрудничество в области использования и охраны трансграничных водных объектов：опыт и проблемы // Использование и Охрана Природных Ресурсов в России，2016，No. С. 89-95；Прохорова，В. Н.，Развитие российско-китайских отношений в свете освоения бассейна реки Аму// Китай в мировой и региональной политике. история и современность，2011，No. 16，С. 230-244.

李传勋、滕仁等①，其他学者和研究机构有帕特里夏·伍特斯和瑞典
安全与发展政策研究院（Institute for Security & Development Policy）②。
然而，俄罗斯学者在黑龙江问题上存在诸多消极片面的观点，似乎一
致认为中国与俄罗斯在黑龙江水资源利用方面存在竞争关系，对中国
存有担心，视中国为引发未来冲突的"潜在威胁"；认为对黑龙江当
前已经出现或未来可能出现的跨界水资源和生态环境问题需要负更多
责任的一方是中国。比如，戈特万斯基认为，中国一侧人口和经济压
力的增加导致黑龙江出现生态环境和人类生存条件的恶化③；娜塔莉
娅·佩尔乌申娜认为，黑龙江会因为中国一侧水量的减少而成为引发
跨界冲突的潜在因素④；戈尔巴坚科认为，中国计划在黑龙江干流修
建水电站对俄罗斯靠近黑龙江的地区生态环境造成负面影响⑤；卡拉
金认为，中国是黑龙江水污染的主要"贡献者"，排入黑龙江的废水
等污染物绝大多数来自中国一侧，中国东北地区人为活动对黑龙江水

① 王志坚、翟晓敏：《我国东北国际河流与东北亚安全》，《东北亚论坛》2007 年
第 4 期；李传勋：《中俄毗邻地区非传统安全领域合作初探》，《俄罗斯中亚东
欧研究》2006 年第 6 期；滕仁：《中俄在边界水体水资源安全方面的合作》，
黑龙江大学 2007 年硕士学位论文；滕仁：《中俄毗邻地区生态安全合作研究》，
《西伯利亚研究》2010 年第 4 期。

② Patricia Wouters，"Can the dragon and bear drink from the same well? Examining Sino-
Russian cooperation on transboundary rivers through a legal lens"，Social Science
Electronic Publishing，2013；瑞典安全与发展政策研究院于 2013 年出版了 *Sino-
Russian Transboundary Waters：A Legal Perspective on Cooperation*。

③ Готванский，И. В.，Бассейн Амура: осваивая-сохранить，М.，2007，С. 17.

④ Natalia Pervushina，"Water Management and Use in the Amur-Heilong River Baisn：
Challenges and Prospects"，Environmental Security in Watersheds：The Sea of Azov，
2010，p. 233.

⑤ Горбатенко，В. Л.，Российский дальний восток в АТР: Водные ресурсы и
проблемыводопользования，2014，С. 90.

体产生的压力是俄罗斯的 10 倍①。尽管如此，中俄在黑龙江跨界水资源方面的合作也得到了俄罗斯学者的肯定。索恩采夫认为，中俄两国在生态环境合作方面迈入了新阶段②；博尔戈夫等认为，即便中俄在黑龙江问题上存在分歧和矛盾，但双方相互尊重和信任，在黑龙江合作方面取得了丰硕的积极成果③。

中俄学者从国际关系角度对黑龙江进行的研究值得肯定，但从深度、广度和高度上来看，这些研究才刚刚起步。随着 2013 年"一带一路"倡议的提出，黑龙江所在区域变得更加重要。一方面，俄罗斯是丝绸之路经济带共建国家，对于中国而言，加强与俄罗斯的合作不仅能够促进经济稳定持续发展，而且有利于构建和谐的周边环境；另一方面，丝绸之路经济带以发展经济、改善民生为主要内容，以互联互通为基础，这些与水资源和生态环境密切相关。因此，重视和加强从国家关系角度对黑龙江进行研究的必要性不言而喻。

在国际社会上，已经存在一批从国际关系角度研究跨界河流水资源问题的成果，虽然这些成果涉及面广泛，但不难发现，这些研究几

---

① Vladimir P. Karakin, "Transboundary water resources management on the Amur River: competition and cooperation", Environmental Risks to Sino-Russian Transboundary Cooperation: from Brown Plans to a Green Strategy, 2011, p. 93. 这篇文章中还指出，排入黑龙江干流部分即额尔古纳河口至松花江口段的废水有 75% 来自中国一侧，排入松花江口至乌苏里江口段的废水有 98% 来自中国一侧。

② Солнцев М. А., От конфликта к сотрудничеству: Российско-китайские отношения в областиуправления водными ресурсами // Международное право, 2009, No. 1, С. 256.

③ Болгов М. В., Демин А. П., Шаталова К. Ю., Российско-Китайское сотрудничество в областииспользования и охраны трансграничных водных объектов: опыт и проблемы // Использование и охрана природных ресурсов в России, 2016, No. 2, С. 94.

乎都离不开对冲突或合作的讨论。① 阿里埃勒认为流域国家间关系的
本质就是冲突和合作。② 跨界水资源因素在流域国家间关系中发挥作
用的形式有两种：一种是流域国家间冲突或合作的目标；另一种是流
域国家用以获取其他利益的工具。当前有大量关于跨界河流流域国家
间冲突或合作的文献，然而却没有能够提供全面和客观反映流域国家
间互动关系的论证。学界对跨界流域国家间涉水关系的影响因素没有
形成统一的认识。格莱克从环境安全角度指出了水资源稀缺与流域国
家间冲突的关系③，亨塞尔认为水资源缺乏地区更容易出现流域国家
间纠纷④，杜肯则认为水资源稀缺可能是合作的起点⑤；埃斯佩和托
菲奎对过去六十年来流域国家间签订的协定进行分析，得出的结论是
跨国界河流对流域国家越重要，该国家越倾向于签订跨国界河流管理
协定⑥；勒马奎德从地理的角度分别分析了上下游国家间和边界沿岸
国家间合作的动力差异⑦；洛维从相对权力的角度认为，在霸权国位

---

① 比如，荷马-迪克斯（Homer-Dixon）认为，在可再生资源中，水资源引发国际
战争的可能性最大；格莱克（Gleick）认为，当出现水资源稀缺时，国家会将获
取水资源看作国家安全问题；沃尔夫（Wolf）认为，关于水的合作比冲突更常
见。

② Ariel Dinar, Shlomi Dinar, Stephen McCaffrey, Daene McKinney, "Bridges over
Water: Understanding Transboundary Water Conflict, Negotiation and Cooperation",
World Scientific Publishing Co. Pte. Ltd, 2007, p. 141.

③ Peter H. Gleick, "Water and Conflict", International Security, 1993, No. 1, pp. 79-
112.

④ Paul R. Hensel, Sara M. Mitchell, Thomas E. Sowers, "Conflict Management of
Riparian Disputes", Political Geography, 2006, No. 2, pp. 383-411.

⑤ Dokken Karen, "Environmental Conflict and International Integration", Conflict and
the Environment, Kluwer Academic Publishers, 1997, pp. 519-534.

⑥ Molly Espey, Basman Towfique, "International Bilateral Water Treaty Formation",
Water Resources Research, 2004, No. 5, pp. 1-8.

⑦ David G. Le Marquand, International Rivers: The Politics of Cooperation, Westwater
Research Centre, University of British Columbia, 1977, p. 8.

于下游的情况下，更容易出现流域国家间的合作①；弗雷德里克提出了影响流域国家间涉水关系的因素，即各沿岸国家在流域中的位置、跨国河流对各沿岸国家的重要性、各沿岸国家之间的相对权力等②。李志斐聚焦中国的实际现状，利用定量研究方法，分析出了明显影响中国跨国界河流问题的因素，包括国家关系、领土争议和治理模式。③ 综合来看，影响因素不外乎以下五个方面：地缘位置、流域国家对河流水资源的依赖程度、相对权力、国家关系（包括领土争议）、治理模式。

　　本章拟从国际关系视角，利用相关历史资料和法律文件，以黑龙江为切入点来纵向梳理中俄关系的来龙去脉，分析中俄围绕黑龙江跨界水资源互动的影响因素，探讨黑龙江在丝绸之路经济带建设与欧亚经济联盟建设对接合作中的地位和作用。需要说明的是，水资源具有流动性、循环性和整体关联性，干支流之间相互影响，水资源与土地、生物等自然要素之间联系密切④，因此本章的研究不局限于黑龙江，而是放在整个流域之内对其进行分析。

二　黑龙江：历史上的争议之边

　　黑龙江起初是中国的内河，从 1643 年开始，在不断侵略、争议和

---

① Miriam R. Lowi, Water and Power: The Politics of a Scarce Resource in the Jordan River Basin, Press Syndicate of the University of Cambridge, 1993, p. 10.

② Frederick W. Frey, Middle East Water: The Potential for Conflict or Cooperation, Water in the Middle East: Conflict or Cooperation. *Boulder*: *Westview Press*, pp. 180-198.

③ 李志斐：《中国跨国界河流问题影响因素分析》，《国际政治科学》2015 年第 2 期。

④ 何俊仕、尉成海、王教河编著《流域与区域相结合水资源管理理论与实践》，中国水利水电出版社，2006，第 13~14 页。

签订不平等条约之下，沙俄侵占了黑龙江以北大片中国领土，中俄东段边界逐渐形成，由此黑龙江也演变成了中俄的界河。然而界河地区总是不太平的。19世纪50年代以来，俄国以各种方式在黑龙江区域蚕食中国边界领土权益。黑龙江在中俄关系史中充当了纠纷和冲突的载体。

（一）《尼布楚条约》：黑龙江南源额尔古纳河成为最初边界

15世纪末16世纪初，由最初只占有莫斯科河中游一小片土地的莫斯科公国形成了统一的俄罗斯国家，疆域的东边只到北乌拉尔山的支脉①，与当时已经在中国管辖之下的黑龙江、乌苏里江流域之间隔着大片的土地。所以，那时中俄之间并不存在接壤的边界。16世纪初，沙俄开始扩张，当时清政府统治下的中国成为沙俄扩张领土的目标之一。1643年，清政府忙于平定"三藩之乱"，沙俄趁此开始入侵黑龙江流域。在沙俄先后多次入侵中国惨遭失败和清政府妥协让步的情况下，双方于1689年9月7日签订了《尼布楚条约》。

《尼布楚条约》对中俄进行了第一次划界。该条约第一款对边界的划定为：①"格尔必齐河为两国之界"；②"格尔必齐河发源处为石大兴安岭（即外兴安岭，俄称斯塔塔夫山脉），此岭直达于海，亦为两国之界：凡岭南一带土地及流入黑龙江大小诸川，应归中国管辖；其岭北一带土地及川流，应归俄国管辖"；③"又流入黑龙江之额尔古纳河亦为两国之界：河以南诸地，尽属中国，河以北诸地，尽属俄国"；④"惟界于兴安岭与乌第河之间诸川流及土地应如何分

---

① 中国社会科学院近代史研究所：《沙俄侵华史》（第一卷），人民出版社，1978，第71~74页。

划，今尚未决"。① 据此，额尔古纳河被划为中俄东段边界的西段部分，《尼布楚条约》实际上使中俄边界经历了从无到有的变迁。

（二）《瑷珲条约》：南延以黑龙江为界

清政府与沙俄之间以《尼布楚条约》换来的边疆和平在 1854 年被打破。19 世纪中期的中国面临着内忧外患，逐步由封建社会转变成半殖民地半封建社会。沙俄则乘机侵占我国领土，逼签不平等条约。从 1854 年开始，以穆拉维约夫统率的俄军开始侵犯黑龙江，通过建立移民点、军事点等手段实际占领了该地区，并逼迫清政府于 1858 年签订《瑷珲条约》。②

《瑷珲条约》对中俄东段边界进行了大调整。根据该条约，额尔古纳河一段变成中俄东段边界西段部分的边界；格尔必齐河到外兴安岭至海一段南移至黑龙江，割让了黑龙江以北 60 多万平方公里的领土。"由乌苏里江往彼至海所有之地，此地如同连接两国交界明定之间地方，作大清国、俄罗斯共管之地。"③ 据此，中俄边界向南延伸，黑龙江就成了中俄界河。《瑷珲条约》不仅使沙俄侵占了中国黑龙江以北的大片领土，而且还将乌苏里江以东地区划为中俄共管地，为沙俄进一步侵占乌苏里江以东地区埋下伏笔。

（三）《北京条约》：继续南下以乌苏里江为界

《瑷珲条约》将黑龙江划为中俄边界，沙俄继续利用该条约将乌

---

① 步平、郭蕴深、张宗海、黄定天：《东北国际约章汇释（1689~1919）》，黑龙江人民出版社，1987，第 86 页。
② 刘家磊：《东北地区东段中俄边界沿革及其界牌研究》，黑龙江教育出版社，2014，第 19 页。
③ 步平、郭蕴深、张宗海、黄定天：《东北国际约章汇释（1689~1919）》，黑龙江人民出版社，1987，第 90 页。

苏里江以东地区划为中俄共管地，为其最终达到侵占的目的埋下伏笔。《瑷珲条约》之后，沙俄先占领了共管之地并逼迫中国于1860年签订中俄《北京条约》，变共管为独占。条约规定："自乌苏里江口而南，上至兴凯湖，两国以乌苏里江及松阿察二河作为交界。其二河东之地，属俄罗斯国；二河西属中国。自松阿察河之源，两国交界逾兴凯湖直至白棱河；自白棱河口顺山岭至瑚布图河口，再由瑚布图河口顺珲春河及海中间之岭至图们江口，其东皆属俄罗斯国，其西皆属中国。两国交界与图们江之会处及该江口相距不过二十里。"[①]

据此，从黑龙江与乌苏里江的交汇口开始，中俄边界向南延伸，以乌苏里江为界，而黑龙江下游划归俄罗斯，全部归入俄罗斯境内。

经过这三个阶段，现代中俄东段边界走向的基本形态已经形成，界河段包括黑龙江河南源额尔古纳河、黑龙江上中游、黑龙江支流乌苏里江、乌苏里江支流松阿察河和兴凯湖。黑龙江由此从中国内河演变成了中俄的界河。

总之，《尼布楚条约》（1689年）、《瑷珲条约》（1858年）、《北京条约》（1860年）基本划分和奠定了中俄界河——黑龙江和乌苏里江的现状基础。这既是历史发展的结果，也是当时中俄两国力量对比和国家关系的写照，还取决于当时的国际形势、国内政治以及民族性格和历史传统诸因素。界河维持了数百年的相对和平，尽管其间也发生过血腥的事件。苏联解体以后，随着国际格局的演变，中俄两国之间的力量对比和国际地位发生了有利于中国的变化，面对正在形成中的国际体系和国际秩序、相同的历史使命和相似的国际处境，在经济全球化、地区一体化的大背景下，人们的观念或主动或被动地发生了

---

① 王奇：《中俄国界东段学术史研究》，中央文献出版社，2008，附录《中俄北京条约》。

变化，不再认为只有博弈、冲突和竞争才是获取国家利益的方式，互利共赢、合作共赢、互让共赢成为中俄双方首先是两国领导层之间达成的共识。中俄战略协作伙伴关系节节发展，步步高升。在这种情势下，中俄两国的边界谈判比较顺利，不仅成功地划定了历史上久拖不决的边界问题，而且运用"对半分"的方式成功地解决了黑瞎子岛问题。两国的立法机构已经批准有关条约，两国之间的领土问题已经从法律上得到解决。界河又转而成为两国的友好之界、合作之界，体现了历史的沧桑巨变。

三　黑龙江：当今中俄的合作之界

自 20 世纪 50 年代开始，中苏围绕黑龙江既存在纠纷，同时也开展合作。两国开始在黑龙江的航行、渔业、开发利用等方面进行合作。这一合作受到后来两国关系波动的影响，表现出明显的脆弱性。

中苏黑龙江合作始于对界河航行的建设、对界河航行权利和安全的保障，双方政府于 1951 年 1 月 2 日签订了《关于黑龙江、乌苏里江、额尔古纳河、松阿察河及兴凯湖之国境河流航行及建设协定》。这一航行规则之后于 1987 年、1993 年和 2009 年经历了多次修订，最新一版《中俄国境河流航行规则》[①] 是目前有效规范中俄界河涉航事务的唯一航行规则。

1956 年，中苏签订《关于中苏共同进行调查黑龙江流域自然资源和生产力发展远景的科学研究工作及编制额尔古纳河和黑龙江上游综合利用规划的勘测设计工作的协定》，这是中苏第一次合作规划利用界河跨界水资源。双方成立了联合考察队和黑龙江流域生产力问题联合

---

① 本章条约名称中均使用两国的简称。

学术委员会，目标是调查黑龙江流域的地质构造、植被、气候、水文和矿产等内容，从而研究黑龙江流域的经济发展潜力，为制定开发规划提供参考意见。联合考察队取得了丰硕的成果，制订了多项发展计划，其中包括在黑龙江干流修建梯级水库以防洪和发电的方案。[①] 然而，由于中苏关系的破裂，1956 年启动的黑龙江流域考察工作于1962 年被迫停止。

20 世纪 80 年代，随着中苏关系开始缓和，两国之间围绕界河水资源的合作逐渐恢复。为了继续合作规划利用水资源以发电和调洪，中苏于 1986 年成立"中苏关于额尔古纳河和阿穆尔河水资源全面利用规划联合委员会"，开展额尔古纳河和黑龙江界河段的水资源综合合理利用（水力发电、调洪、航行、供水等）和保护（防止污染）的规划。[②] 1986~1999 年，中苏双方开展了相关规划，提出了若干水电站建设方案。[③]

1991 年 5 月，中苏签订了《中苏关于国界东段的协定》，这是双方多年艰辛谈判的阶段性成果。黑龙江作为两国界河的法律地位得到了确定。然而，这一协定是在搁置了黑瞎子岛和阿巴该图洲渚归属权

[①] 包括 Амазарская、Джалиндинская、Кузнецовская、Сухотинская、Благовещенская 水利枢纽工程。参见 Environmental Risks to Sino-Russian Transboundary Cooperation：from Brown Plans to a Green Strategy，WWF's Trade and Investment Programme Report，2011，p. 96。

[②] Sergei Vinogradov, Patricia Wouters, "Sino-Russian Transboundary Waters：A Legal Perspective on Cooperation", Stockholm paper, Institute for Security and Development Policy, 2013, p. 46.

[③] 经过联合考察和讨论之后，双方于 1999 年提出了若干水电站建设方案，包括黑龙江干流上的漠河、连釜、欧浦、双合站、呼玛、太平沟梯级开发方案和额尔古纳河上的室韦、腰板河、奇乾上坝三个坝段组成的梯级方案。其中，只有太平沟水电站被列入当前的开发计划，且前景暂不明朗。贾德香、白建华、梁芙翠：《中俄界河水电项目合作开发前景分析》，《能源技术经济》2010 年第2 期。

的基础上达成的。

此外，黑龙江渔业也是中苏合作的内容之一。1988 年，中苏签订了《中苏渔业合作协定》，开启了双方就界河、界湖渔业资源的捕捞、增殖、保护和水产品加工与贸易等方面的全面合作。双方在渔业方面的合作起步较早，在苏联解体之后依然得到延续。

随着苏联的解体、冷战的结束，中俄关系非但没有走下坡路，反而不断攀升。这一趋势表现在中俄围绕黑龙江的合作发展上，双方签订了一系列双边协定，尤其是开始涉及新领域，并建立起了相应的合作机制。

（一）双边协定

表 10-1 列举了苏联解体以来中俄签订的涉及黑龙江合作的协定，内容包含三个方面：黑龙江水面及水面上方（划界、航行、界桥），黑龙江水体（渔业、防洪），人类对黑龙江水体利用所产生的影响（生态环境、水污染）。[①]

表 10-1　中俄签订的涉及黑龙江合作的协定

年份	条约	内容	说明
1992	《关于在黑龙江和松花江利用中俄两国船舶组织外贸货物运输的协议》	航行	中国获得船只在俄罗斯境内黑龙江下游出海的权利

---

① 此处协定内容所包含的三个方面是借鉴王志坚所著《国际河流法》中关于国际河流客体具体内容的分类方法，较全面地反映出了跨界水—人类活动—生态环境之间的互动关系，人类活动通过利用跨界水对生态环境造成一定的影响，反过来，对生态环境的影响又会对跨界水产生一定的影响。与此同时，笔者对《国际河流法》中关于国际河流客体具体内容的三种分类方法进行了改动，把"黑龙江水面上方"也包括在内，因为考虑到中俄之间修建跨黑龙江大桥，这是中俄关系、中俄跨界水合作发展的重要内容之一，不可忽略。

续表

年份	条约	内容	说明
1993	《中俄国境河流航标管理规则》	航行	明确界河航道中心线两侧航标的设置问题，一改以往江中岛屿航标均由俄方管设的局面，而是双方分别对主航道中心线各自一侧的航标进行设置和管理
1994	《中俄关于黑龙江、乌苏里江边境水域合作开展渔业资源保护、调整和增殖的议定书》	渔业	继1988年中苏开启渔业合作之后进一步发展
1994	《中俄环境保护合作协定》	环境保护	协定第2条涉及边境河流水资源综合利用和水体保护、边界自然保护区建设和管理
1994	《中俄关于船只从乌苏里江（乌苏里河）经哈巴罗夫斯克城下至黑龙江（阿穆尔河）往返航行的议定书》	航行	中国船只在俄罗斯境内黑龙江下游航行
1995	《中俄关于共同建设黑河—布拉戈维申斯克黑龙江（阿穆尔河）大桥的协定》	界河大桥	中俄第一座界河公路桥，方便两国人员往来和经贸活动，保证和发展两国间可靠与稳定的全年交通
1998	《中俄关于中国船舶经黑龙江俄罗斯段从事中国沿海港口和内河港口之间货物运输的议定书》	航行	中国船只在俄罗斯境内黑龙江下游航行
2001	《中俄睦邻友好合作条约》	边境水体、生态	条约第19条涉及公平合理利用边境水体、界河流域的生物资源领域合作
2004	《中俄东段边界补充协定》	界河遗留问题的解决	在1991年的《中苏关于国界东段的协定》基础上解决了历史遗留争议问题，即黑瞎子岛和阿巴该图洲渚的归属问题
2006	《中俄关于两国跨界水体水质联合监测的谅解备忘录》	水质监测	2005年松花江污染事件直接促成了联合水质监测
2006	《中俄国界管理制度协定》	边界管理	协定第4章从整体上规定了边界水的一般规则，包括保护边界生态环境、防止水土流失、防止和控制边界水污染、边界水航行规则、渔业生产、界河河岸防护、边界水信息交换等

年份	条约	内容	说明
2008	《中俄关于合理利用和保护跨界水的协定》	跨界水合理利用和保护	对跨界水合理利用和保护的范围、内容和方法进行了细化，为中俄进一步跨界水合作提供法律基础
2008	《中俄关于建立跨界突发环境事件通报和信息交换机制的备忘录》	突发环境事件应急联络	中俄环保合作领域的合作内容之一
2008	《中俄关于共同建设、使用、管理和维护中国黑龙江省同江市—俄罗斯犹太自治州下列宁斯阔耶居民点区域内黑龙江（阿穆尔河）铁路界河桥的协定》	界河大桥	中俄第一座界河铁路桥，2014 年正式奠基，预计 2017 年完工
2014	《中俄跨界水防洪领域谅解备忘录》	防洪	建立跨界水防洪合作机制
2015	《关于修订 1995 年 6 月 26 日签署的〈中俄关于共同建设黑河—布拉戈维申斯克黑龙江（阿穆尔河）大桥的协定〉的议定书》	界河大桥	跨江大桥项目取得突破性进展，目前正在积极筹备动迁工作
2015	《中俄关于在中俄边境黑河市（中国）与布拉戈维申斯克（俄罗斯）之间共同建设、使用、管理和维护跨黑龙江（阿穆尔河）索道的协定》	界河索道	第一条跨境索道项目，已完成前期工作，预计 2016 年底开通运营

资料来源：参见中华人民共和国外交部《中华人民共和国条约集》（第四十一至第五十八集），世界知识出版社；中华人民共和国外交部边界与海洋事务司《中华人民共和国边界事务条约集（2004~2012 年）》，世界知识出版社，2013；中国外交部网站，http：//www. fmprc. gov. cn/web/；Chen Huiping，"The 1997 UNWC and China's Treaty Practice on Transboundary Waters"，Water International，2013，No. 2。

　　苏联解体以来，尤其是进入 21 世纪之后，中俄围绕黑龙江的合作进展迅速。从条约数量来看，从 1992 年至今中俄签订的涉黑龙江合作条约比过去四十年间中苏签订的条约还要多。从合作延续性来看，中俄围绕黑龙江的合作在不断增加，而中苏合作则出现过一段中止的时期。从合作内容来看，中俄双方合作的重点不仅局限于黑龙江跨界水资源的使用，即航行、渔业、水利工程等，还开拓了环境保护的新领域，包括跨界水体水质监测、边界自然保护区建设和管理、边界生态环境保护等。除此之外，黑龙江的边界遗留问题（上文提到的黑瞎子岛和阿巴该图洲渚）最终也得到了彻底解决，跨黑龙江大桥的修建取得了实质性进展。[①]

（二）功能机制

中俄围绕黑龙江的合作机制是复合型合作机制，由几个内容不同、职能不同、层面不同的合作机制构成。[②] 根据中俄之间达成的协定，双方成立了相关联合委员会或机制，实施协定内容和协调工作，促进相互间的信息交换与共享，并在出现分歧或争端时开展对话。合作机制大致包括以下几个方面。

1. 航行合作机制

根据 1951 年签订的《关于黑龙江、乌苏里江、额尔古纳河、松阿察河及兴凯湖之国境河流航行及建设协定》，中苏双方成立了中苏国境河流航行联合委员会，负责研究界河的航标设置、航道疏浚、航运基础设施和船舶航行安全等问题，每年由两国轮流举办一次例会。中苏国境河流航行联合委员会经受住了中苏关系变化的考验，苏联解体后于 1992 年更名为中俄国境河流航行联合委员会，至今已举行了57 次例会。它是中俄在黑龙江界河方面的第一个也是目前为止持续时间最久的双边合作机制。航行联合委员会中国一方涉及交通运输部、外交部等国家部委和黑龙江省、内蒙古自治区两个地方相关政府

---

① 关于中俄签署的修建两座界河大桥的协定属于双方围绕黑龙江合作的内容，所以在表格中应该列举出来。然而，修建界河大桥只能算作中俄围绕黑龙江开展的合作项目，并不是合作机制，所以不在下文功能机制部分进行详细分析。

② Sergei Vinogradov, Patricia Wouters, "Sino-Russian Transboundary Waters: A Legal Perspective on Cooperation", Stockholm paper, Institute for Security and Development Policy, 2013, p. 45.

部门，俄罗斯一方则包括阿穆尔河流域航道航政管理局等。

2. 渔业合作机制

为了实施 1988 年签订的《中苏渔业合作协定》，中苏双方成立了渔业合作混合委员会，每年召开一次会议。苏联解体之后，双边渔业合作混合委员会得到延续，至 2016 年 3 月已召开了 25 次会议。中俄渔业合作混合委员会中国一方涉及农业部（现为农业农村部）渔业渔政管理局，俄罗斯一方涉及联邦渔业署。经过共同努力，黑龙江水域渔业生产秩序稳定，双方在渔业合作方面取得良好成效。中俄黑龙江渔业合作较其他领域起步虽早，但尚未形成规模，未成为双方的主要合作领域。①

3. 环保合作机制

1994 年中俄签署了《中俄环境保护合作协定》，正式开启了双边环保合作进程。《中蒙俄共同自然保护区的协定》和《关于兴凯湖自然保护区协定》的签订表明中俄环保合作的不断扩大。从 1997 年开始，环保合作的议题相继被纳入中俄两国高层会晤机制中，《中俄联合声明》《中俄睦邻友好合作条约》《中俄总理定期会晤联合公报》都将环保合作作为重要内容。2006 年，中俄签署了《中俄联合声明》，据此双方在既有的中俄总理定期会晤委员会框架之下成立了中俄环保合作的长效机制——环保合作分委会，标志着中俄环保合作进入一个崭新的阶段。② 环保合作分委会是两国级别最高的环境保护合作机制，全面规划、指导和促进环境保护方面的双边合作，每年召开一次会议，轮流在中国和俄罗斯举行，至今已召开 10 次会议。基于

---

① 王殿华：《中国与俄罗斯渔业合作的潜力分析》，《俄罗斯中亚东欧市场》2006 年第 11 期。

② 王殿华：《中国与俄罗斯渔业合作的潜力分析》，《俄罗斯中亚东欧市场》2006 年第 11 期。

双方共同商定的优先合作领域①，环保合作分委会在其之下成立了污染防治和环境灾害应急联络、跨界水体水质监测与保护、跨界自然保护区和生物多样性保护三个工作组。环保合作分委会中国一方涉及环境保护部（现为生态环境部）、外交部、发改委、国土资源部、水利部、农业部（现为农业农村部）等十个国家部委和内蒙古自治区、黑龙江省两个地方政府，俄罗斯一方则包括自然资源与生态部和紧急状态部等部门。②分委会主席由中国生态环境部部长和俄罗斯自然资源与生态部部长共同担任。

4. 合理利用和保护跨界水合作机制

中俄合理利用和保护跨界水联合委员会执行 2008 年签署的《中俄关于合理利用和保护跨界水的协定》的工作，就跨界水资源领域的问题进行商讨并统筹处理，包括联合规划跨界水利用和保护、制定跨界水水质的统一标准、制定预防和应对跨界水突发事件及消除或减轻其后果的计划、研究突发事件所致重大跨界影响的分析和评估方法及救助措施以及促进争议解决。③联合委员会中国一方涉及外交部、水利部、生态环境部等部门和内蒙古自治区、黑龙江省政府，俄罗斯一方包括自然资源与生态部、联邦水资源署等部门和相关边境地方政府。联合委员会主席由中国外交部副部长和俄罗斯联邦水资源署署长共同担任。联合委员会轮流在中国和俄罗斯举行会议，每年一次，至今已举行了 8 次。2009 年，在中俄合理利用和保护跨界水联合委员会第二

---

① 刘宁：《周生贤出席中俄总理定期会晤委员会环保合作分委会第一次会议》，《中国环境报》2006 年 9 月 13 日。

② 《积极行动中的中俄环保合作——专访环保部官员刘宁》，http：//www.china.com.cn/news/env/2009-11/19/content_18919535.htm。

③ 《中俄关于合理利用和保护跨界水的协定》，中国外交部网站，http：//www.fmprc.gov.cn/web/wjb _ 673085/zzjg _ 673183/bjhysws _ 674671/bhfg _ 674677/t708160.shtml。

次会议中，双方成立了跨界水质监测和保护、水资源管理两个工作组。

5. 跨界水体水质联合监测合作机制

中俄跨界水体水质联合监测在中俄总理会晤委员会环保合作分委会和中俄合理利用和保护跨界水联合委员会的框架内开展工作。事实上，早在 2003 年中国黑龙江省和俄罗斯哈巴罗夫斯克边疆区环保部门就已开始对黑龙江和乌苏里江开展联合水体水质监测。2006 年中俄达成了《中俄关于两国跨界水体水质联合监测的谅解备忘录》，将联合在额尔古纳河、黑龙江、乌苏里江、绥芬河和兴凯湖等跨界水体开展联合监测。由此，联合监测的范围由 2 个跨界水体扩大至 5 个跨界水体，性质由地方行为上升为国家行为。根据此计划，中俄两国成立了跨界水体水质联合监测协调委员会，指导联合监测计划的制订及协调落实。双方各自任命一名联合监测协调委员会主席，由两位主席共同领导委员会。同时成立联合专家工作组，负责商榷联合监测计划实施方案、培训技术人员、协调联合检测中的有关技术问题、起草联合监测计划的年度实施报告。联合监测协调委员会中国一方涉及国家生态环境部、外交部等部门，以及国家监测总站和内蒙古自治区、黑龙江省地方环保监测站，俄罗斯一方包括水资源署、自然资源与生态部、水文气象署等部门和相关边境地方环保监测中心。[1] 联合监测协调委员会和联合专家工作组会议每年轮流在中俄举行。迄今为止，中俄跨界水体水质联合监测协调委员会暨专家工作组会议已举行了 9 次，联合监测开展了 20 多次，交换数据 2 万多个，是中俄环保领域合作中进展最快的一个方面。[2]

---

① 孙平、刘晓丽、徐丹：《中俄跨界水体水质联合监测长期合作若干问题的思考》，《环境科学与管理》2009 年第 8 期。

② 李平：《让环保合作成为中俄战略协作的典范》，《中国环境报》2013 年 7 月 2 日。

6. 跨界突发环境事件通报和信息交换机制

2008 年中俄签订《中俄关于建立跨界突发环境事件通报和信息交换机制的备忘录》，中方由环境保护部（现为生态环境部）牵头，俄方由自然资源与生态部牵头。《中俄关于建立跨界突发环境事件通报和信息交换机制的备忘录》是中俄总理定期会晤委员会环保合作分委会在环境突发事件应急联络方面的新进展，加强双方在应对跨界突发环境事件方面的合作，增进互信，避免因信息交流不畅而出现的误会。

7. 防洪合作机制

黑龙江流域洪水频发，历史上曾出现过多次较大和特大洪水，对沿岸中俄两侧均造成严重损失。黑龙江防洪能力较低，一方面黑龙江干流缺乏大型控制性防洪水利工程，另一方面干流堤坝的防洪标准较低。中俄两国在防洪方面的合作主要以信息交流、洪峰调节和救灾援助等为主。双方签订的整体框架性协定为防洪合作提供了一定的基础，比如 1986 年签订的《关于互换黑龙江流域水文情报和预报的备忘录》、2006 年签订的《中俄关于预防和消除紧急情况合作协定》和《中俄国界管理制度协定》、2008 年签订的《中俄关于合理利用和保护跨界水的协定》。2013 年发生的黑龙江大洪水，在一定程度上促使中俄加强防洪减灾合作。2014 年 6 月两国签署《中俄跨界水防洪领域谅解备忘录》，建立跨界水防洪合作机制。防洪合作由中国水利部和俄罗斯联邦紧急情况部牵头共同推动落实。

四　中俄黑龙江合作：分析和展望

中俄签订了多项涉黑龙江合作协定，并在协定的基础上成立合作机制，可以认为中俄在黑龙江方面是合作的状态。然而，从合作的进

展与效果来看，目前中俄黑龙江合作在广度和深度上都有待提升，发
展前景存在某种不确定性，但也不是不能克服的。

（一）影响中俄黑龙江合作的因素分析

对于黑龙江流域的中俄两国来说，跨界流域问题的影响因素随着
历史的演变发生变化，其中领土争议几乎伴随中俄关系发展的全
部过程。

1. 中俄在黑龙江流域中的地理位置

由前述可知，黑龙江经历了由中国内河到中俄界河的历史演变，
界河的法律地位也已经得到了确认。从整个黑龙江流域来看，不能简
单地将中俄两国看作黑龙江界河两侧的沿岸国。作为中俄界河段的黑
龙江只有其上游和中游部分，而其下游部分则全部在俄罗斯境内。因
此，中俄在黑龙江流域中既有界河沿岸国的"地缘权力对称"关系，
还有上下游国家间的"地缘权力不对称"关系。[1] 虽然从上下游角度
来看，容易出现上游国家的单边行为。然而，从界河的角度来看，中
俄两国中任何一个国家对黑龙江中共享水资源的使用行为对另一个国
家和本身都会产生影响，引起的伤害亦然。简言之，中俄两国对其境
内黑龙江共享水资源的使用所产生的影响是双向可逆的。与流经上下
游国家的跨国界河流相比，界河沿岸国的特殊地缘位置减少了报复行
为和相互作用发生的概率，不但降低了冲突发生的频率[2]，而且增加

---

[1] Joanne Linnerooth-Bayer, "Negotiated River Basin Management", The Management of International River Basin Conflicts, George Washington University, 1986, pp. 4-5. Linnerooth-Bayer 认为，上游国家在洪水控制、水供给和水污染等方面具有明显的优势，即在上下游地缘政治中表现出"权力不对称"。

[2] Dinar, S., "Assessing Side-payments and Cost-sharing Patterns in International Water Agreements: The Geographic and Economic Connection", Political Geography, 2006, No. 4, p. 429.

了合作的动力①。

2. 中俄对黑龙江水资源的依赖程度

流域国家对共享水资源的依赖程度越大，对共享水资源的竞争就越大。依赖程度取决于多个方面，包括国家境内部分流域面积占共享流域总面积的比例、人口密度、水资源稀缺程度等。黑龙江流域降水丰富，淡水资源充足。黑龙江流域在中俄两国境内的面积相当，仅差2.4%，但流域俄罗斯境内的水文网较发达②，水资源相对丰富，而中国境内河水径流量仅是流域总径流量的约1/3③。随着中俄两国在黑龙江流域各自境内部分的经济和社会生活的不断增加，双方对流域水资源的需求也相应提高。当前，从人口密度来看，整个黑龙江流域人口密度约35人/平方千米④，与世界平均人口密度相差不大，不属于人口密集地区；从水资源稀缺程度来看，流域中国境内一侧黑龙江省、吉林省和内蒙古自治区在全国属于轻度和中度缺水地区，黑龙江丰富的水资源有利于缓解这一地区用水紧张；俄罗斯境内一侧除了后贝加尔边疆区的水资源可利用量较低以外，阿穆尔州、犹太自治州、

① David G. LeMarquand, "International Rivers, the Politics of Cooperation", University of British Columbia Westwater Research Center, 1977, p. 9.

② Voronov, B., The Amur Basin Ecosystem: State and Main Possibilities of Its Stabilization, Ministry of Natural Resources of the Russian Federation, Moscow, 2007.

③ Болгов, М. В., Демин, А. П., ШаталоваК, Ю., Российско-Китайскоесотрудничест вовобластииспользования и охраны трансграничных водных объектов: опыт и проблемы // Использование и охрана природных ресурсов в России, 2016, No. 2, С. 92; Voronov, B., The Amur basin ecosystem: state and main possibilities of its stabilization, Ministry of Natural Resources of the Russian Federation, Moscow, 2007.

④ http: // wwf. panda. org / what_we_do / where_we_work / amur_heilong / threats_amur_heilong/.

哈巴罗夫斯克边疆区和滨海边疆区的水资源可利用量都较高①，在俄罗斯属于淡水资源丰富地区。但值得一提的是，俄哈巴罗夫斯克边疆区人口70%的饮用水和家庭用水来自黑龙江②。

3. 中俄相对权力状况

各沿岸国家之间的相对权力主要是指抵御其他国家武力行为以保护水资源的能力或者通过武力行为来获取水资源的能力。③ 在中俄关系发展的不同时期，两国力量的对比也在发生变化。近年来，从俄罗斯角度看，俄在远东地区加大军事力量部署，新式武器频频亮相。如俄罗斯最新的"北风之神"级战略核潜艇目前已有三艘服役，其中两艘部署在太平洋舰队；2016年4月部署在俄阿穆尔州的"苏-35"战略轰炸机已经率先升级了空对空导弹④；2016年8月俄在远东地区已经部署"堡垒"战略导弹⑤；俄还在远东地区建造了新的卫星发射基地，等等。就中国而言，虽然近年来武器装备更新换代，但是在某些方面与俄罗斯仍存在一定差距。不过，总体来说，中俄都为世界核大国、常规武器大国，在军事相对权力方面差距不大，处于比较平衡状态，两国保护水资源的能力相当。

---

①　Economic Instruments for Water Resources Management in the Russian Federation, OECD Publishing, p. 13.

②　Natalia Pervushina, "Water Management and Use in the Amur-Heilong River Baisn: Challenges and Prospects", *Environmental Security in Watersheds: The Sea of Azov*, 2010, p. 230.

③　李昕蕾：《冲突抑或合作：跨国河流水治理的路径和机制》，《外交评论》2016年第1期。

④　Истребители Су - 35 на Дальнем Востоке получили новые ракеты, https://lenta. ru/news/2016/04/04/rakety/.

⑤　В августе на Дальнем Востоке поставят на боевое дежурство ракетный комплекс "Бастион", http://www. arms-expo. ru/news/vooruzhenie_i_voennaya_tekhnika/v_avgustenadalnemvostokepostavyatnaboevoedezhurstvoraketnyykompleksbastion/.

4. 中俄对黑龙江的治理模式

中俄两国对黑龙江的合作正式启动于 20 世纪 50 年代，在航行、渔业、开发利用、边界管理、生态环境保护、跨界水体联合监测等方面签订了一系列条约，并成立了相应的联合委员会。这样的合作模式为中俄两国更加合理、科学地治理黑龙江奠定了基础。双方在黑龙江问题上开展的积极合作，有效地弱化了黑龙江出现的跨界问题。缺乏共同治理的模式是我国东南部、南部地区跨界河流问题比黑龙江问题突出的重要因素。[1]

5. 中俄整体关系

流域国家间的整体关系状态并不能决定相关国家间的涉水关系，但可以产生一定的影响。尤其是黑龙江牵涉领土主权问题，关乎国家安全和国家根本利益，容易导致零和博弈，引发中俄两国在黑龙江地区的纠纷。如果流域国家间的整体关系紧张或固有冲突严重，水资源问题很容易成为流域国家间发生冲突的借口，流域国家也倾向于采取强硬的态度处理水资源纠纷；相反，如果国家间整体关系是和平的状态，则会倾向于采取协商合作的方式解决水纠纷。[2] 由黑龙江从中俄争议之边演变为合作之界的历史过程可知，中俄（苏）关系的确对双方围绕黑龙江的互动产生了影响。黑龙江是中俄关系的风向标：当双方关系动荡不稳时，黑龙江地区是利益碰撞带，充当争议的前线阵地；当双方关系良好稳定时，黑龙江则为双方的合作提供更大的舞台。

由此可知，中俄在黑龙江地区的地缘位置、对共享水资源依赖程度、相对权力和双边整体关系等综合因素促使两国涉水关系趋向于合

---

① 李志斐：《中国跨国界河流问题影响因素分析》，《国际政治科学》2015 年第 2 期。

② 李志斐：《水与中国周边关系》，时事出版社，2015，第 17、37 页。

作，实践证明双方围绕黑龙江确实已经形成一定水平的合作模式。然而，影响中俄两国涉水关系状态的因素并不是一成不变的，而是不断变化的，包括中俄两国对黑龙江共享水资源的依赖程度、中俄相对权力的状态以及中俄整体关系的走势。

（二）两国合作存在的问题

1. 合作优先方向不同

中俄对黑龙江的需求不同，导致双方在黑龙江合作优先方向上出现分歧。黑龙江中国一侧在全国属于水资源缺乏地区，中国近黑龙江地区对用水需求较大，对流域生态环境和水能开发利用较为关注，因此也往往容易被外界误认为中国首要关注界河水开发而忽略生态环保。[①] 相反，俄罗斯靠近黑龙江地区不存在供水不足问题，又因黑龙江下游全部在俄罗斯境内，所以俄罗斯特别关注水污染问题，认为当前面临的最主要问题是水质问题[②]，在黑龙江合作上重生态环保而轻开发利用。这一点从俄罗斯发布的《2020年水战略》报告中就可以看出，保证人口和经济的充足优质水资源以及防止水污染是俄罗斯水战略的优先发展目标。[③]

[①] Natalia Pervushina. Water Management and Use in the Amur-Heilong River Basin：Challenges and Prospects. Environmental Security in Watersheds：The Sea of Azov，Springer，2010，p. 231；Воронов，Б. А.，Мандыч，А. Ф.，Махинов，А. Н.，Современность и вероятное будущее Амура и связанных с ним экосистем // Регионы нового освоения：ресурсный потенциал и инновационные пути его использования：сб. докл. конф. с междунар. Участием（Хабаровск，19 - 22 сент. 2011 г.）：Хабаровск，2011.

[②] Vladimir P. Karakin，"Transboundary water resources management on the Amur River：competition and cooperation"，Environmental Risks to Sino-Russian Transboundary Cooperation：from Brown Plans to a Green Strategy，2011，p. 86.

[③] Водная стратегия Российской Федерации на период до 2020 года.

2. 不同合作领域发展参差不齐

中俄围绕黑龙江的合作基本涵盖了跨界河流合作的大部分领域，然而这些领域的合作状况却参差不齐。航行和渔业领域的合作起步早且进展稳定；边界谈判和跨界水体水能开发的合作起步早却进展曲折，其中边界谈判最终达成一致，而跨界水体利用合作前景不明朗；跨界生态环境保护领域的合作起步晚却进展最快。目前，中俄双方在航行、渔业、环境保护、跨界水体水质监测、突发环境事件通报和信息交换、防洪方面建立起了不同程度的合作机制。

3. 合作法律机制不够完善

中俄已经达成了一系列涉及黑龙江的协定，为双方在该领域的合作提供了一定的法律基础，但未签订专门针对黑龙江合作的协定。与目前在国际社会中获得广泛认可和影响力的国际多边涉水公约（1966 年的《国际河流水利用的赫尔辛基规则》、1992 年的《跨界水道和国际湖泊的保护与利用公约》和 1997 年的《国际水道非航行使用法公约》）[1] 相比，中俄之间签订的黑龙江涉水协定就显得过于简单，表现为条款数目少，条款内容粗略，还存在内容缺失。[2] 比如，2008 年的《中俄关于合理利用和保护跨界水的协定》只规定"在考

---

[1] 1966 年的《国际河流水利用的赫尔辛基规则》、1992 年的《跨界水道和国际湖泊的保护与利用公约》和 1997 年的《国际水道非航行使用法公约》，为规范国际淡水资源利用和保护提供了依据和规范。中俄两国都没有加入这些国际多边涉水公约，但中俄黑龙江合作所遵循的原则与国际多边涉水公约的规则一致，比如"公平合理利用""不造成重大损害""合作""防止、控制和减少任何跨界影响""和平解决争端"等原则。比如，2006 年的《中俄国界管理制度协定》提到了"预防和减少边界水的跨界影响"；2008 年中俄签订的《中俄关于合理利用和保护跨界水的协定》明确表示要"采取联合行动""公平合理利用跨界水""开展合作"。

[2] Chen Huiping, "The 1997 UNWC and China's Treaty Practice on Transboundary Waters", Presented at the UNWC Global Symposium in University of Dundee, 10-14th June 2012, p. 22.

虑经济、社会、人口等因素的基础上公平合理利用和保护跨界水"，然而评判公平合理利用跨界水的标准并不明确，这就为日后的纠纷留下隐患，这对于两国在跨界水资源的合作方面甚至两国关系来说也会构成隐患，前车之鉴就是中印之间的雅鲁藏布江跨界水资源纠纷①；俄罗斯自然资源与生态部前部长尤里·特鲁特涅夫（Юрий Трутнев）认为，虽然《中俄关于合理利用和保护跨界水的协定》倡导跨界水资源可持续管理和保护，但这个协定主要关注点是跨界水体水质监测。②

4. 合作落实程度不足

中俄两国围绕黑龙江跨界水资源问题在战略层面签署了一系列协定并建立了相应合作机制。合作协定的内容需要相应合作机制中的各专门委员会进行具体落实和执行。③ 然而，中俄各专门委员会在对跨界水利用和保护上存在认识和标准的差异，影响合作的落实效果。比如，2008 年的《中俄关于合理利用和保护跨界水的协定》在合作内容部分第 12 条提到要共同开展科学研究，制定统一的跨界水水质标准、指标。然而，中国的生态环境部和俄罗斯的水资源署在水质标准上存在明显的差异，俄罗斯的水质标准较中国更为严格，这种差异阻碍了跨界水开发和利用项目的开展，也不利于对界河黑龙江水资源的

---

① Patricia Wouters, "China's Soft Path to Transboundary Water Cooperation Examined in the Light of Two UN Global Water Conventions-Exploring the 'Chinese Way' ", The Journal of Water Law, 2011, p. 240.

② Vladimir P. Karakin, "Transboundary water resources management on the Amur River: competition and cooperation", Environmental Risks to Sino-Russian Transboundary Cooperation: from Brown Plans to a Green Strategy, 2011, p. 87.

③ 周海炜、郑莹、姜骞：《黑龙江流域跨境水污染防治的多层合作机制研究》，《中国人口·资源与环境》2013 年第 9 期。

保护。① 到目前为止，中俄双方还未制定统一的水质标准。

5. 中俄毗邻地区经济基础薄弱

中方积极主动推动双方合作开发利用和保护黑龙江，而俄方在这方面却表现出动力不足。其中一个重要原因是俄罗斯远东地区本身存在经济发展落后和基础设施薄弱的问题。21 世纪之前，尽管俄罗斯（苏联）政府出台了关于远东地区发展的政策《1996～2005 年俄罗斯联邦远东及外贝加尔地区经济社会发展专项规划》，但并未得到有效落实。进入 21 世纪，俄罗斯增加了对远东地区的重视程度。俄罗斯联邦政府于 2007 年 11 月 21 日批准了在 1996 年规划基础上修改后的《远东及外贝加尔地区 2013 年以前经济社会发展联邦专项规划》，后于 2009 年又批准了《2025 年前远东和贝加尔地区经济社会发展战略》，将远东和贝加尔地区纳入国家的长期发展战略中。然而，预期的区域经济快速增长并没有出现。② 我国东北也面临着经济发展迟缓的困境，2015 年东北三省的 GDP 增速在全国的排名均在后几位。

（三）前景分析和展望

中俄围绕黑龙江的合作进展是中俄关系不断改善和提升的产物。中俄黑龙江合作发展的前景应该说是积极乐观的。

1. 中俄全面战略协作伙伴关系进一步发展

当前，中俄两国具备对外战略"需同性"。近年来，国际形势的演变，尤其是美国对外战略的调整，在一定程度上影响中俄关系的走向。面对美国的"亚太再平衡"战略，中国需要拉近俄罗斯以牵制

---

① 卞锦宇、耿雷华、田英：《中俄水质标准的差异及其对我国跨界河流开发与保护的影响》，《中国农村水利水电》2012 年第 5 期。

② 殷红：《建立东北地区对俄合作协调机制的必要性及可行性分析——基于俄罗斯远东国际合作地区协调机制的经验》，《东北亚论坛》2012 年第 1 期。

美国；面对北约东扩和欧美经济制裁，俄罗斯需要借重中国以缓解来自西方的压力。可以说，当前国际形势作为一种外力，推动正处于历史上最好时期的中俄关系进一步深化发展，不断加强在立场相近或一致领域的合作，同时寻求在立场不同领域的互谅互解，这为双方在黑龙江的合作提供了和谐的大环境。

2. 丝绸之路经济带建设与欧亚经济联盟建设对接

2013 年习近平主席提出了丝绸之路经济带的倡议，其中包括建设中蒙俄经济走廊，加强铁路、公路等互联互通建设，推进运输便利化，开展旅游、媒体、环保、减灾救灾等领域务实合作。对中国的"丝绸之路经济带"倡议，俄罗斯的态度从起初的不理解、怀疑甚至担忧逐渐发展到现在的认同、接受和支持。

2015 年中俄发表联合声明，表示将丝绸之路经济带建设和俄罗斯主导的欧亚经济联盟建设进行对接合作。将中俄黑龙江合作与区域合作、地区发展相结合，以地区发展带动跨界水资源合作，有利于黑龙江流域相关基础设施的完善和节水环保技术的交流，反过来，黑龙江合作又可为地区发展提供支持。中国通过亚投行和丝路基金来提供资金和设备等，带动中俄在跨界水资源领域的合作，实现互利共赢。当然，即便如此，俄罗斯对中国仍然存在担忧和疑虑。在黑龙江问题上，中俄毗邻地区的发展会增加对黑龙江水资源的需求，同时也会产生黑龙江的生态污染问题，所以需要处理好发展与水资源环境保护之间的关系，实现丝绸之路经济带建设与欧亚经济联盟建设的绿色对接。

3. 中国振兴东北与俄罗斯开发远东战略对接

远东地区对沙俄帝国、苏联及今天的俄罗斯有着特殊意义，是其总在强调开发但又总是达不到发展理想水平的地区。苏联解体后，新独立的俄罗斯曾制定多项远东地区开发规划，但种种原因使这些规划最终都成为一纸空文。今天的远东地区经济发展滞后，与俄欧洲地区形成"二元结构"局面，已经成为俄罗斯再次崛起的"软肋"。鉴于此，重视远东、开发远东，使远东经济并入国家经济发展轨道，是普京政府远东战略的重要出发点之一。相比之下，我国东北地区也面临此类困境。东北地区的经济在经历了近三十年的兴盛期后，从20世纪80年代开始出现衰退。今日，东北地区的经济发展问题已逐渐成为我国进一步深入改革开放的"破题点"之一。在此背景下，中俄双方就东部毗邻地区共同发展达成了一致，共同签订了《中华人民共和国东北地区与俄罗斯联邦远东及东西伯利亚地区合作规划纲要（2009～2018年）》，实现中国振兴东北和俄罗斯开发远东两大发展战略的对接。

该合作规划纲要中有多项内容涉及中俄围绕跨界水资源合作，包括进行保护跨境水体合作、落实界河流域环保方案和共同建立并维护界河流域自然保护区等。[1] 与中国合作共同发展东部毗邻地区是俄罗斯决心实质性大力发展远东地区的表现。俄罗斯将远东和外贝加尔地区纳入国家长期发展战略中，2012年专门成立了具有开创意义的远

---

[1] 《中华人民共和国东北地区与俄罗斯联邦远东及西伯利亚地区合作规划纲要》。其中，第8部分第1条规定，黑龙江省政府和阿穆尔州政府进行保护跨境水体合作，在双方法律框架内交换环保领域技术、环境监控技术方法，开展联合行动保护边境地区生态多样性。第8部分第3条规定，黑龙江省政府和外贝加尔边疆区政府的合作，落实《黑龙江/阿穆尔河流域综合治理》环保方案。第8部分第4条规定，黑龙江省政府和哈巴罗夫斯克边疆区政府合作，组织和进行水体表面和水体生态资源的联合监控，保护跨境水系生态系统，建立并维护共同自然保护区的运作。第8部分第5条规定，黑龙江省政府和萨哈林州政府合作，在环保领域（水资源、大气）交换信息和交流工作经验。

东发展部①，2013 年提出建设远东经济超前发展区，目前已设立 9 个经济发展区。俄罗斯对远东地区的优先发展将有助于解决这一地区存在的投资吸引力小、基础设施薄弱和行政手续繁杂等问题。这无疑将进一步加大中俄双方在东部毗邻地区的合作，也为双方加强围绕黑龙江跨界河流的合作提供了可能。

4. 中俄借助黑龙江打造互联互通

2014 年，为了推进丝绸之路经济带建设，黑龙江省提出了构建黑龙江陆海丝绸之路经济带（"龙江丝路带"）的设想，后被正式纳入"'一带一路'中蒙俄经济走廊"。"龙江丝路带"是一条横跨亚欧、联结陆海的国际物流通道，向北、向西，陆路可经俄罗斯通往欧洲抵达波罗的海沿岸；向东，可通过俄方港口经海路抵达日本和韩国。互联互通是推动"龙江丝路带"的重要基础，其中黑龙江扮演着重要的角色。一方面，修建跨黑龙江大桥来贯通中俄之间的南北向交通运输。② 两座跨黑龙江大桥的修建工程已获得突破性进展。中俄同江—下列宁斯阔耶界河铁路大桥于 2008 年立项，2014 年 2 月正式奠基。至 2018 年 10 月 13 日，中方段工程已全部完成，俄方已完成国内所有审批程序，并已动工③，2022 年底第一批货运列车已经过这座铁路桥从俄罗斯驶往中国。2015 年，中俄签署协议合作修建黑河

---

① 俄远东发展部从经济发展部分出来，目的是围绕远东地区社会经济发展，协调跨部门、跨地区、跨行业工作。但是，其具体业务还未从经济发展部完全交割出来。也就是说，目前的远东发展部是"一套班子、两块牌子"。由此可见，俄远东开发的行政组织工作还有待完善。

② 中俄在黑龙江地区的往来运输以船运为主。受气候影响，黑龙江干流冰封期较长，最长时每年 6 个月，因而船运受限。2007 年起，黑龙江省通过搭建跨江浮箱固冰通道以破解冰封限制。

③ Россия начала строительство железнодорожного моста в Китай через Амур. http：//ria. ru/east/20160714/1465835021. html.

—布拉戈维申斯克黑龙江大桥及跨江索道，筹划修建这座大桥的时间长达 27 年。除此之外，列在黑龙江界江大桥建设计划之内的还有洛古河大桥。另一方面，借助全部在俄罗斯境内的黑龙江下游打造江海联运，将黑龙江省腹地的货物通过俄罗斯境内黑龙江下游段运往我国沿海地区及日、韩等国，实现江船与海船的对接联运，不仅可以打破黑龙江水系的封闭格局，还可以缓解铁路压力，降低运输成本，扩大贸易。① 跨黑龙江大桥和中俄江海联运结合起来，将在中俄东部毗邻地区形成一条依托黑龙江、贯通南北、辐射东西的交通运输网和国际贸易通道，黑龙江南侧与中国东北地区连接，沿东三省交通网延至全国，北侧与俄罗斯远东地区连接，向西沿西伯利亚大铁路穿越俄罗斯西部进入欧洲，向东沿黑龙江或经陆地通向东方出海口。因此，"龙江丝路带"在一定程度上提升了中俄围绕黑龙江合作的必要性和重要性。

总的来说，当前的国际形势、中俄关系及丝绸之路经济带建设与欧亚经济联盟建设对接，为双方深化围绕黑龙江的合作提供了利好条件，同时合作的深化也能成为中俄关系进一步发展的助推力。未来中俄就黑龙江的合作将超越单纯的跨界水资源领域，而是将水资源问题与次区域发展问题结合起来。以黑龙江为抓手，通过跨界水资源开发和利用合作，为中国东北地区和俄罗斯外贝加尔、远东地区共同发展提供"水动力"；以跨国界河流为依托，南北贯通中国和俄罗斯，将

---

① 朱晓峰：《黑龙江水系江海联运发展策略》，《水运管理》2008 年第 2 期。1992 年的《关于在黑龙江和松花江利用中俄两国船舶组织外贸货物运输的协议》和 1998 年的《中俄关于中国船舶经黑龙江俄罗斯河段从事中国沿海港口和内河港口之间货物运输的议定书》为黑龙江江海联运提供了政策支撑。从 1992 年以来，江海联运已经得到了十六年的实践，包括国际、国内两条航线，国际航线是名山港—抚远港或尼古拉耶夫斯克港（换装）—日本酒田港，国内航线是同江港—尼古拉耶夫斯克港（换装）—温州港。但目前江海联运量较小，还未实现常态化，需要进一步发展。

界河黑龙江打造成横跨亚欧的国际交通和贸易枢纽，促进整个东北亚地区的经济繁荣。中国正在实施的丝绸之路经济带建设可以为这一结合提供良好的政策和资金支持。中俄之间的经贸合作加强则有助于改善中俄"政热经冷""官热民冷"的局面，为新时代中俄全面战略协作伙伴关系的深化提供推动力。

在推动黑龙江地区合作方面，我们应更加主动、智慧地开展水外交，实现黑龙江流域整体可持续发展，照顾俄罗斯方面的合理关切和利益，寻求共同利益、相似利益以及利益的最大公约数，最大限度降低跨界水资源对深化新时代中俄全面战略协作伙伴关系的负面影响。同时，加强中俄毗邻地区经济合作和人文合作，最大限度减少所谓"中国威胁论"对跨界水合作的负面影响，让俄罗斯理解我们在黑龙江合作中所秉持和倡导的"互惠互利""共同发展"理念。黑龙江界河两边的中国东北与俄罗斯远东地区的对接合作，可以成为丝绸之路经济带建设与欧亚经济联盟建设对接合作的特色部分、亮点部分、优先部分，同时共同构成崛起中的亚太经济圈的重要组成部分，命运与共，联动发展。界河是中俄两国关系的风向标和晴雨表。我们相信，既然中俄关系可以成为大国关系的典范，黑瞎子岛平分模式也是国家间解决领土争端的典范，那么，黑龙江合作也可以成为中俄共同发展的一个助力点，为中国与其他"一带一路"共建国家在跨界水资源领域的合作树立一个典范。

第十一章

"冰上丝绸之路"：中国与欧亚经济联盟
合作的新亮点

一 中俄关系框架下的"一带一路"建设

自从苏联解体、冷战结束以来，中俄关系顺利过渡，并从 1996
年起结成了战略协作伙伴关系，之后双方关系如同芝麻开花节节
高，从全面战略协作伙伴关系再到新时代全面战略协作伙伴关系。
中俄双方相互平等，相互尊重，相互支持，结伴而不结盟，成为当
代新型大国关系的典范。中国国务委员兼外长王毅在 2018 年 3 月 8
日第十三届全国人民代表大会第一次会议记者会上回答国内外记者
提问时指出，中俄两国关系没有最好，只有更好。2018 年 3 月，两
国元首互致贺电，相互祝贺当选，并通电话，认同中俄战略协作伙
伴关系处于历史最高水平，是风雨同舟的全面战略协作伙伴关系，
还要继续扩大具体合作。

中俄目前关系的特点是政治关系好，经济关系不突出；中央热，
地方冷，官方热，民间冷，政府热，企业冷。中俄关系的短板和瓶颈
在于与战略、安全、外交等关系相比，经济、企业、民间、地方之间
的往来关系不足。

2013 年 9 月和 10 月，习近平主席先后在哈萨克斯坦和印度尼西亚提出了建设丝绸之路经济带和 21 世纪海上丝绸之路的倡议，简称"一带一路"倡议。习近平主席认为："中国坚持对外开放的基本国策，坚持打开国门搞建设，积极促进'一带一路'国际合作，努力实现政策沟通、设施联通、贸易畅通、资金融通、民心相通，打造国际合作新平台，增添共同发展新动力。"① 2015 年 3 月，中国国家发改委、外交部、商务部发布文件《推动共建丝绸之路经济带和 21 世纪海上丝绸之路的愿景与行动》，明确提出丝绸之路经济带建设中有六大经济走廊项目。其中中蒙俄经济走廊、新欧亚大陆桥两条与俄罗斯直接相关，经过俄罗斯国境；中国—中亚—西亚经济走廊经过俄的"后院"——中亚和欧亚经济联盟成员国国境，与俄罗斯间接相关。"一带一路"的理念是合作共赢，平等互利，共同发展，其倡导的政策沟通、设施联通、贸易畅通、资金融通、民心相通恰恰能够弥补中俄关系的短缺，使中俄中的政治关系与经济关系平衡稳进，比翼齐飞。2017 年 5 月，中国在北京举办"一带一路"国际合作高峰论坛，普京总统不仅亲自参加，还作为大会嘉宾发言，大力支持"一带一路"倡议和丝绸之路经济带建设与欧亚经济联盟建设对接合作。"一带一路"建设被写入新修改后的《中国共产党章程》。

中国领导人在"一带一路"国际合作高峰论坛上表示："中国将积极同'一带一路'建设参与国发展互利共赢的经贸伙伴关系，促进同各相关国家贸易和投资便利化，建设'一带一路'自由贸易网络，助力地区和世界经济增长。"② 2015 年，中国国家发改委、外交

---

① 习近平：《决胜全面建成小康社会 夺取新时代中国特色社会主义伟大胜利——在中国共产党第十九次全国代表大会上的报告》，人民出版社，2017，第 60 页。

② 《习近平谈治国理政》第 2 卷，外文出版社，2017，第 515 页。

部、商务部三部委发布的文件明确指出，共建"一带一路""旨在促进经济要素有序自由流动、资源高效配置和市场深度融合，推动沿线各国实现经济政策协调，开展更大范围、更高水平、更深层次的区域合作"。中国国务院发布的《关于加快实施自由贸易区战略的若干意见》做出重大部署："重点是加快与周边、'一带一路'沿线以及产能合作重点国家地区和区域经济集团商建自由贸易区。"① 理论上讲，21 世纪海上丝绸之路面向全球的任何海域。

能源合作、交通基础设施互联互通、地方合作是中俄关系的重要方面，并很早就为两国领导人所重视。北极航道分中央航道、东北航道和西北航道三条，但最便捷、最有条件开发的是穿越俄罗斯北冰洋沿线的东北航道。东北航道是指西起挪威北角附近的欧洲西北部，经欧亚大陆和西伯利亚的北部沿岸，穿过白令海峡到达太平洋的航道，包括巴伦支海航段、喀拉海航段、拉普捷夫海航段、东西伯利亚海航段、楚科奇海航段。中国东北地区在"一带一路"建设布局中是面向北部开放的窗口。"一带一路"把中国东北老工业基地振兴战略与俄罗斯远东地区发展战略紧密地联系起来，成为推动中国东北地区与俄罗斯远东地区合作的强大动力。

二 "一带一路"框架下的中国 与欧亚经济联盟合作发展

"一带一路"框架下中俄之间的合作有很多内容，包括基础设施、能源、金融、高科技、人文等领域。俄方接受"一带一路"倡

---

① 李新：《欧亚全面伙伴关系：起源与路径》，《俄罗斯东欧中亚研究》2017 年第 6 期。

议有一个过程，从不解、怀疑、担忧到矛盾、比较理解，再到接受与合作，当然不排除还会有反复。① 2015 年 5 月，两国元首达成了《中华人民共和国和俄罗斯联邦关于丝绸之路经济带建设与欧亚经济联盟建设对接合作的联合声明》，提出加强丝绸之路经济带与欧亚经济联盟建设的对接合作，以上海合作组织为重要平台。对接合作解决了中国西北周边丝路建设问题，也是丝路建设的重点和关键。但问题是如何实现对接？有哪些重点领域和重大项目？对接需要实实在在的行动和具体的国家战略性大项目来支撑，没有这些，对接容易沦为空话和口号。

中国与欧亚经济联盟的合作在"一带一路"建设中起着非常重要的作用。它不仅是丝绸之路经济带建设的重大工程和关键环节，而且能对整个"一带一路"建设起到示范和引领作用，产生良好效应，坚定共建国家对中国的信心和信任，包括实力、经验、胸怀、宗旨、路径，等等。当然，由于地缘的关系，中俄两国政府早就考虑到中国东北地区与俄罗斯远东和西伯利亚地区发展规划的对接合作了。②

俄罗斯提出的大欧亚伙伴关系主张欧亚经济联盟、上合组织、东盟与"一带一路"建设对接，主张欧亚经济联盟与东盟建立自由贸易区。在遭受西方长期而严厉经济制裁的情况下，俄罗斯经济发展的重点"转向东方"，普京甚至试图"在整个欧亚大陆范围内实现'和谐的'自由贸易和市场开放原则"。俄罗斯大欧亚伙伴关系战略具有强烈的地缘政治和地缘战略性质，鉴于俄罗斯国内严重的经济结构问

---

① 李兴：《俄罗斯对"一带一盟"的认知》，《中国社会科学报》2017 年 5 月 23 日；〔俄〕斯米尔诺娃：《俄罗斯媒体对"一带一路"的认知》，《俄罗斯学刊》2018 年第 1 期。

② 刘清才：《"一带一路"框架下中国东北地区与俄罗斯远东地区发展战略对接与合作》，《东北亚论坛》2018 年第 2 期。

题很难支撑欧亚经济联盟的经济发展，俄罗斯不得不将大欧亚伙伴关系战略的经济内涵瞄准亚太经济一体化进程。欧亚全面伙伴关系是中俄两国在全球区域经济一体化发展大趋势的基础上，根据"一带一路"和大欧亚伙伴关系共同提出来的重大倡议，也是中国与欧亚经济联盟合作的主要内容。普京在 2018 年 3 月 1 日的国情咨文中称赞了与中国在互联互通方面的合作，指出北极和远东地区对俄罗斯的发展至为关键。俄要加强互联互通建设，成为欧洲与亚太之间的交通大通道。俄罗斯在北极地区和远东地区的发展目标为：要增加北方海上通道货运量，至 2025 年要将运量提高 10 倍，达到 8000 万吨；要把它打造成全球性的、具有竞争力的大通道。2018 年 3 月 18 日在接受中国记者采访时，普京再一次谈到要继续发展中俄全面战略协作伙伴关系，要扩大与中国的具体合作，包括丝绸之路经济带建设与欧亚经济联盟建设的对接合作。

三　丝绸之路经济带建设与欧亚经济联盟建设对接合作视角下的"冰上丝绸之路"合作

"冰上丝绸之路"是俄方首先提出来的。沙俄和苏联时期就有在其北极地区开发的基础，做过不少尝试，目前更是顺应了中俄关系的发展和丝绸之路经济带建设与欧亚经济联盟建设对接合作。

2013 年中国成为由八个北极国家组成的北极理事会的永久观察员国。同年夏天，北方航道迎来了首艘中国货轮——从中国大连港至荷兰鹿特丹港。据预测，到 2020 年经由北方航道运输的货物或可占中国外贸总额的 15%。

2015 年 12 月，俄副总理罗戈津在"北极：现今与未来"论坛上，建议中国参与北方航道基础设施建设的一些项目，首先可以参与通往北方航道港口的货运铁路项目，并把新东方航道称为"冰上丝绸之路"。2016年2月，罗戈津在联邦委员会（议会上院）发表演讲时说，只有中国这样的经济巨人才能保证北极航道的货物运输量，因此最重要的就是与中国在这个方面进行合作。

在2015年中俄总理第二十次定期会晤联合公报中，"冰上丝绸之路"的雏形就已经出现，当时的表述是"加强北方海航道开发利用合作，开展北极航运研究"。

在中俄总理第二十一次定期会晤联合公报中，表述变为"对联合开发北方海航道运输潜力的前景进行研究"。在2017年3月举行的第四届国际北极论坛期间，普京总统责成政府研究组建独立机构的问题，专门负责北极航道及附属地域的综合开发，包括基础设施建设、水文地理研究、安全、管理及其他必要的服务。2017年5月在北京举行"一带一路"国际合作高峰论坛时，这一框架更加明晰了。普京明确表示："希望中国能利用北极航道，把北极航道同'一带一路'连接起来。"

2017年6月20日，国家发展和改革委员会、国家海洋局联合发布《"一带一路"建设海上合作设想》，提出要"积极推动共建经北冰洋连接欧洲的蓝色经济通道"。2017年7月，习近平主席在莫斯科会见俄总理梅德韦杰夫时，双方就已经正式提出了这一概念——"要开展北极航道合作，共同打造'冰上丝绸之路'"。

习近平主席还接受了俄主流媒体采访，提出在互联互通层面中国欢迎并愿积极参与俄方提出的共同开发建设滨海国际运输走廊建议，希望双方早日建成同江铁路桥、黑河公路桥等重大跨境基础设施，共同开发和利用海上通道特别是北极航道，打造"冰上丝绸之路"。

2015年，中国三部委关于"一带一路"的愿景与行动的文件中列举了丝绸之路经济带将要建设的六条经济走廊，其中尚没有"冰上丝绸之路"这一项目。"冰上丝绸之路"是在实践中的发展和创新，是"一带一路"经济走廊的补充和海上丝绸之路的延伸，也是"一带一路"在北部海陆地理上的交集，更是中国与欧亚经济联盟合作发展的新亮点。

"冰上丝绸之路"可以视为共建"一带一路"的第七条经济走廊，可以把东北亚的中国、俄罗斯、朝鲜半岛、美国、加拿大的一部分连接起来。这既是中国与欧亚经济联盟合作发展的出彩点，也是中俄外交的契合点和中俄关系新的增长点。它可以成为亚欧大陆的稳定锚，使"一带一路"建设从亚欧大陆的南部发展到北部，从亚欧大陆的中心发展到边缘，从太平洋、印度洋发展到北冰洋。"冰上丝绸之路"也是中国的"北向"发展，以中国为中心和核心发散四周，实现亚欧大陆的全覆盖。

"冰上丝绸之路"顺应了全球气候变暖、海冰减少的大势，以及世界经济政治重心东移亚太的趋势，它可发挥北极圈周围都是世界发达经济体——美欧日集中且近的优势，并能缩短航程、节省成本，又比较安全，因无海盗危险。"冰上丝绸之路"是中俄战略协作的产物，是对俄罗斯的支持，可助力其开发远东和西伯利亚。《美国国家安全战略报告》将中俄视为主要竞争对手，重点在印太地区，拼凑美日澳印"四边机制"从东、西、南三面包围和挤压中俄，"冰上丝绸之路"的北向发展也缓冲了以美国为首的西方的包围和压力。显然，北极航线是目前利用最为便利、运输效率最高的连接东西方贸易的交通运输线。

2017年9月，中国第八次北极科学考察队顺利完成首次环北冰洋考察。此举推进了我国北极业务调查体系建设，为对北极航道和生态环境的系统分析与评价积累了第一手珍贵资料，为助推"冰上丝绸之路"建设做出了重要探索。

党的十九大对新时代的改革开放提出了更高要求，突出了"一带一路"在对外开放中的重要作用，强调要以"一带一路"建设为重点，形成全面开放新格局，要积极促进"一带一路"国际合作。2017 年 11 月 1 日，习近平主席同到访的俄罗斯总理梅德韦杰夫正式公布了中俄将共同开展"冰上丝绸之路"合作，做好在这一领域的互联互通项目。这是党的十九大之后提出的首个"一带一路"合作构想，具有极其深远的影响和广阔的发展前景。①

四 "冰上丝绸之路"建设案例研究：
亚马尔液化天然气项目

亚马尔半岛位于"冰上丝绸之路"上，也在北极圈内。2017 年 12 月，历时 4 年，中俄北极能源合作项目——"亚马尔液化天然气"项目（简称亚马尔项目）第一条生产线正式投产，这也是两国共建"冰上丝绸之路"的第一个项目，被誉为"镶嵌在北极圈上的一颗能源明珠"。亚马尔液化天然气项目作业区已探明天然气储量约 1.3 万亿立方米，其中富含的凝析油储量约 6018 万吨。项目共将开采天然气井 208 口，分布于 19 个开采区。2019 年三条液化天然气生产线全部建成，项目每年可生产 1650 万吨液化天然气以及 100 万吨凝析油，大部分产量将供往亚太地区。为了服务于亚马尔项目，2012 年俄罗斯开始建设萨别塔港。萨别塔港位于鄂毕河入海口——鄂毕湾处。鄂毕河是一条国际性河流，在中国和哈萨克斯坦境内被称为额尔齐斯河，是中国由南向北通过河运直通北冰洋的唯一航道。

---

① 〔俄〕И.Н. 贺梅利诺夫、朱显平、刘啸：《"冰上丝绸之路"的安全保障》，《东北亚论坛》2018 年第 2 期。

引人注目的是，俄罗斯总统普京出席了亚马尔项目第一批液化天然气装船庆典。普京谈到，项目伊始，就有许多人罗列了一长串"项目不可能成功"的清单，是的，项目曾经有很多风险，但你们看到它现在已经成功了，对能源行业、北极开发乃至北方航道来说，这都堪称一个重大时刻。

在亚马尔项目建设过程中有超过 60% 的模块和零部件是经过白令海峡，即通过北极东北航道运输的，平均用时 16 天左右，比通过苏伊士运河节省近 20 天。一旦北极东北航道正式开通，我国沿海诸港到北美东岸的航程将会比通过巴拿马运河传统航线缩短 2000～3500 海里；上海以北港口到欧洲西部、北海、波罗的海等港口，将比传统航线航程短 25%～55%，每年可节省 533 亿～1274 亿美元的国际贸易海运成本。[①]

在亚马尔项目工程招标中，中国石油海洋工程公司、海洋石油工程股份有限公司、青岛武船麦克德莫特等 7 家中国海工建设企业，凭借优质、优价、充足的原材料供应，最终脱颖胜出，承担了 120 个模块的建造订单；广船国际、沪东船厂等船企也争取到为项目建造 2 艘模块运输船、1 艘凝析油运输船、4 艘大型 LNG 运输船的订单。在项目建设过程中，共有 45 家中国厂商为项目提供百余种产品，项目带动和促进了国内钢铁、电缆等众多产业技术创新和转型升级，国内产品出口额超百亿美元。

作为俄罗斯东向能源出口战略的一个重要项目，亚马尔项目的液化天然气产品将主要出口亚太市场。这一方面促进了俄罗斯天然气出口的多元化，另一方面也为亚太市场提供了更多进口选择，促进了亚

---

① 　Цзун Хэ, Проект в рамках «Ледового Шелкового пути», Китай, 2018, No. 1, Стр. 47.

洲天然气需求国的进口多样化。中国是亚马尔项目液化天然气产品的重要购买方。2014年5月，中石油与亚马尔项目公司签署20年期每年300万吨液化天然气购销协议。中石油的直接购买量占亚马尔项目前三条生产线总产能的近1/5。由于剩余出口量预期将主要销往亚太地区，中国进行间接购买的可能性极高，这将进一步推高中国采购量的比例。

2017年12月亚马尔液化天然气项目正式投产，每年可以生产1650万吨液化天然气，大概相当于2016年中国全年的进口量。如果说中俄油气管道建设贯通了中俄能源战略格局调整中相向而行的路径，那么亚马尔项目则使中俄两国发展的同频共振得以加强。正如中国石油俄罗斯公司总经理蒋奇所言："亚马尔项目是'一带一路'倡议与欧亚经济联盟建设对接的契合点，也是中俄全面战略协作伙伴关系的重要支撑。"[1]

亚马尔项目具有多个亮点：多国入股融资，包括中俄美欧，其中中国占股29.9%；施工"模块化"；中方全方位地参与，包括资金、人员、技术、服务、设备、钢筋、钻井等，以及天然气的勘探、建筑、加工、生产、运输等；亚马尔项目是俄国企业主导的第一个国际化的液化天然气出口项目，实现了近年来北极地区大型海上油气项目零的突破；亚马尔是"一带一路"和丝绸之路经济带建设与欧亚经济联盟建设对接合作的示范效应项目；中俄互利共赢，俄区位优势、破冰技术、设施和经验与中方资金、市场优势以及气候和北极治理、海洋和北极研究、生态保护强强联合。

---

[1] 《亚马尔液化天然气项目启示录》，http：//news.cnpc.com.cn/system/2017/11/29/001670324.shtml。

五 小结：分析与思考

早在 16 世纪，人类就开始梦想穿过地球"头顶"上的北冰洋航行，拉近东西方之间的距离。为了实现这个梦想，不少探险家甘愿顶着风雪严寒，深入极地，甚至付出生命的代价。

伴随全球气候变化，数百年后的今天，北冰洋上的北极航道已经出现商船往来，沟通大西洋与太平洋、往来于北半球各大洲之间的"捷径"已若隐若现。

以北极为中心，世界主要经济体如美欧日中俄不仅集中、环绕，而且竟然如此之近！中央航道、西北航道、东北航道中以东北航道通航时间最长。作为近北极国家和北极利益攸关方，中国对北极及其航道极为关注。中国国务院新闻办公室发表《中国的北极政策》白皮书称，中国是世界贸易大国和能源消费大国，北极的航道和资源开发利用可能对中国的能源战略和经济发展产生巨大影响。中国的资金、技术、市场、知识和经验在拓展北极航道网络和促进航道沿岸国家经济社会发展方面可望发挥重要作用。中国在北极与北极国家利益相融合，与世界各国休戚与共。

中国发起共建丝绸之路经济带和 21 世纪海上丝绸之路重要合作倡议，抓住北极发展的历史性机遇，积极应对北极变化带来的挑战，共同认识北极、保护北极、利用北极和参与治理北极，积极推动中俄在"一带一路"倡议涉北极的合作。中国愿依托北极航道的开发利用，与各方共建"冰上丝绸之路"，积极推动构建人类命运共同体。[①]

---

① 《中国国务院新闻办公室发表〈中国的北极政策〉白皮书》，http：//news. ifeng. com/a/20180126/55486537_0. shtml。

中国也可以凭此一举多得，与欧洲做生意有了更多的通道选择。修建黑河大桥、同江大桥、"滨海一号"和"滨海二号"，从黑龙江、图们江直接入海，带动中国北部特别是东北经济的发展。中国、俄罗斯、日本、朝鲜半岛、美国都会从中受益。

当然，"冰上丝绸之路"建设也不会一帆风顺，一蹴而就。交通困难，基础设施落后，人烟稀少，市场小，容量有限；美日阻挠，欧美不断延长对俄制裁的期限；技术难题；中俄思路不同（中国以项目对接航线，俄方希望带动沿线整体发展，开发远东和西伯利亚，以及对中国的担忧）。在"冰上丝绸之路"的开发上，中俄两国在利用北极航道（俄罗斯一侧）及其相关基础设施建设方面没有异议，但在产能合作方面存在一些不同诉求。在中方看来，类似"一带一路"的产能合作方式并不适用于"冰上丝绸之路"的构想；但在俄方看来，发展"冰上丝绸之路"并不仅仅意图借此增加过境的货运量和过境收入，还要带动俄北极地区的经济和社会发展。北极地区特有的自然条件使北极航道的运输带有"季节性"特征。根据亚马尔项目公司的规划，在夏季解冰期，液化天然气轮船将自西向东驶往亚太地区，而在结冰期，液化天然气将首先被运送至欧洲地区，经过换装后再驶往亚太地区。这种模式将增加运输成本的不确定性并影响供应的稳定性。北极天然气项目的出口还存在俄国内不同企业间利益协调的问题。

在北极地区，俄罗斯首选中国为合作伙伴，但中国极地破冰船严重不足且缺乏建造和使用技术。俄罗斯外长拉夫罗夫 2017 年夏季表示，俄罗斯与中国在北极的合作不应仅局限在北极理事会范围内。俄学者索比亚宁说，俄罗斯现在觉得中国在北极地区不会带来挑战。俄还有学者认为，北冰洋是一个俄罗斯实力远超过中国，也可以施展比美国更多控制力的地方。①

"冰上丝绸之路"合作不仅限于冰上，也不仅限于中俄之间，应该欢迎他国参与、合作。既不能懈怠消极，无所作为，也要反对有始无终，虎头蛇尾，还要避免好大喜功，贪多求快，超越力量与可能，以至于心有余而力不足，还要防止抽象、虚化、空心化、无为化，切莫把一件非常好的事情搞砸了。

中国已经公开表示，愿与俄方共同建设"冰上丝绸之路"。能源和基础设施建设合作将是弥合双方在"冰上丝绸之路"不同利益诉求的有效途径。由于这是中国与欧亚经济联盟发展的大战略、大格局、大趋势，具有充分的必要性、完全的可行性和可操作性，前期基础和成果明显，名声远扬，其他沿线国家也获利颇丰。当然，在巨大的经济利益背后也不可能完全没有地缘政治的考量，相信"冰上丝绸之路"必定前景广阔，大有可为，影响深远。②

① 〔俄〕斯米尔诺娃：《俄罗斯媒体对"一带一路"的认知》，《俄罗斯学刊》2018 年第 1 期。

② 王志民、陈远航：《中俄打造"冰上丝绸之路"的机遇与挑战》，《东北亚论坛》2018 年第 2 期。

第十二章
中美俄三角背景下的中国
与欧亚经济联盟合作关系

毫无疑问，中美俄关系是当今世界最为重要的大国关系。从地缘上来看，俄罗斯是亚欧大陆举足轻重的大国，因此美俄关系、中俄关系左右着亚欧大陆的和平与稳定；中美则是亚太地区最有影响的大国，中美关系决定着亚太地区的安全与繁荣；而亚欧大陆与亚太地区几乎囊括了全球重要的经济、政治核心和热点地区，中美俄关系不是中美俄有意构筑的三边关系机制，中美俄三边关系缺乏专属工作框架的规范与制约①，但是，中美俄作为三个相互作用的大国，却是客观存在并对地区和全球产生影响。研究中美俄大三角关系有着重大的理论和现实意义：中美俄大三角关系是当今世界最有影响也最复杂的大国关系，有助于为大国关系研究或大国三角关系研究提供典型的案例，同时也有助于认识大国关系中各种不同因素的影响。

对于中国的现实利益来说，对美关系、对俄关系是中国对外关系中的重中之重，直接决定着中国外部生存和发展环境，决定着中国国家利益的实现。在可预见的未来，中美俄依旧是最具有影响的世界大

---

① 冯绍雷：《"习特会"前后的中、美、俄三边互动》，《当代世界》2017 年第 5 期。

国，中美俄大三角关系的存在是客观的。中美、中俄、美俄关系不是彼此割裂，而是紧密相关，共存于一个大三角关系中。俄罗斯是中国最大的邻国，中国对外政策中的一些目标特别是当前中国的"一带一路"倡议，没有俄罗斯的参与配合，其效果将大打折扣；美国是当今世界唯一超级大国，虽没有与中国接壤，但其对中国方方面面的影响远超中国任何一个邻国。中国要塑造有利于自身利益的外部环境，是绕不开与美俄两个大国的关系的。

当前中俄都把发展的目光投向广袤的欧亚大陆，对欧亚都有各自的考虑和打算，中国提出了丝绸之路经济带倡议，俄罗斯则大力推进欧亚经济联盟。"一带一路"和欧亚经济联盟分别是当前中俄各自最为重要的对外活动，均涉及中俄重大的国家利益，但中国与欧亚经济联盟的合作多多少少会受到美国的影响，因而中俄对于对方的战略重要性更加凸显。相对而言，美国在这一地区显得像"外人"。但不可否认的是，由于美国在欧亚地区的影响力，特别是对中亚、中东、东欧地区政治、安全的巨大影响力，中美俄三角关系在这一地区更为复杂，但总的方向不会有大的逆转或变动。

一 问题的出现与研究综述

中美俄三角关系起源于冷战时中美苏三角关系，是美苏两极格局在中国实力增长之后所形成的一种特殊大国间关系。这种特殊关系是伴随中国实力增长而出现的。中国在领土面积、自然资源、人口数量方面具备大国的体量。新中国成立初期又与世界上最强大的美国进行过正面军事冲突而且不落下风。20世纪60年代以来，中国的综合实力出现了质的变化，主要表现在以下几点。第一，中国军事实力的增长，特别是"两弹一星"的研制成功使中国具备了成为世界有影响力大国的硬指标。第二，中国独立自主的外交政策逐渐清晰，新中国成立初期，中国与以苏联为首的东欧社会主义国家更为亲密，但随着现实政治环境的变化，中国的独立自主外交倾向越来越明显，不再唯意识形态决定关系远近，实现了与包括美、日在内的世界上大多数国家关系正常化。第三，中国在联合国安理会的合法席位得到恢复，政治大国身份得到普遍承认，中国逐渐成为国际体系中的一极，并且成为影响美苏两个超级大国对外关系的重要大国，中美苏大三角关系成为三方最不可忽视的外部关系，同时也成为影响世界和平与发展的最为重要的大国关系。

当今中美俄关系则更加复杂，整体大环境不再是冷战中的两极格局，经济全球化和多极化是新的国际大背景，影响因素复杂多样。俄罗斯曾一度出现倒向西方阵营的意图，但"休克疗法"的失败以及西方对俄罗斯国内问题的苛责，促使俄罗斯很快调整政策，实施重振大国地位的战略。中美苏三角关系被中美俄三角关系所取代，三个双边关系的相互联动、相互影响、相互作用，成为左右国际格局最为重要的大国关系。

国内对于中美俄三角关系的研究已经取得一定的成果。郑羽研究员系统地研究了中俄美三角关系的发展和演变轨迹，认为："中国与美国和俄罗斯的关系构成了中国最主要的外部环境，研究 21 世纪中俄美三角关系的演变，有利于我国外交战略运筹的趋利避害。"① 赵华胜教授在《论中俄美新三角关系》一文中分析了中俄美三角关系的变化趋向，认为中俄美很难形成三边合作的局面，最有可能的是中俄保持战略合作，但中俄美相互保持独立，维持着三极结构。② 李勇慧研究员认为，"国际秩序的变化、双边关系中结构性的矛盾以及国

---

① 郑羽：《单极还是多极世界的博弈：21 世纪的中俄美三角关系》，经济管理出版社，2012。

② 赵华胜：《论中俄美新三角关系》，《俄罗斯东欧中亚研究》2018 年第 6 期。

家实力的变化"是影响中俄美三角关系的基础，而中俄美各自对外战略是中俄美三角关系未来变化调整的基础。① 李静杰学部委员则认为，中俄与美国之间存在结构性的矛盾和利益冲突，"进取性的均衡外交"应该是中国明智的选择。② 当前研究成果中，达成了一些共识性的内容，例如认为当前中美俄三角关系仍处在变动之中，未来发展仍然具有开放性；中美俄三角关系受中美、中俄、美俄三对双边关系互动的影响；实力、对外战略、国际环境等都是影响中美俄三角关系的外部因素；应巩固中俄已有的良好关系，尽力保持与美国关系的稳定；等等。针对有人质疑中美俄三角关系是否确实存在，李兴教授明确指出，中美俄三角关系不仅存在，而且是当今世界最复杂、最微妙、最重要的三角关系之一，只不过与 20 世纪 70~80 年代中美苏大三角关系相比，时代环境、力量对比、影响形式发生了变化而已。③他主张："中国平行发展与俄美关系，实行'双向合作'战略……良性互动，争取国家利益的最大化"，中俄友好"并不意味着结成反美联盟。"④ "中国与美俄之间是最重要的两组大国关系。"⑤ 当然，三角关系是高级的三边关系，三边关系是低级的三角关系；三角关系必定是三边关系，但并非所有的三边关系都能构成三角关系。

当中俄把对外政策的重点放在"一带一路"和欧亚经济联盟建设上时，中美俄大三角关系将直接受到影响。中俄将很大的精力投入

---

① 李勇慧：《中俄美三角关系：现状、特点、成因及应对》，《俄罗斯东欧中亚研究》2018 年第 5 期。

② 李静杰：《中俄战略协作和中美俄"三角关系"》，《俄罗斯东欧中亚研究》2014 年第 4 期。

③ 李兴：《试析当今中俄美三角关系的若干特点》，《东北亚论坛》2014 年第 1 期。

④ 李兴、孔瑞：《中美关系中的俄罗斯因素》，《俄罗斯中亚东欧研究》2010 年第 5 期。

⑤ 李兴：《特朗普时代中美俄关系大趋势思考》，《学术前沿》2017 年第 10 期（上）。

丝绸之路经济带建设与欧亚经济联盟建设对接合作，期待以此获得未来新的发展，促进自身实力和影响力提升。中俄在欧亚大陆的行动，美国不可能无动于衷，美国采取的政策和行动将直接影响丝绸之路经济带建设与欧亚经济联盟建设对接合作的进程。因此把中美俄大三角关系放在丝绸之路经济带建设与欧亚经济联盟建设对接合作框架下考察，这个视角很重要，也很有现实意义，但目前国内外这方面的成果极少，不能不令人感到遗憾。

本章从中美俄三强实力比较研究出发，探究中美俄三角关系的基本格局，剖析当前中美、中俄、美俄三对双边关系，特别是丝绸之路经济带建设与欧亚经济联盟建设对接合作视角和框架下的经济政治关系，进而分析当今中美俄三角关系的特点、前景及其应对等问题。

二　中美俄实力比较：一超两强格局

冷战时期中美苏三角关系的启示是：实力是中美俄大三角关系中最为重要的核心因素。总体而言，冷战时期的中美苏三角关系相对简单明确，围绕着美苏争霸的冷战大背景，军事实力成为最为重要的因素。经贸、文化等低级政治领域的影响微乎其微。即使是作为冷战时期最具有标志性的意识形态因素，也没能完全左右中美苏关系，中苏的意识形态和社会制度曾经属于同一阵营，但中苏关系出现了恶化甚至爆发武装冲突；中美、苏美之间虽然分属两大对立阵营，中美还在朝鲜半岛爆发过直接战争，但是出于现实政治的考虑，美苏关系、中美关系都出现过缓和，直至关系正常化。实力是决定中美俄大三角关系状况最重要也是最基本的因素。正是因为中美俄具备了相当的实力，才有了产生三角关系的前提。

在国际关系中实力一般以综合国力来衡量，对于综合国力的论述，相关研究已经汗牛充栋，评价体系和标准也越来越丰富。胡鞍钢、高宇宁将综合国力定义为"一个国家通过有目的之行动追求其战略目标的综合能力，国家战略资源是其核心组成因素和物质基础"，并将国家战略资源分为经济资源、人力资源、自然资源、资本资源、知识技术资源、政府资源、军事资源、国际资源等八大类。唐彦林、吴志焜选择了国内生产总值、人口、人类发展指数、国土面积、石油资源储量、军事人员和军费开支等七个指标作为分析综合国力的要素。[①]

综合上述相关研究，关于综合国力的评价标准虽然各有不同，但有一些共同的指向。笔者选取重复度较高、较为直观且能够直接转化为大国影响力的指标即经济总量和军事实力进行比较，以对中美俄实力对比进行一个直观的描述，从而明确中美俄大三角关系的基本态势（见图12-1、图12-2）。

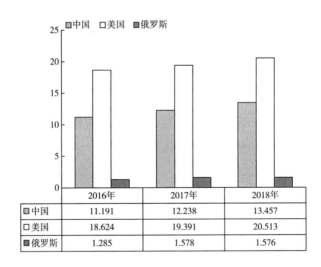

	2016年	2017年	2018年
中国	11.191	12.238	13.457
美国	18.624	19.391	20.513
俄罗斯	1.285	1.578	1.576

图12-1　中美俄2016~2018年GDP总量比较（单位：万亿美元）
资料来源：世界银行网站，World Bank Open Data, https://data.worldbank.org.cn/。

---

① 唐彦林、吴志焜：《世界主要国家综合国力分析——基于SPSS数理统计分析》，《改革与战略》2014年第8期。

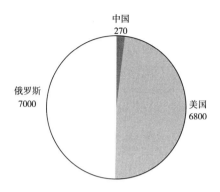

图 12-2　中美俄核武器（弹头）比较（单位：枚）

资料来源：斯德哥尔摩国际和平研究所，Global nuclear weapons：Modernization remains the priority，https：//www.sipri.org/media/press-release/2017/global-nuclear-weapons-modernization-remains-priority。

　　另据全球火力网站根据各国的人口、武器装备、后勤能力、资源、战略储备等 50 余项（排除核武器）指标的综合评估，美国军力排名全球第一，俄罗斯第二，中国第三；① 再结合核武器的情况可以认为，中美俄军事实力对比，美国最强，俄罗斯次之，中国最弱。

　　因此，由经济总量与军事实力的比较可以看出，美国这两项指标均领先于中俄。中国在经济发展水平上领先于俄罗斯，越来越接近美国；俄罗斯则在军事实力方面超过中国，虽然相比美国尚有差距，但足够与美国抗衡。因此，中美俄实力对比，美国仍然是最强大的，中俄则各有优势。

　　按照三角关系的实力分布：中美俄实力可以出现以下几种模式。其一，均势大三角关系，类似于一个等边三角形。在这个状态下，三个国家的综合实力基本相当，势均力敌，没有一个国家实力明显超出另外两个国家，也没有一个国家实力明显弱于其他两国。任意两国实

---

① 　资料来源：《2018 年军力排名》"2018 Military Strength Ranking"，全球火力网，https：//www.globalfirepower.com/countries-listing.asp，最后上网时间：2019 年 2 月 1 日。

力相加都绝对胜过第三国，任意一国都无法同时与另外两国发生全面对抗。其二，一超两强大三角关系，类似等腰直角三角形，在这种关系状态下，存在一个超级大国，综合实力明显超过另外两国中的任何一国，而另外两国也具备一定的实力，两国实力之和与一超相当或略有优势。其三，两强一弱三角关系，类似锐角三角形，其中一国实力明显弱于另外两国，即锐角国，而另外两国实力相当。美苏争霸时期中美苏三角关系即是这种形式的写照，中国即是其中锐角国的角色。这种形式下，锐角国也能够单独与另外两国中任何一国对抗，但是代价巨大。这也从侧面说明了三角关系的存在依赖于实力的基础，即使是较弱的一方，也需要具备相当的实力，才能构成大三角关系的基础。中国曾经采用"两个拳头打人"的战略同时对抗美苏。而两国中的任意一国与锐角国联合，共同反对第三国，则会形成对第三国的明显优势。中苏曾联合反对美国的霸权主义，中美也曾联合对抗苏联。其四，一强两弱模式，类似钝角三角形，该关系模式下，其中一国的综合实力大大超过另外两国，即使另外两国联合，也无法与该超级大国抗衡。

综合当前中美俄各自综合国力来看，中美俄之间呈现的是明显的一超两强模式，即三方都有较强的实力，而美国的优势明显，超过中俄。一超两强模式说明中美俄总体处在较好的发展时期，按照这种趋势，中美俄三角关系在国际体系中的影响将会越来越突出，谁也无法成为绝对的主导，也无法形成任何形式的三边机制。美国的大西洋-太平洋"两洋战略"也好，中国"一带一路"倡议也好，俄罗斯欧亚经济联盟机制也罢，都可以理解为是为巩固和加强自身实力、改变三方力量对比向有利于自身方向发展而采取的重大举措。

一超两强的大三角关系虽然能够直观地描述当前中美俄关系状况，但这只是一种静态描述，无法体现中美俄三角关系动态变化。因此，要更加深入了解中美俄关系的实质，准确把握其发展趋势，还需要对双边关系进行分析。

三　中美俄三对双边因素分析

从动态构成要素来说，中美俄大三角关系是由中俄、中美、美俄三对双边关系构成，每一对双边关系又同时与另一方相互影响，这三对关系的互动，共同构成了中美俄大三角关系的发展变化和基本趋势。

（一）中美关系：复杂不定的两面性

中美关系不仅仅是两国的关系，也是世界上最重要的大国关系之一，对世界和平与稳定尤其是对亚太地区的和平与稳定具有决定性的影响。中美关系是大三角关系中最为复杂也最不稳定的关系。中美关系从敌对、冲突，到缓和、建交，再到竞争与合作并存，呈现越来越复杂的状态。中美合作拓展到了方方面面，矛盾也涉及方方面面，从最开始意识形态领域的对立到军事安全上的冲突，再到今日错综复杂的贸易纠纷，中美几乎在所有双边关系领域都存在程度不同的矛盾，并且这些矛盾从未得到真正的解决，只是在大环境或者其他更重要问题的影响下暂时有所缓和，随着形势变化，这些矛盾随时可能重新爆发。中美曾经爆发直接军事冲突，时至今日，美国依然在中国周边保持着庞大的军事存在，并插手中国与周边国家在领土问题上的争议，使问题进一步复杂化。虽然中国早已不以意识形态、政治制度上的差异来衡量中美关系，但美国始终没有放下成见，时常在社会制度、人权等问题上指责中国，给中美关系造成消极影响。

另一方面，中美关系也在向前发展，尽管矛盾重重，但历史的经验教训使中美都意识到，完全敌对不符合两国的利益，这也是中美两国关系正常化的共识基础。中美建交时两国领导人确信，中美可以在存有结构性矛盾的情况下，为了共同的利益而展开战略性合作。[①] 相比中国，美国的出发点具有更加明显的现实政治考虑，在越南战争中失败，在全球面临苏联咄咄逼人的进攻性态势之下，美国认识到与中国接触的必要性，这才有了与中国缓和关系的基础。随着苏联解体，一超多强的多极格局逐渐形成，美国与中国的结构性矛盾再次凸显出来。然而，经济全球化发展、地区争端、核扩散、恐怖主义等问题不断出现，使得中美终究不能走向全面对抗，中美关系恶化损害的是双方的利益。中国的实力和影响力是客观存在的，完全把中国推向敌对，美国将承担巨大的代价。

各种现象表明，当前的中美关系处在新的调整或转型时期，但是对中美关系将向何种趋势发展说法不一，这本身就说明了中美关系的复杂性和不确定性。兰德尔·施韦勒以新兴大国和守成大国来定位中美关系，对当前中国不断增长的自信和主动承担国际责任与美国内向收缩的倾向进行对比，并从两国民族主义的视角出发，认为双方完全可以与未来以和平、和谐为特征的国际关系相容。[②] 也有人认为"中美关系竞争性增加，竞争性共存"将成为当前和未来一个时期中美关系的新态势。[③] 特朗普上台后，明确地将中国视为"战略竞争对手"，2017年12月发布的《美国国家安全战略报告》声称："中国和俄罗斯挑战美国的权力、影响力和利益，并试图削弱美国的安全和繁

---

① 牛军：《轮回：中美关系与亚太秩序演变（1978~2018）》，《美国研究》2018年第6期。

② 〔美〕兰德尔·施韦勒、马骦：《新古典现实主义与中美关系的未来》，《国际政治科学》2018年第3期。

③ 赵明昊：《特朗普执政与中美关系的战略转型》，《美国研究》2018年第5期。

荣。"2018 年，特朗普政府大幅度提高中国进口商品关税，并对中国相关企业采取各种措施。中美贸易战之激烈令世界关注，但即使如此，中美仍然在进行接触和谈判。

在"美国优先"的政策之下，美国在全球会有一定程度的收缩，减少对国际事务的干预，但这并不意味着美国会放弃霸权主义和领导权，收缩只是手段而非目的，美国最终目的是将更多的资源用于美国的"再次伟大"。同时，美国的对外政策趋向保守，处处以美国利益为优先考虑，与其他国家关系好否则无关紧要。与中国的贸易战就是在这种政策取向之下中美关系在贸易领域的直接表现。因此，中美关系中的消极因素主要来自美国，仅靠中国单方面的努力是无法克服中美结构性矛盾的。与中国保持良好的关系从来都不是美国的目标，而只是美国的手段，美国向来都是从自身利益出发来决定与中国的关系。当前中美关系中竞争性、矛盾性因素增加，正是美国政府"美国优先"政策之下的直接结果。中美关系不是靠某一领域决定的，而是整体的影响。中美之间在政治、军事、安全等领域信任度很低，在经贸领域往来密切，相互依赖程度高，但中美关系并没有因经贸关系的密切交往而加强政治互信，中美巨大的双边贸易额没有成为促进双方关系稳定或改进的因素。

对于中国倡议的"一带一路"，美国更多地将其视为中国的地缘经济、地缘政治战略和竞争。美国官方基本上对此是冷眼旁观，负面看法为主，认为"一带一路"及丝绸之路经济带建设与欧亚经济联盟建设对接合作会削弱美国在亚欧、亚太区域和全球的影响力甚至霸主地位，也会冲击二战后美国主导创立的国际经济、金融制度。美国总统没有出席在北京举行的第一届"一带一路"国际合作高峰论坛。相反，丝路经济带向西发展与奥巴马政府提出的美国的"重返亚太"可能不无关系，中国北向与俄共建"冰上丝绸之路"

也与特朗普政府提出的"印太战略"① 并非完全无关。美国甚至公开反对和威胁其盟国和第三世界国家与中国合作，诋毁中国"不透明"，搞"新殖民主义"。不断地对中国发展制造业和高科技的努力制造障碍。当然，美国以商立国，巨商总统特朗普集商人的务实和政客的精明于一身，虽然美方对"一带一路"持不信任态度，但也不排除双方在某些具体领域的合作共赢。

综合来看，中美关系发展道路崎岖不平，晴雨不定，有好转也随时会有逆转。中美之间缺乏稳定的基石，总体关系曲折性较大，充满不确定性。在不同时期、不同的内外条件和战略选择之下，中美关系会出现周期性的反复或转型，如果中美两国能在转型期通力合作、管控矛盾，那么中美关系将迎来一段时间的稳定发展，否则中美将进入新一轮的竞争，甚至面临冲突风险。

（二）中俄关系：全面战略协作伙伴关系

三角关系中关于中俄关系的定性其实是存在争议的。中俄（苏）关系出现过反复，但与中美关系不同的是，中俄关系总体趋势较为明

---

① 特朗普政府提出的美国针对印度洋-西太平洋地区的外交战略。2017 年 11 月，美国总统特朗普访问日本时第一次完整地介绍了他的"印太战略"，即综合运用军事、政治、经济、外交等多种手段，团结美国在该地区的大小盟友，以美国为首，核心国家是美国、日本、澳大利亚和印度，地理上从印度洋到西太平洋，呈一个包围中国和亚欧大陆南部的封闭的弧形。其目的是加强美国与该地区盟国间的联系和美国在该地区的主导地位，削弱其"主要竞争对手"中国、俄罗斯的影响力。"印太战略"的特点是先军后政，以政带经。笔者认为，虽然从概念用词来说，"印太战略"与奥巴马时期的"亚太再平衡"、希拉里倡议的"新丝绸之路计划"不同，但一定程度上还是囊括了后两者的框架，并意欲进一步整合、扩大和加深。日本可能是"印太战略"最积极的帮手。印度的地位虽然得到提升，但未必甘愿卷入地缘政治之争，为美国所利用。截至目前，"印太战略"的顶层设计还不是很成熟，主要内容还不是很具体，机制远未完善，效果和前景尚不明朗，有待继续观察。

朗。新中国成立初期，中苏全面联盟对抗来自西方世界的封锁，苏联对中国提供了大量援助，帮助中国完成最初的工业化建设。随着中苏在意识形态领域的分裂以及在其他问题上的分歧，两国各方面矛盾接连爆发，以至发生武装冲突直至全面对抗。随着中苏关系恶化，中美开始接近并共同对抗苏联在全球的扩张。而苏联在全球扩张失败、内外矛盾丛生的情况下，不得不寻求与中国缓和关系。随着苏联解体，其超级大国地位不复存在，继续发展与中国的友好关系，成为苏联最主要的继承者俄罗斯的必然选择。

总体来看，中俄关系是从结盟到全面对抗再到缓和、正常化，再到全面发展的趋势，是一个各种问题和矛盾不断爆发和解决的过程，中俄之间曾有过意识形态冲突，有过领土争端，但随着时间推移，这些问题都得到了较好的解决，并且没有发生周期性反复。随着苏联解体以及中国走上改革开放道路，中俄之间意识形态问题不复存在；随着中俄领土问题划界的最终确定，影响中俄之间的核心利益问题均得到妥善解决；特别是经过最近二十多年来的探索与发展，中俄之间有了高度互信的基础。中俄没有结盟，但是建立了一种比结盟更可靠更稳定也更符合两国利益的关系，堪称大国关系的典范。主要推动力是两国之间的矛盾不断得到解决、高度相似的外部环境以及相近似的对外战略。

冷战后中俄在政治环境、对外战略上具有较多的相似性。

1. 政治环境方面

第一，中俄都面临来自美国的压力。共同面对美国压力是中俄加强战略协作的关键性外部因素。[①] 中俄在政治制度上均有别于西方，

---

① 梁云祥、陶涛：《中俄关系的历史演变与未来趋势》，《人民论坛·学术前沿》2018年第21期。

中俄的大国实力和地位、自身利益均决定了中俄必然走自己的发展道路，采取独立自主的对外政策，而绝不可能唯美国及西方马首是瞻。

第二，中俄周边都存在一定的安全隐患。中国有台湾问题，以及与陆上、海上邻国的领土争端，东部沿海面临着美国强大的军事存在。而俄罗斯西部则面临来自北约的压力，与原苏东地区国家也存在一些领土、资源、安全上的矛盾，南部面临中东地区恐怖主义的渗透。

第三，中俄均面临相似的非传统安全威胁。中国西北长期存在"三股势力"的威胁；俄罗斯北高加索地区也有分裂势力以及由此衍生的恐怖主义的威胁。

2. 对外战略方面

第一，中俄总体的对外战略都以和平为主要基调，主张尊重国际机制和秩序。当前中国积极倡导建立人类命运共同体，走的仍然是和平发展道路。党的十九大报告明确指出："实现中国梦离不开和平的国际环境和稳定的国际秩序。必须统筹国内国际两个大局，始终不渝走和平发展道路、奉行互利共赢的开放战略……始终做世界和平的建设者、全球发展的贡献者、国际秩序的维护者。"[1] 俄罗斯的对外战略中也主张："全力巩固国际和平、普遍安全与稳定，确立公平民主的国际体系，尊重国际法首先是联合国宪章的宗旨，发挥联合国的核心协调作用并以集体原则解决国际问题。"[2]

第二，中俄都极其重视周边关系。中俄周边都有大量的邻国，形势复杂。中国周边有十四个陆上邻国，包括核大国；俄罗斯也有十四

---

① 习近平：《决胜全面建成小康社会 夺取新时代中国特色社会主义伟大胜利——在中国共产党第十九次全国代表大会上的报告》，人民出版社，2017，第25页。
② 黄登学：《新版〈俄罗斯联邦对外政策构想〉述评——兼论普京新任期俄罗斯外交走势》，《俄罗斯研究》2014年第1期。

个邻国，其中与中国还有一些共同的邻国，中俄彼此互为对方最大的邻国。中俄都需要一个稳定、安全的周边。中俄都认识到周边关系对于本国具有极其重大的意义，关系到本国生存环境。中俄自身的周边环境远没有美国优越，需要解决的问题也比美国复杂得多。

第三，中俄都重视发展与对方的关系。所以中俄对外战略总体上都呈现一种保守的、防御性的特征，中俄都力图维持世界秩序，尤其是周边环境的稳定和安全。中俄都没有主动挑起纷争的动机和需要。所不同的是，在维护自身政治利益的时候，俄罗斯相对中国更加愿意选择强硬手段主动出击，而中国则更加审慎。

第四，当前中俄都重视发展亚欧大陆多边合作，中国提出"一带一路"倡议，俄罗斯大力建设欧亚经济联盟，力图通过自身的实力和资源促进区域共同发展，优化自身发展空间和周边环境。

3. 客观现实与主观选择

上述两个方面中，政治环境是客观现实，对外政策则是主观选择，中俄在这两个方面高度相似和相互契合，而与美国差异显著。政治环境方面：美国地缘环境优越，周边没有安全威胁。对外政策方面：相对于中俄，美国的对外战略具备迥然不同的单边性和进攻性特征，美国视自身为世界的领导者和规则制定者，始终存在按照自己的意图塑造地区和世界秩序的冲动，并将其作为干涉他国内政的借口。美国对外战略中的这种思想和行为同时也为中俄所批评和防范。

中俄的政治互信呈现一种极为特殊的状态：中俄在各自重大政治利益问题上相互支持，立场基本一致；但这种相互支持主要限于两国态度或道义上的支持，并没有实质性的付出；即使如此，以中俄两国的实力和国际影响力来看，这种支持也有一定的政治分量。

从现实来看，中俄两国不需要结成真正的同盟关系。中俄关系的历史已经证明，结盟并不能保证关系的稳固，不结盟也不意味着关系的疏远，适合的、适度的关系才是最好的。一方面中俄能够在重大安全利益问题上相互支持，彼此信任；另一方面，中俄没有同盟关系的束缚，能够避免卷入复杂的地区政治关系，以及消耗过多的精力和资源。

当然，中俄关系并非完美，同样也有弱点，有短板，更不意味着以后不会出现新的问题。俄罗斯国内也出现了对中国实力增长、参与开发俄远东等问题的疑虑，但并未形成主流。对于中国倡议的"一带一路"，俄罗斯认知上经历了一个复杂、纠结的过程，从最初的不解、疑虑、担忧到逐渐认可、抱有希望、局部接受和支持，再到中俄达成丝绸之路经济带建设与欧亚经济联盟建设对接合作，达成战略共识，消除障碍，互联互通，相辅相成，并共建"冰上丝绸之路"。普京总统在 2019 年的国情咨文中再次肯定了丝绸之路经济带建设与欧亚经济联盟建设对接合作，高度评价中俄平等互利的关系是国际事务和"大欧亚伙伴关系"顺利发展的重要因素。2018 年中俄双边贸易额历史性地突破了 1000 亿美元。习近平主席 2018 年 9 月赴俄出席东方经济论坛，普京总统第二次以贵宾身份出席"一带一路"国际合作高峰论坛，这些都说明中俄关系还有很多很大的发展潜力，有待于两国进一步深入合作，不断完善。从历史来看，中俄关系本身就是在不断解决各种问题中发展的，只要中俄保持和加强现有的政治互信，遵循中俄已经达成的各方面共识，未来中俄关仍然是比较乐观的。

（三）美俄关系：结构矛盾，总体可控

美俄是基督教文化远亲，也都是军事强国，是核武器和外交大国，都具有强烈的救世情结和民族主义（爱国主义）传统。与中美关系不同，美俄经贸关系远不如中美联系密切，美俄矛盾主要集中在政治与安全领域，主要包括俄周边战略空间问题、美俄军备发展问题

以及美国对事关俄罗斯领土与安全、内政问题的干涉上。这些问题都比较严重，但并未对美俄关系造成灾难性后果。

美俄关系虽然矛盾重重，但总体可控，即使在矛盾最为尖锐、对抗最为激烈的冷战时期，美苏之间都没有发生直接的军事冲突，并且双方都有意避免这种情况发生。不过，虽然美俄均有意控制自己行为的分寸，避免直接冲突，特别是美俄作为当今世界军事实力最为强大的国家，爆发直接军事冲突的风险较小，但是美俄矛盾足以影响很多地区的和平与安全。美俄双方对此均有清醒的认识，即在目前情况下，与对方发生直接冲突是不明智的选择。因此，美俄双方在一定程度上延续了冷战时期的某些做法，即军事上彼此竞赛，地区上激烈争夺。美国向来不遗余力地发展先进军力，力图保持相对于其他国家的绝对优势，美国总统特朗普于 2018 年 8 月 13 日签署的 2019 财政年度国防授权法案，将军费增长至 7163 亿美元，增幅为九年来最高，总额再创阿富汗和伊拉克战争以来新高。①俄罗斯虽然军费投入不及美国，但是在尖端武器研发和应用上不甘落后，始终保持令美国不敢小觑的军事实力。在地区问题上，美俄的做法与历史上美苏之间的代理人战争非常相似。在一些国际问题中不遗余力地针锋相对，通过在其他地区的较量来平衡对方的影响，一些地区和国家就承担了美俄矛盾爆发的直接后果。如在美国的搅动下，格鲁吉亚和乌克兰与俄罗斯的矛盾激化，俄罗斯则以强硬手段应对，致使这些地区持续出现动荡，不仅为美俄关系蒙上阴影，也阻碍了地区的和平与发展。

美俄关系并非没有缓和的可能，但是两国战略选择始终缺乏同步

---

① 张红：《军费再创新高，渲染中俄威胁美国力保军事霸主地位》，《人民日报》（海外版）2018 年 8 月 18 日。

相向。冷战期间，美国为寻求战略缓和，曾尝试与苏联接触，但迟迟未获得势头正盛的苏联回应。冷战结束后，俄罗斯曾尝试倒向西方，但没有真正得到西方的接纳。西方开出的药方"休克疗法"没有让俄罗斯经济得到恢复，这促使俄罗斯转而走向更加独立自主的大国道路。

由于乌克兰危机和克里米亚事件，美国为首的七国集团对俄实施多轮经济制裁，给俄经济发展制造了很大的困难。美国认为，俄罗斯搞欧亚经济联盟是企图"恢复苏联"，中国与欧亚经济联盟合作发展是传统地缘政治竞逐，是挑战美国的全球霸主地位，美国很不以为然。俄罗斯一方面努力经营欧亚经济联盟，将其作为恢复大国地位的支撑，尽管欧亚经济联盟的发展谈不上风生水起，但既没有烟消云散，也没有停下自己的脚步，说明西方经济制裁未能使俄屈服；另一方面，俄罗斯加紧了"向东看""转向东方"的步伐，争取搭乘中国经济的快车，加强与中国全方位的合作关系。在这种背景和框架下去解读中国与欧亚经济联盟合作发展更为可信和接地气。应该说，以美国为首的西方集团的经济制裁没有使俄罗斯屈服，俄已经度过了最困难的时期。中国与欧亚经济联盟合作发展当然有内在的刚需，但从某种意义上说，也是特朗普傲慢而又冒失的双拳出击和左右开弓使中俄走得更近。

从未来发展来看，美俄将继续保持在军事领域的竞争关系，美国退出《中导条约》还会增加这种竞争的激烈程度，但是未来这种竞争变成冲突的可能性并不大。俄罗斯当然希望同美国改善关系，恢复正常状态，而特朗普总统也释放了对普京和俄罗斯的一些善意，加上美国总体上采取了全球收缩政策，有减少干涉俄罗斯周边地区的倾向，使得美俄关系有改善的可能，但囿于美国的国内政治和"通俄门"事件的牵绊，改善的程度有限。

四　当前中美俄大三角关系特征

（一）实力是最基本的影响因素

实力因素决定了当前中美俄三角关系的基本模式，即一超两强的基本格局。这种实力结构决定了三角关系中谁也无法单独主导未来走向，同时也很难形成传统上的两国结盟反对另一国。在发展趋势上，中俄的实力都在增长，中国突出的是经济实力、科技实力和综合国力，俄罗斯突出的是军事实力、大国战略和国际影响力，整体与美国的差距逐渐缩小，但在可预见时期内很难完全赶上美国。中美俄都是核大国，避免直接冲突是最明智的选择，所以基本可维持和平状态。但也正是实力的相互接近，使和平表象之下的竞争更趋激烈。不管对哪一方来说，实力始终是最基本的要素，没有实力就无法获得大国地位，无法维护自身利益。无论中美俄未来采取什么样的对外战略，无论外部环境将发生何种变化，三国都将不断增强自身实力。实力是指综合实力、总体实力，既包括经济、军事、科技等"硬实力"，也包括制度、文化、精神等"软实力"，还包括智慧、技巧等"巧实力"，以实力来巩固大国地位，应该是唯一可以确定的事情。实力是决定中国能够有效参与大三角关系博弈的决定性基础。对中国来说，不断增强自身综合实力才能保持与美国关系稳定，使中美关系尽可能符合中国国家的根本利益。因为只有中国具备了相当的实力，才可以形成对美国利益的真正影响力，也才具有使美国尊重中国国际利益的可能性。

（二）复合型三角关系是基本特征

中美俄三角关系是由多种层面、不同性质的因素共同构成，具有

259

明显的复合性，任何一种因素都很难单独构成决定性影响。从基本格局来看，中俄关系的稳定和美俄关系的可控，维系着中美俄大三角关系整体的相对稳定。中美关系的不确定性和美俄关系的矛盾重重使得中美俄大三角关系始终存在着变动。从矛盾性来看，中美矛盾大于中俄矛盾，美俄矛盾也大于中俄矛盾，而中俄关系好于美俄关系。从领域来看，中俄在政治、军事、安全等高级政治领域互信程度高，关系稳固；中美则在经济、社会领域接触相对较多，而在政治、军事领域互信程度低。从实力对比看，美国实力领先，中俄紧随其后。从对外战略来看，中俄对外战略具有相似性，都主张维护国际秩序，支持多边合作机制，美国则更多采取干涉主义或单边主义。在解决地区问题上，美俄更加倾向于采取强硬的手段，中国则相对克制，倾向于和平和政治解决。

（三）制衡与合作长期并存

中美俄都是具有大国梦想和抱负并且特别强调独立自主的大国。中美俄三角关系没有主观建构的成熟机制体制规范，也没有成文的规则条文约束，未来可预见时期内也不会形成固定的机制。在美国的压力下，中俄可能走得更近，但不会结成反美同盟。中美、美俄更不可能形成反俄或反华同盟。中美俄既矛盾丛生，又利益交织，你中有我，我中有你，制衡与合作将长期存在于三角关系中。中美俄既不可能走向全面合作，也不可能走向全面对抗，而是既有相互制衡，也有彼此合作，保持着三角关系的基本态势。制衡与合作既存在于三对双边关系中，也存在于整体三角关系中。中美之间也有合作，中俄之间也存在制衡，只不过程度、影响不同。中美合作、制衡都存在，有时制衡大于合作，有时合作大于制衡，变化不定；中俄之间总体合作远远大于制衡。中美俄也有合作，如在防止核扩散①和气候环境等问题上，由于中美俄共同利益交集并不广泛，因此三方合作目前并未上升到战略层面。

（四）研究中美俄三角关系的一个全新视角和有效框架

丝绸之路经济带、欧亚经济联盟和"新丝绸之路计划"，集中体现了中国、俄罗斯和美国的亚欧发展方案，是大三角关系在区域经济、地缘政治和人文地理领域一个比较集中、比较具体和比较突出的表现，并且这三大发展方案还会持续一段很长的时间。因此，丝绸之路经济带建设与欧亚经济联盟建设对接合作等机制是研究大三角关系的一个全新的视角和有效框架。当然，经济关系与政治关系虽然有关联，但并非决定性的因素，各有自己相对的独立性和发展逻辑。三角关系中，中美贸易量很大，俄美贸易量很小，中俄经贸关系原是短板，但增长很快。"一带一路"是当今世界最具有影响力的多边主义经济合作倡议，体现了中国智慧和中国方案。丝绸之路经济带建设与欧亚经济联盟建设对接合作有利于亚欧区域和全球的稳定和发展。欧亚经济联盟及丝绸之路经济带建设与欧亚经济联盟建设的对接合作在艰难和持续地推进中。

美国是世界上最大最发达的经济体，中国和俄罗斯都是新兴经济体和金砖国家，其中，中国是世界第二大经济体，拥有世界上最多的人口和最大的市场，俄罗斯拥有世界上第一大的面积和最丰富的资

---

① 如美国防务新闻网站 2019 年 1 月 14 日报道，"中美俄等国联手，阻止了尼日利亚恐怖分子获取核材料"，How the US and China collaborated to get nuclear material out of Nigeria and away from terrorist groups，https：//www. defensenews. com/news/pentagon-congress/2019/01/14/how-the-us-and-china-collaborated-to-get-nuclear-material-out-of-nigeria-and-away-from-terrorist-groups/。

源，三方合则多赢，共同发展，斗则多输，一损俱损。因此，美国的"逆全球化"不符合经济全球化的时代潮流，长远来看是不得人心的，也是难以持久的。经济是相互联系、相互依赖的，经济的博弈是非零和的，可以是正和的，因此，经济外交大有市场，经济利益是可以谈判的，经济主权是具有弹性的，甚至是可以让渡的。因此，中美俄三角经济关系还有很大发展空间。这也是除了各自拥有核武器等大规模杀伤性武器外，我们判断中美俄三角之间不会发生世界级大战的重要原因之一。

（五）文化领域关系可以突破

虽然文化在当前大国关系中不足以成为决定性的因素，但文化领域关系可以作为未来改善中美俄总体关系的突破点，有利于促进文化多样性发展，促进不同文明之间的包容。依据亨廷顿的观点，中国是以儒家文化为核心的国家，美国是基督教文明的领头羊，俄罗斯则代表着东正教文明，三者各自代表了三大不同的文明。中美文化差异巨大，但是由于两国经济和社会的推动，中美文化的相互交流程度远远高于政治安全领域。美俄文化之间虽然不如欧美接近，但是相比中俄，基督教文明和东正教文明有一种"远亲"关系。中俄之间文化差异显著，但是两国文化中不存在相互否定的内容，基本持肯定、理解和相互欣赏的态度。文明互鉴、文化交流、人文合作、民心相通，各美其美，美美与共。文化虽然不是国际关系中的决定性因素，但有时可以超越政治和意识形态起到润滑剂的积极功效，为中美俄关系未来的发展起到正能量的建设性作用。

五　小结与思考

当今世界，中俄、中美、俄美三组大国关系是相互联系、相互作用、相互影响的。中美俄大三角关系是存在的，并且发挥着重要的影响，虽然其影响不如冷战时期大。三组关系各有其逻辑，并具有新时期的特点，需要高超的智慧来认识和运筹。

大国关系的稳定是世界总体和平的基本保障，也是中美俄维护自身利益的重要因素。作为中美俄三角关系中的一方，中国需要同时保持好与美俄的关系。事实证明，中俄保持了高度政治互信，因此中国与俄罗斯接壤的北部、西北部周边保持了相当的安全和稳定；中美关系的紧张使得中国东海、台海、南海地区始终存在潜在的安全风险。未来中国需要继续坚持走和平、独立自主发展道路，不断增强自身实力，继续巩固与俄罗斯的稳定关系，同时努力消除中俄关系中不和谐因素（尽管这些因素并没有影响当前中俄关系），使中俄关系朝更好的方向发展。同时要管控中美分歧和矛盾，展示维护自身利益的决心和实力，提高美国损害中国利益的成本，防止中美关系出现失控。

国际关系中政治问题的解决难于经济问题。中俄之间的问题主要是经济问题，中美之间的问题最终是政治问题。美国实力强大不仅在于美国本身有总体实力，以及美国盟友甚多，还在于美国利用了中美关系利益攸关的特点，利用了美国的科技优势，认定中国一定会采取妥协、让步的措施。

美国是全面发展的全能冠军，它深知中国的强项是经济，军事是短板；俄罗斯的强项是军事，经济是短板。美国要让中俄成为有短板的、跛脚的大国，而不是全能的、全面的大国，使它们最终谁也不可能单独成为自己势均力敌的对手。美国不会允许中国成为军事强国，也不会允许俄罗斯成为经济强国。故美常以军事遏制中国，以经济制裁俄罗斯。亚欧中心地带将是新时代中俄全面战略协作伙伴关系的试金石，亚欧周边地带将是中俄与美国博弈的主要阵地。[①]

在大三角关系中，与其说中俄战略协作，不如说战略协制；与其说中美战略竞争，不如说战略竞合。无论是战略协制，还是战略竞合，两者均既有合作，也有竞争。中俄"协制"以合作为主，中美"竞合"以竞争为主。世界已经进入大国竞争时代，中美战略竞争难以避免，这个结论虽然沉重、残酷，但可能最接近真相。以中华民族的伟大复兴为最高目标，要求我们必须客观理性、高瞻远瞩、深谋远虑，风物长宜放眼量。以中俄战略"协制"应对中美战略"竞合"，以中俄战略协作平衡（而不是抗衡）中美战略竞争，这关系到中国的未来发展。对美政策应提倡求同存异的理性大国关系、正常国家关系，以取代原来"新型大国关系"的提法，向三角关系和国际社会提供"一带一路""人类命运共同体"之类的国际公共产品，建设中俄命运共同体和中美利益共同体。说到底，运筹中美俄三角关系的关键，还是在于中国自己要"每逢大事有定气"，将自身做大做强做好。

---

① 李兴：《亚欧中心跨区域合作体制机制比较分析："丝绸之路经济带"、欧亚经济联盟和"新丝绸之路"》，《人文杂志》2018 年第 9 期。

结语

中国和欧亚经济联盟关系前景：
共同发展，任重道远

　　无论是中国倡议的丝绸之路经济带，还是俄罗斯主导的欧亚经济联盟，其提出都不是心血来潮，而是具有历史、现实、经济和地缘基础的，当然也不可能完全没有地缘政治的考虑。从现实来看，中国与欧亚经济联盟的关系对于中俄两国关系的发展非常重要，也非常关键。尽管中国与欧亚经济联盟的关系是复杂的，微妙的，甚或有竞争，但其以正面合作居多。虽然两者合作的时间还不长，但已取得很大的成绩，包括上层达成了战略共识，而且这种共识在学界也被越来越广泛地接受；在合作机制建设方面也取得了相当的进展。在实践中，两者的合作建设也取得了不少成果，包括在交通基础设施互联互通、能源合作、军工合作、经贸合作、地方合作、人文交流、本币结算、"冰上丝绸之路"建设等领域。中国与欧亚经济联盟的合作，符合求同存异、共同发展的"上海精神"，加强了中俄关系和金砖合作机制。在"一带一路"建设过程中，俄罗斯是重要的节点国家，中亚国家的能动作用也很关键，中国与欧亚经济联盟合作、双边与多边并存，上合组织、金砖合作机制能起到相应的正面推动作用，这不仅是中俄关系良好的反映，也是"一带一路"建设和中俄关系的亮点，也彰显了中国和俄罗斯的中亚政策和周边外交政策。

中国与欧亚经济联盟的合作关系，要从"一带一路"建设、中俄关系、中国周边外交、上海合作组织、金砖合作机制、新型国际关系和人类命运共同体的角度和高度来考察和探讨。

中国与欧亚经济联盟合作也是顺应了中俄关系特别是中俄经济关系的发展诉求。在过去很长一段时间里，中俄关系中出现上热下冷，即官方热、民间冷，中央热、地方冷，政府热、企业冷的局面。"一带一路"建设的开展和丝绸之路经济带建设与欧亚经济联盟建设对接合作，极大地改变了这种局面。当前双方战略共识已经达成，具体、务实的合作正在加强。2022 年中俄双方贸易额已达到创纪录的 1902.71 亿美元，实现了历史性的突破，并且仍有潜力，前景看好。

丝绸之路经济带、欧亚经济联盟和"新丝绸之路计划"是冷战后亚欧中心地区最具影响力的一体化体制机制，分别由中、俄、美倡议或主导。中国倡议的丝绸之路经济带与俄罗斯主导的欧亚经济联盟尽管有很多不同，但两者不仅客观上存在合作的必要性和可能性，主观上两国最高层也达成了共识，实践中取得了实实在在的收获，并在努力继续推进中。丝绸之路经济带与欧亚经济联盟两种机制良性互动并善意竞争，两者相辅相成，尽管问题还是不少，特别是两国经济实力的不对称也会起到非建设性作用，不过，俄罗斯真实的经济实力和韧性显然被低估了。而美国提出的"新丝绸之路计划"尽管名称与丝绸之路经济带相似，但两者在历史背景、包涵区域、具体内容、地缘目标等方面很不相同，加之美国这一计划的地缘政治的色彩比较浓重，合作的可能性很小。

中俄关系在历史上曾经很复杂，爱恨交加，剪不断，理还乱。但历史是向前发展的，当前在新时代全面战略协作伙伴关系和中国与欧亚经济联盟合作发展的大背景下，两国关系处于历史最好时期，也是最平等、最正常的时期。丝绸之路经济带建设与欧亚经济联盟建设的对接合作是"一带一路"建设的重要内容和组成部分。要以互利共赢、共同发展和促进形成亚欧发展共同体、利益共同体、命运共同体作为理论依据，寻求相关国家和地区间的共同利益、相近利益和类似利益，要在组织机构方面对接合作，提高重视程度和工作效率；中国与欧亚经济联盟的合作是一个长期的、循序渐进的过程，需要数代人的努力，贵在坚持，要培养各类相关人才，特别是青年复合型人才；要抓重点，包括重点项目、重点领域；要加强风险评估和危机应对工作，做到风险可预防、危机可化解；要加强具体的、务实的、个案的研究，如"冰上丝绸之路"、"龙江丝路带"、地方合作等，总结成败得失、经验教训，以便攻坚克难，再接再厉，继续推进。

中国与欧亚经济联盟合作成功取决于内部和外部的两个因素、两个动能。内部动能是刚需，保证双赢、多赢和发展的可持续性；外部因素即西方的冷眼旁观，美国的单边主义、贸易保护主义、发动对俄经济制裁和对华贸易战并将中俄定位为"战略竞争对手"，客观上加速了中国与欧亚经济联盟合作的进程。因此，推进中国与欧亚经济联盟合作对接，说到底，最关键的问题可用俄文的 3Д 来概括，即 Диалог（对话）、Доверие（互信）、Действие（行动）。对话才能理解，互信才能合作，心动不如行动，事实胜于雄辩。对于丝绸之路经济带建设与欧亚经济联盟建设的关系，是对接合作，还是相互竞争，俄罗斯的态度经历了一个复杂的演变过程，从最初的不解、疑虑、担忧，历经矛盾的纠结和徘徊，到逐渐有所理解、有所兴趣、有所热情；从不情愿地无奈接受，到比较积极地寻求对接合作，并有所作为。俄方虽对丝绸之路经济带建设与欧亚经济联盟建设对接合作仍有所保留，但更多的是期望和行动。随着俄国内外形势的发展和理性选择的支配，和平共处、并行不悖、对接合作、积极作为已成为中国与欧亚经济联盟关系的主流，良性互动的同时也存在善意竞争，两者可望并行不悖，相辅相成。

在新时代中俄全面战略协作伙伴关系框架内，在两国元首外交引领下，"一带一路"建设中的"五通"（政策沟通、设施联通、贸易畅通、资金融通、民心相通）是具体路径，"三共"（共商、共建、共享）是黄金法则，和平共处、平等包容、互利双赢、共同发展，促进丝绸之路经济带建设和欧亚经济联盟建设的对接合作已成为中俄关系发展的增长点和出彩点，是为中俄关系发展保驾护航的"稳定锚"和"压舱石"。中俄两国要以丝绸之路经济带建设与欧亚经济联盟建设对接合作为抓手和平台，以中俄智慧、中俄方案为推手和保障，在人类命运共同体先进理念的基础上，践行周边和亚欧命运共同体建设，推进中国与欧亚经济联盟国家和平相处、共同发展，促进以相互平等、相互尊重、互利共赢、共同发展为核心的新型国际关系，推动区域与全球治理的发展和进步。中国与欧亚经济联盟合作发展前景广阔，困难巨大，任重道远。

后 记

本书是在 2014 年度国家社科基金一般项目（项目号 14BGJ039）结项成果基础上发展而成。最终定名为《中国和欧亚经济联盟：合作发展、互利共赢》。

项目主持人为北京师范大学历史学院二级教授、教育部区域与国别研究基地——北京师范大学俄罗斯中心学术委员会主任李兴。

全书共十二章。各章作者如下：

李兴（北京师范大学），第六章、第七章、第十一章；

王晨星（中国社会科学院俄罗斯东欧中亚研究所），第二章、第三章、第四章、第五章；

王晨星、李兴，第一章；

李兴、成志杰（中国矿业大学），第八章；

李兴、耿捷（北京师范大学），第九章；

王宛（国家发展和改革委员会）、李兴，第十章；

李兴、吴赛（北京师范大学），第十二章。

全书由李兴教授撰写大纲、序言、结语、后记并统稿。

2021 年 4 月
京师园

图书在版编目（CIP）数据

中国和欧亚经济联盟：合作发展、互利共赢 / 李兴
等著. -- 北京：社会科学文献出版社，2023.10
ISBN 978-7-5228-2260-0

Ⅰ.①中…　Ⅱ.①李…　Ⅲ.①国际合作-经济联盟-
研究-欧洲、亚洲　Ⅳ.①F114.46

中国国家版本馆 CIP 数据核字（2023）第 147587 号

中国和欧亚经济联盟：合作发展、互利共赢

著　　者 / 李　兴 等

出 版 人 / 冀祥德
责任编辑 / 张苏琴　仇　扬
责任印制 / 王京美

出　　版 / 社会科学文献出版社·当代世界出版分社（010）59367004
　　　　　　地址：北京市北三环中路甲 29 号院华龙大厦　邮编：100029
　　　　　　网址：www.ssap.com.cn
发　　行 / 社会科学文献出版社（010）59367028
印　　装 / 三河市尚艺印装有限公司

规　　格 / 开　本：787mm × 1092mm　1/16
　　　　　　印　张：17.5　字　数：225 千字
次 / 2023 年 10 月第 1 版　2023 年 10 月第 1 次印刷
号 / ISBN 978-7-5228-2260-0
价 / 98.00 元

务电话：4008918866